Wolf | Gerhold | Thomas | Hattenhauer | Lange | Sievert | Haar

Klausurenbuch Laufbahnprüfung/Steuerberaterprüfung

Michael Wolf | Karlheinz Gerhold |
Karin Thomas | Klaus Hattenhauer |
Helga Lange | Gerhard Sievert | Horst Haar

Klausurenbuch Laufbahnprüfung/Steuerberaterprüfung

Originale Übungsklausuren zu
AO, ESt, USt, KStG, BilStR, BewR, BestG

GABLER

Bibliografische Information der Deutschen Nationalbibliothek
Die Deutsche Nationalbibliothek verzeichnet diese Publikation in der Deutschen Nationalbibliografie; detaillierte bibliografische Daten sind im Internet über <http://dnb.d-nb.de> abrufbar.

1. Auflage 2009

Lektorat: RA Andreas Funk

Gabler ist Teil der Fachverlagsgruppe Springer Science+Business Media.
www.gabler.de

Umschlaggestaltung: Ulrike Weigel, www.CorporateDesignGroup.de
Druck und buchbinderische Verarbeitung: Krips b.v., Meppel

Printed in the Netherlands

ISBN 978-3-8349-0578-9

Vorwort

Klausuren zur optimalen Vorbereitung auf die Laufbahnprüfung der Finanzanwärter als auch die Steuerberaterprüfung

Der vorliegende Klausurenband Laufbahnprüfung/Steuerberaterprüfung richtet sich in erster Linie an Finanzanwärter, die sich anhand von Musterklausuren zielgerichtet auf die Laufbahnprüfung für den gehobenen Dienst vorbereiten wollen. Aus der Erfahrung heraus ist das Leistungsniveau dieser Klausuren auch eine gute Vorbereitungsgrundlage für angehende Steuerberater und Steuerfachwirte.

Dieser Klausurenband enthält jeweils zwei aktualisierte Fachklausuren nebst ausführlichen Lösungen aus den klassischen Prüfungsgebieten Abgabenrecht, Einkommensteuer, Umsatzsteuer, Bilanzsteuerrecht und Besteuerung der Gesellschaften. Diese wurden ferner durch weitere Aufgaben aus den Bereichen Körperschaftsteuer und Erbschaftsteuer ergänzt.

In der Prüfungsvorbereitung sei es sehr angeraten, sich anhand von Musterklausuren eine sachgerechte Lösungssystematik zu erarbeiten, die insbesondere die Prüfungsfaktoren Zeit und Wissen angemessen gewichtet. Halten Sie die Zeitvorgaben in den Aufgabenstellungen im Sinne einer möglichst effektiven Bearbeitung möglichst genau ein. Es lohnt es sich in der Vorbereitungsphase für eine Prüfung ferner sehr, sich zu verdeutlichen, wie die konkrete Leistungsbepunktung voraussichtlich erfolgen wird. Auch hier sind die richtigen Schwerpunkte zu setzen.

Bei der Konzeption dieses Buches wurden deshalb in den einzelnen Aufgabenteilen Zeitvorgaben angegeben. Anhand der beigefügten Lösungen (jeweils mit Punkteschema) können Sie die richtige Gewichtung Ihrer Lösungsinhalte kritisch überprüfen und ggf. Ihre Lösungssystematik verbessern.

Ich wünsche Ihnen viel Glück und gutes Gelingen für Ihre anstehende Prüfung!

Für alle Autoren

Michael Wolf

Bremen im April 2009

Danksagung

Als „Koordinator“ dieses Klausurenbandes möchte ich mich bei meinen Dozentenkollegen
Karlheinz Gerhold
Horst Haar
Klaus Hattenhauer
Helga Lange
Gerhard Sievert
Karin Thomas
herzlich bedanken, die mich tatkräftig bei der Verwirklichung dieses Buches unterstützt haben.

Michael Wolf

Inhaltsübersicht

Abgabenordnung 1. Klausur

Rechtsstand: 2008
Bearbeitungszeit: 5 Zeitstunden
Hilfsmittel: AO, BGB, Taschenrechner

Sachverhalt 1

Mirja Meyer (M), 10-jährige Tochter von Manfred und Erika Meyer, wohnhaft in der Parkallee 10 in Bremen, hat in 06 von ihrer Großmutter erhebliches Kapitalvermögen und zwei Vermietungsobjekte geerbt.

M liegt mit ihren Einkünften über dem Grundfreibetrag. Das Finanzamt hat im Jahr 08 zur Abgabe einer Einkommensteuererklärung 07 aufgefordert. Als angemessene Frist zur Abgabe dieser Steuererklärung wurde in der schriftlichen Aufforderung der 31.07.08 genannt.

Die Einkommensteuererklärung 07 geht am 31.12.08 beim Finanzamt ein. Sie ist ordnungsgemäß unterschrieben. Ein Steuerberater hat an der Erstellung der Steuererklärung nicht mitgewirkt.

Der ordnungsgemäß bekanntgegebene Einkommensteuerbescheid 07 geht am 25.05.09 mit einer festgesetzten Steuer i. H. v. 5.000 € und mit einem festgesetzten Verspätungszuschlag i. H. v. 50 € zur Post. Anrechenbare Kapitalertragsteuer und Zinsabschlagsteuer werden i. H. v. 2.000 € auf die festgesetzte Einkommensteuer angerechnet (ordnungsgemäße Steuerbescheinigungen liegen vor). Der Nachzahlungsbetrag wird entsprechend der gesetzlichen Fälligkeitsregelung fällig gestellt.

Zahlungen erfolgen jedoch weder am Fälligkeitstag noch danach.

Die Eltern der M verwenden deren gesamtes Kapitalvermögen Anfang des Jahres 09 für den Neubau einer stattlichen Villa mit Schwimmbad und Sauna in Bremen-Oberneuland, damit sie eine entsprechend niedrigere Hypothek aufnehmen können. Bis zur Volljährigkeit der M wollen sie ihr das Geld wieder zurückgeben. Die beiden Vermietungsobjekte der M sind zur Zeit mit sog. Mietnomaden belegt, so dass M in 09 mit diesen keine Einnahmen erzielt. Wann die Mieter endlich ausziehen, ist nicht absehbar. Entsprechende Räumungsklagen laufen.

Im August 09 besitzt M nicht genügend bzw. gar kein Geld, um die fälligen Ansprüche aus dem Steuerschuldverhältnis zu zahlen. Wann sie dazu wieder in der Lage sein wird, steht nicht fest.

Die Eltern, beide sehr erfolgreiche Zahnärzte, informieren das Finanzamt am 21.08.09 über die Zahlungsunfähigkeit ihrer Tochter M, ohne weitere Anträge zu stellen.

Aufgaben:

1. Wie lautet die ordnungsgemäße Adressierung des Einkommensteuerbescheides 07 der M? Begründen Sie bitte Ihre Lösung.
2. Kann das Finanzamt die Eltern im Wege der Haftung nach § 69 AO für die Ansprüche aus dem Steuerschuldverhältnis der M in Anspruch nehmen und wenn ja, für welche und in welcher Höhe? Bezeichnen Sie bitte bei Ihrer Lösung die Haftungsansprüche im Einzelnen.

Hinweis:

Stichtag für Ihre Entscheidung soll der 21.08.09 sein. Bei der Berechnung von Fristen ist davon auszugehen, dass diese nicht auf einem Samstag, Sonntag oder Feiertag enden.

Sachverhalt 2

Emilio Emsa (EM) betreibt in der Bremer Innenstadt ein gut besuchtes Sportgeschäft. EM ist ledig. Für die Erledigung seiner steuerlichen Angelegenheiten hat EM einen Steuerberater beauftragt. Die für das Jahr 06 einzureichenden Steuererklärungen gehen im Dezember 07 beim zuständigen Finanzamt ein.

Neben den Einkünften aus Gewerbebetrieb besitzt EM auch noch zwei vermietete Eigentumswohnungen in Hamburg. Im Jahr 06 hat EM keine Kapitalerträge über dem Freibetrag erzielt.

Der endgültige Einkommensteuerbescheid 06 des EM geht am 18.02.08 mit einer festsetzten Einkommensteuer i. H. v. 15.500 € zur Post. Für das Jahr 06 waren bereits für jedes Quartal 3.500 € Vorauszahlungen festgesetzt worden, von denen EM die ersten drei jeweils zum Fälligkeitstag gezahlt hat. Die vierte Vorauszahlung 06 hat er bisher noch nicht gezahlt.

Am 21.03.08 geht beim zuständigen Finanzamt ein Fax mit folgendem Inhalt ein (Auszug):

Einspruch gegen den Einkommensteuerbescheid 06 vom 18.02.08 für Herrn Emilio Emsa, Bremen

Antrag auf Aussetzung der Vollziehung

Sehr geehrte Damen und Herren,

hiermit lege ich für meinen Mandanten, Herrn Emilio Emsa, Einspruch gegen den Einkommensteuerbescheid 06 vom 18.02.08 ein.

Die von Ihnen als nachträgliche Herstellungskosten behandelten Aufwendungen stellen sofort abzugsfähige Erhaltungsaufwendungen dar.

Bis zur Entscheidung über den Einspruch bitte ich um Aussetzung der Vollziehung des strittigen Betrages i. H. v. 2.500 €.

Mit freundlichem Gruß

Bruno Bär

(Steuerberater)

Der im Finanzamt zuständige Bearbeiter stellt fest, dass tatsächlich ernsthafte Zweifel an der Rechtmäßigkeit des Verwaltungsaktes bestehen.

Aufgaben:

1. **Wie wird das Finanzamt über den Antrag auf Aussetzung der Vollziehung entscheiden?**
2. **Unterstellt, die Aussetzung der Vollziehung wird gewährt, in welcher Höhe erfolgt die Aussetzung der Vollziehung?**
3. **Unterstellt, die Aussetzung der Vollziehung wurde ab Fälligkeit gewährt, mit welchen Folgen muss EM dann rechnen, wenn am 23.09.14 der Einspruch in vollem Umfang als unbegründet zurückgewiesen wird?**

Hinweis:

Bitte gehen Sie nur allgemein auf die Folgen ein, die Berechnung bzw. Nennung etwaiger Beträge ist nicht erforderlich.

Sachverhalt 3

Der endgültige Einkommensteuerbescheid 01 der Erna Enkel (E) vom 21.01.03 ergeht mit einer festgesetzten Einkommensteuer 01 i. H. v. 10.000 €.

Im Dezember 03 ändert der Bearbeiter den Einkommensteuerbescheid 01 hinsichtlich einer Beteiligung an einer GG.

Der endgültige Änderungsbescheid 01 geht am 09.12.03 zur Post.

Die festgesetzte Einkommensteuer 01 erhöht sich dadurch um 350 € und wird auf 10.350 € festgesetzt.

E legt am 20.12.03 schriftlich Einspruch beim Finanzamt ein. Sie macht geltend, eine in 01 gezahlte Spende mit einer steuerlichen Auswirkung i. H. v. 400 € vergessen zu haben. Eine ordnungsgemäße Spendenbescheinigung legt sie dem Einspruch bei. Die Spendenbescheinigung hatte sie grob fahrlässig nicht der Steuererklärung beigefügt.

Aufgabe:

Wie wird das Finanzamt über den von E eingelegten Einspruch entscheiden?

Sachverhalt 4

Die Steuerpflichtige Conny Cordes (C) betreibt als Einzelunternehmerin eine Parfümerie in der Bremer City. Sie ist zur Abgabe von Einkommensteuer-, Umsatzsteuer- und Gewerbesteuererklärungen verpflichtet und wird steuerlich nicht beraten.

Für das Jahr 07 wurden Einkommensteuervorauszahlungen i. H. v. jeweils 3.500 € festgesetzt. Für die ersten beiden Quartale zahlt C die Vorauszahlungen, im Juli 07 beantragt sie aber aufgrund eines leichten Umsatzrückganges die Herabsetzung der verbleibenden zwei Vorauszahlungen auf jeweils 3.000 €. Das Finanzamt folgt dem Antrag und erlässt am 20.07.07 einen geänderten Vorauszahlungsbescheid.

Die Steuererklärungen für das Jahr 06 gehen am 18.10.07 beim zuständigen Finanzamt ein. In der Einkommensteuererklärung 06 hat C folgende Einkünfte erklärt:

Gewinn aus Gewerbebetrieb 64.000 €, Einkünfte aus Kapitalvermögen und Einkünfte aus Vermietung und Verpachtung 3.000 € (Überschussanteil an Grundstücksgemeinschaft). Der endgültige Einkommensteuerbescheid 06 geht am 28.01.08 mit einer festgesetzten Einkommensteuer i. H. v. 19.000 € zur Post.

Am 29.02.08 sieht C sich die Erläuterungen zum Einkommensteuerbescheid 06 an und findet dort keine Eintragungen. Erleichtert, dass anscheinend alles „glatt" gelaufen ist, legt sie den Bescheid vorerst beiseite. Zu einem späteren Zeitpunkt würde sie sich den Einkommensteuerbescheid nochmals genauer ansehen.

Da sie in den folgenden Wochen beruflich sehr beansprucht ist, vergisst C die Sache mit dem Einkommensteuerbescheid. Erst am 14.05.08 fällt er ihr wieder in die Finger. Dabei stellt sie fest, dass bei den Einkünften aus Kapitalvermögen nicht die von ihr erklärten 9.000 €, sondern 9.200 € berücksichtigt wurden. Um die Abweichung nachvollziehen zu können, sucht sie in den Erläuterungen zum Bescheid (nochmals) vergebens nach einer Begründung. Sofort greift C zum Telefonhörer und meldet sich bei ihrem für die Einkommensteuer zuständigen Veranlagungsbezirk. Der Bearbeiter Bruno Bär (B) erklärt ihr daraufhin, dass bei den Einkünften aus Kapitalvermögen 200 € Werbungskosten nicht anerkannt wurden, weil ein entsprechender Beleg darüber nicht vorgelegen habe.

C entschließt, sich sofort gegen den Einkommensteuerbescheid zur Wehr zu setzen. Deshalb verfasst sie folgendes Schreiben, dem sie den entsprechenden Beleg über die 200 € Werbungskosten beilegt:

> *„Sehr geehrter Herr Bär,*
>
> *bezugnehmend auf unser heutiges Telefonat möchte ich mich ausdrücklich gegen die Einkommensteuerfestsetzung vom 28.01.08 wenden. Den Beleg habe ich versehentlich vergessen, der Einkommensteuererklärung beizufügen, was ich hiermit nachhole. Da ich nach einer ersten Durchsicht in den Erläuterungen zum Bescheid nichts gefunden hatte, ging ich davon aus, dass von meiner Erklärung nicht abgewichen wurde. Nun sehe ich, dass dies nicht stimmt. Nebenbei möchte ich noch bemerken, dass ich es nicht als die feine Art empfinde, einfach still und leise erklärte Aufwendungen ohne weitere Erläuterung zu streichen.*
>
> *Ich erbitte sofort einen geänderten Einkommensteuerbescheid!*
>
> *Mit freundlichem Gruß*
>
> *Conny Cordes"*

Dieses Schreiben möchte C am nächsten Tag in den Briefkasten des Finanzamtes einwerfen. Sie fährt mit dem Fahrrad zum Finanzamt. Auf dem Weg dorthin kollidiert sie mit einem Auto. Aufgrund ihrer Verletzungen muss C in ein Krankenhaus eingeliefert werden, aus dem sie am 17.06.08 entlassen wird. Am 25.06.08 gibt C das Schreiben persönlich im Finanzamt ab und erläutert dem zuständigen Sachbearbeiter B die Gründe für die verspätete Abgabe.

B sieht sich das Schreiben später in Ruhe an und antwortet C am 29.06.08 wie folgt:

> *„Sehr geehrte Frau Cordes,*
>
> *Ihrem Antrag auf Änderung kann ich nicht entsprechen, da kein zulässiger Einspruch vorliegt. Im Übrigen sind auch die Voraussetzungen für keine der Korrekturvorschriften erfüllt. Weder § 129 AO noch die §§ 172, 173 AO sind anwendbar. Eine Änderung des Einkommensteuerbescheides 06 ist also nicht mehr möglich.*
>
> *Mit freundlichem Gruß*
>
> *Bruno Bär"*

Aufgaben:

1. **Durfte das Finanzamt den Einkommensteuer-Vorauszahlungsbescheid 07 im Juli 07 ändern?**
2. **Kann der Einkommensteuerbescheid 06 im Juni 08 noch geändert werden? Bitte setzen Sie sich mit den Aussagen des B aus dem Schreiben vom 29.06.08 einzeln auseinander. Gehen Sie bei Ihrer Antwort davon aus, dass die Aufwendungen i. H. v. 200 € tatsächlich Werbungskosten darstellen.**

Hinweise:

Bei der Berechnung von Fristen ist davon auszugehen, dass diese nicht an einem Samstag, Sonntag oder Feiertag enden.

Das Jahr 08 soll ein Schaltjahr sein.

Ergänzung des Sachverhalts 4

Das Finanzamt hat über den o. g. Einspruch unanfechtbar entschieden.

C ist an einer Grundstücksgemeinschaft beteiligt (s. o.), deren geschätzter Anteil im Einkommensteuerbescheid 06 mit 3.000 € berücksichtigt wurde. Neben C sind auch Andreas Anders (A) und Daniel Denker (D) zu je 1/3 an der Grundstücksgemeinschaft beteiligt. Als gemeinsamen Empfangsbevollmächtigten haben die Beteiligten A auf der Feststellungserklärung 06 angegeben. Der endgültige Feststellungsbescheid 06 wird am 04.09.08 zur Post gegeben. Er wird an A als Empfangsbevollmächtigten mit Wirkung für und gegen alle Feststellungsbeteiligten ordnungsgemäß bekanntgegeben. Darauf wird im Feststellungsbescheid hingewiesen. Nach diesem entfallen auf jeden Feststellungsbeteiligten jeweils 3.300 €. Das Wohnsitzfinanzamt der C erlässt daraufhin einen geänderten Einkommensteuerbescheid 06, der am 24.09.08 zur Post geht.

Am 30.09.08 ruft C beim Finanzamt an und trägt dem Bearbeiter B folgendes vor:

- Der sich insgesamt ergebende Überschuss aus der Grundstücksgemeinschaft sei zu hoch, dementsprechend sei auch ihr Überschussanteil zu hoch. Dies läge daran, dass Werbungskosten i. H. v. insgesamt 350 € nicht anerkannt worden seien. Sie bitte deshalb um entsprechende Änderung ihres Anteils.
- Außerdem habe sie einen Spendenbeleg über 400 € zufällig in einer Schreibtischschublade gefunden, den sie bisher steuerlich nicht geltend gemacht habe. Aus diesem Grund beantrage sie eine entsprechende Änderung des Einkommensteuerbescheides 06 vom 24.09.08. Die Spendenbescheinigung werde sie in den nächsten Tagen beim Finanzamt nachreichen.

Aufgabe:

Wie hat der Bearbeiter B über den Anruf der C zu entscheiden? Unterstellen Sie bei Ihrer Lösung, dass die materiellrechtlichen Voraussetzungen für den Ansatz der Spende als Sonderausgabe gegeben sind, C aber regelmäßig steuerlich bedeutsame Belege erst im Nachhinein zufällig wiederfindet.

Hinweis:

Gehen Sie bei der Berechnung von Fristen davon aus, dass diese nicht auf einem Samstag, Sonntag oder Feiertag enden.

Lösung zu Sachverhalt 1

1. M ist minderjährig und damit noch nicht voll geschäftsfähig i. S. d. BGB und deshalb verfahrensrechtlich nicht handlungsfähig gem. § 79 AO. M kann keine wirksamen Verfahrenshandlungen vornehmen, zu denen auch die Bekanntgabe des Einkommensteuerbescheides 07 gehört. Somit kann gegenüber M keine wirksame Bekanntgabe erfolgen.

   Der Einkommensteuerbescheid 07 vom 25.05.08 ist ein Verwaltungsakt (§§ 118, 157 AO). M ist als Schuldnerin der Einkommensteuer 07 (§ 43 AO) Inhaltsadressatin des Einkommensteuerbescheides 07, mangels Handlungsfähigkeit aber nicht Bekanntgabeadressatin.

   In diesem Fall sind ihre Eltern, Manfred und Erika Meyer, als gesetzliche Vertreter (§ 34 AO) die Bekanntgabeadressaten des Einkommensteuerbescheides 07 der M. Da aus dem Sachverhalt keine Empfangsvollmacht ersichtlich ist, sind die Eltern auch Empfänger des Einkommensteuerbescheides 07 der M.

   Die Adressierung des Bescheides lautet wie folgt:

   Anschriftenfeld:

   Herrn und Frau

   Manfred und Erika Meyer

   Parkallee 10

   Bremen

   Bescheidkopf:

   Dieser Bescheid ergeht an Sie als gesetzliche Vertreter der Mirja Meyer, Parkallee 10, Bremen

2. Die Steuerschulden der M können aus ihren finanziellen Mitteln im August 09 nicht getilgt werden.

   Es ist zu prüfen, ob die Eltern der M, Manfred und Erika Meyer, im Wege der Haftung für die Ansprüche aus dem Steuerschuldverhältnis ihrer Tochter in Anspruch genommen werden können. Es könnte eine Haftung nach § 69 AO in Betracht kommen.

   Die Eltern sind gesetzlich Vertreter der M (§§ 1626, 1629 BGB). Nach § 34 Abs. 1 AO haben sie deren steuerliche Pflichten zu erfüllen. Sie sind also steuerliche Hilfspersonen i. S. d. § 69 AO.

   Nach § 34 Abs. 1 S. 2 AO haben die Eltern insbesondere dafür zu sorgen, dass die Steuern aus den Mitteln entrichtet werden, die sie verwalten.

   Die Eltern haben das gesamte Kapitalvermögen der M für den Bau der Villa verwendet. Damit haben sie ihre Pflicht nach § 34 Abs. 1 S. 2 AO verletzt. Dadurch (Kausalität) wurden die Ansprüche aus dem Steuerschuldverhältnis nicht rechtzeitig (bei Fälligkeit) erfüllt. Dem Staat ist deshalb ein Schaden entstanden.

   Die Pflichtverletzung muss schuldhaft erfolgt sein. Dies ist im vorliegenden Sachverhalt gegeben, da die Eltern das gesamte Vermögen der M trotz der anstehenden Einkommensteuerzahlung für ihre privaten Zwecke genutzt haben. Sie hätten die Steuernachzahlung einkalkulieren müssen und hätten nicht das ganze Vermögen verbrauchen dürfen. Die Eltern haben damit ihre Sorgfaltspflicht in ungewöhnlich hohem Maße außer Acht gelassen und damit mindestens grob fahrlässig im Sinne des § 69 AO gehandelt.

   Alle Tatbestandsmerkmale für Haftung nach § 69 AO sind erfüllt.

Die Haftung umfasst alle Ansprüche aus dem Steuerschuldverhältnis, also auch die steuerlichen Nebenleistungen gem. § 3 Abs.4 AO. Die Ansprüche müssen, mit Ausnahme der Säumniszuschläge, im Zeitpunkt der Pflichtverletzung bereits entstanden sein.

Da hier die Pflichtverletzung in der Nichtzahlung bei Fälligkeit liegt, tritt die Haftungsfolge hinsichtlich der Einkommensteuer-Abschlusszahlung und der festgesetzten Verspätungszuschläge mit Ablauf dieses Tages ein, nämlich dem 28.6.09 (Berechnung s.u.)

Die Eltern haften folglich für die Einkommensteuer-Abschlusszahlung 07 i. H. v. 3.000 €, für den festgesetzten Verspätungszuschlag i. H. v. 50 € und für die entstandenen Säumniszuschläge (hier bis zum 21.08.09 entstanden), die sich wie folgt berechnen:

Nach § 240 Abs. 2 AO entstehen Säumniszuschläge nicht für steuerliche Nebenleistungen, hier für den Verspätungszuschlag.

Die Einkommensteuer-Abschlusszahlung ist einen Monat nach Bekanntgabe des Bescheides fällig (§ 220 Abs. 1 AO i. V. m. § 36 Abs. 4 EStG). Die Bekanntgabe des Einkommensteuerbescheides 07 richtet sich nach § 122 Abs. 2 Nr. 1 AO und erfolgt am dritten Tag nach Aufgabe zu Post, hier also am 28.05.09. Die Zahlungsfrist beginnt am 29.05.09, 0.00 Uhr, dauert einen Monat (s. o.) und endet am 28.06.09, 24.00 Uhr. Die Einkommensteuer-Abschlusszahlung ist am 28.06.09 fällig.

Nach § 240 Abs. 1 S. 1 AO entsteht für jeden angefangenen säumigen Monat ein Säumniszuschlag i. H. v. 1 % des auf 50 € abgerundeten säumigen Betrages.

Am 21.08.09 liegen zwei angefangene säumige Monate vor. Für die Einkommensteuer-Abschlusszahlung 07 i. H. v. sind am 21.08.09 3.000 € x 2 % = 60 € entstanden. Für diese 60 € können die Eltern auch nach § 69 AO in Anspruch genommen werden.

Die Geltendmachung der Haftung erfolgt durch einen Haftungsbescheid nach § 191 AO.

Die Eltern haften persönlich, d. h. sie haben selbst für die Erfüllung der Schuld einzustehen.

Die Zahlungsaufforderung nach § 219 AO kann mit dem Haftungsbescheid verbunden werden oder aber später gesondert ergehen.

Die Eltern haften persönlich und gesamtschuldnerisch (§ 44 AO), d. h. jeder hat in voller Höhe für die Erfüllung der Schuld einzustehen.

Auch M als Steuerschuldnerin und die Eltern als Haftungsschuldner sind Gesamtschuldner gem. § 44 AO.

Lösung zu Sachverhalt 2

1. Grundsätzlich wird durch die Einlegung eines Einspruches die Vollziehung des angefochtenen Verwaltungsaktes nicht gehemmt, vgl. § 361 Abs.1 S.1 AO.

   Damit das Finanzamt die Aussetzung der Vollziehung gewähren kann, muss ein angefochtener Verwaltungsakt vorliegen. Das heißt, es muss ein zulässiger Einspruch eingelegt worden sein.

   Ein zulässiger Einspruch liegt vor, wenn die Zulässigkeitsvoraussetzungen erfüllt sind (§ 358 AO):

   Statthaftigkeit des Einspruchs (§ 347 AO):

   Bei dem Einkommensteuerbescheid 06 handelt es sich um einen Verwaltungsakt gem. §§ 118, 155, 157 AO, gegen den der Einspruch statthaft ist nach § 347 Abs.1 AO. Der Einspruch ist auch nicht nach § 348 AO ausgeschlossen.

Form des Einspruchs (§ 357 AO):

Für den Einspruch ist die Schriftform zwingend (§ 357 Abs. 1 S. 1 AO). Durch die Einspruchseinlegung per Fax ist die Schriftform gewahrt. Aus dem geht hervor, wer den Einspruch eingelegt hat, hier EM. Eine Unterschrift des EM ist nicht erforderlich. EM kann sich bei der Einspruchseinlegung durch seinen Steuerberater vertreten lassen (§ 80 AO). Eine entsprechende Vollmacht wird in diesem Fall unterstellt und nur im Ausnahmefall schriftlich gefordert.

Einspruchsfrist (§ 355 AO):

Der Einspruch muss innerhalb der Einspruchsfrist von einem Monat ab Bekanntgabe des Verwaltungsaktes beim Finanzamt eingelegt werden (§ 355 Abs.1 S.1 AO). Die Einspruchsfrist berechnet sich wie folgt:

Bei der Einspruchsfrist handelt es sich um eine Ereignisfrist gem. § 187 Abs. 1 BGB. Der Tag des Ereignisses ist hier der Tag der Bekanntgabe. Die Bekanntgabe eines schriftlichen Verwaltungsaktes erfolgt gem. § 122 Abs. 2 Nr. 1 AO am dritten Tag nach Aufgabe zur Post (sog. Bekanntgabefiktion). Die Aufgabe zur Post erfolgte lt. Sachverhalt am 18.02.08. Der Einkommensteuerbescheid 06 gilt damit am 21.02.08 als bekanntgegeben. Die Einspruchsfrist beginnt am Tag nach dem Ereignis um 0.00 Uhr zu laufen, hier also am 22.02.08, 0.00 Uhr (§ 108 Abs. 1 AO i. V. m. § 187 Abs. 1 BGB). Sie dauert einen Monat (s. o) und endet somit am 21.03.08 um 24.00 Uhr (§ 108 Abs. 1 AO i. V. m. § 188 Abs. 2 BGB). Der Einspruch ist fristgerecht beim zuständigen Finanzamt eingegangen.

Beschwer (§ 350 AO):

Nach § 350 AO ist einspruchsbefugt, wer geltend macht, durch einen Verwaltungsakt beschwert zu sein. Es muss also ein Verwaltungsakt zulasten desjenigen ergangen sein, der Einspruch eingelegt hat. Gegen EM ist ein Einkommensteuerbescheid 06 ergangen, der für ihn belastend ist, da eine Einkommensteuer i. H. v. 15.500 € festgesetzt wurde. EM hat also ein Rechtsschutzbedürfnis. EM ist persönlich und sachlich beschwert.

Einspruchsrücknahme / -verzicht (§§ 362, 354 AO):

EM hat weder den Einspruch zurückgenommen, noch hat er auf diesen verzichtet.

Handlungsfähigkeit (§ 365 Abs.1 i. V. m. § 79 AO):

EM ist handlungsfähig gem. § 79 AO und kann deshalb wirksam einen Steuerberater bevollmächtigen, für ihn einen Einspruch einzulegen. (Es wird unterstellt, dass auch der Steuerberater handlungsfähig ist.)

Die Zulässigkeitsvoraussetzungen sind alle erfüllt, so dass hier ein zulässiger Einspruch gem. § 358 AO vorliegt. Der Einspruch hält den Fall in vollem Umfang offen (§ 367 Abs. 2 S. 1 AO).

Lt. Sachverhalt wurde ein Antrag auf Aussetzung der Vollziehung (§ 361 Abs. 2 S. 2 AO) gestellt. In diesem Fall soll das Finanzamt Aussetzung der Vollziehung gewähren, wenn ernstliche Zweifel an der Rechtmäßigkeit des angefochtenen Verwaltungsaktes bestehen. Diese liegen lt. Sachverhalt vor.

Der angefochtene Verwaltungsakt muss vollziehbar sein. Der Einkommensteuerbescheid 06 des EM ist ein vollziehbarer Verwaltungsakt, da eine Geldleistung gefordert wird. Von EM wird eine Abschlusszahlung verlangt (1.500 €).

Das Finanzamt hat die beantragte Aussetzung der Vollziehung zu gewähren.

2. Die Höhe des auszusetzenden Betrages richtet sich nach § 361 Abs. 2 S. 4 AO, da es sich um einen Steuerbescheid handelt.

   Demnach ist die Aussetzung der Vollziehung auf die festgesetzte Steuer, vermindert um die festgesetzten Vorauszahlungen beschränkt. Obwohl EM die Vorauszahlung für das 4. Quartal 06 nicht gezahlt hat, ist dieser Betrag von der festgesetzten Steuer abzuziehen.

   Der höchstens aussetzbare Betrag ermittelt sich deshalb wie folgt:

festgesetzte Steuer 06	15.500 €
./. festgesetzte Vorauszahlungen	14.000 €
aussetzungsfähiger Betrag	1.500 €

   Obwohl ein Betrag i. H. v. ./. 2.500 € strittig ist, können nur 1.500 € nach § 361 Abs. 2 AO ausgesetzt werden.

3. Die Aussetzung der Vollziehung endet in der Regel einen Monat nach Bekanntgabe der Einspruchsentscheidung (vgl. auch AEAO zu § 361, Nr. 8.2.1), dies wäre im vorliegenden Fall Ende Oktober 14.

   Für den Zeitraum vom Tag der Einspruchseinlegung bis zum Ende der Aussetzung der Vollziehung sind Aussetzungszinsen gem. § 237 Abs. 2 AO festzusetzen. Diese betragen 0,5 % pro vollen Monat (§ 238 Abs. 1 AO). Auf die Aussetzungszinsen sind Zinsen nach § 233a AO, die für denselben Zeitraum festgesetzt worden sind, anzurechnen, §§ 237 Abs. 4 i. V. m. 234 Abs. 3 AO.

   Der ausgesetzte Betrag ist noch nicht zahlungsverjährt, da die Aussetzung der Vollziehung eine Unterbrechung i. S. d § 231 AO darstellt. Die fünfjährige Zahlungsverjährung (§§ 228 ff. AO) beginnt nach § 231 Abs. 3 AO mit Ablauf des Kalenderjahres, in dem die Unterbrechung geendet hat, hier also mit Ablauf des 31.12.14, erneut zu laufen.

EM müsste also mit der Festsetzung von Aussetzungszinsen rechnen.

Lösung zu Sachverhalt 3

Nach § 358 AO hat das Finanzamt als erstes zu prüfen, ob der Einspruch zulässig ist.

Der Einspruch gegen den geänderten Einkommensteuerbescheid 01 ist statthaft gem. § 347 Abs. 1 S. 1 AO, da es sich um einen Verwaltungsakt in Abgabenangelegenheiten handelt. Ein Ausschluss nach § 348 AO liegt nicht vor.

Auch ist der Einspruch in der dafür vorgeschriebenen Schriftform beim zuständigen Finanzamt eingereicht worden (§ 357 Abs. 1 AO).

Der Einspruch ist auch fristgerecht beim Finanzamt eingegangen, die Einspruchsfrist ist am 20.12.03 offensichtlich noch nicht abgelaufen.

[Bei der Einspruchsfrist handelt es sich um eine Ereignisfrist gem. § 187 Abs. 1 BGB. Der Tag des Ereignisses ist hier der Tag der Bekanntgabe. Die Bekanntgabe eines schriftlichen Verwaltungsaktes erfolgt gem. § 122 Abs. 2 Nr. 1 AO am dritten Tag nach Aufgabe zur Post (sog. Bekanntgabefiktion). Die Aufgabe zur Post erfolgte lt. Sachverhalt am 09.12.03. Der geänderte Einkommensteuerbescheid 01 gilt damit am 12.12.03 als bekanntgegeben. Die Einspruchsfrist beginnt am Tag nach dem Ereignis um 0.00 Uhr zu laufen, hier also am 13.12.03, 0.00 Uhr (§ 108 Abs. 1 AO i. V. m. § 187 Abs. 1 BGB). Sie dauert einen Monat (s. o) und endet somit am 12.01.04 um 24.00 Uhr (§ 108 Abs. 1 AO i. V. m. § 188 Abs. 2 und 3 BGB). Der Einspruch ist fristgerecht beim zuständigen Finanzamt eingegangen.]

Nach § 350 AO ist einspruchsbefugt, wer geltend macht, durch einen Verwaltungsakt beschwert zu sein. Es muss also ein Verwaltungsakt zulasten desjenigen ergangen sein, der Einspruch eingelegt hat. E ist durch den geänderten Einkommensteuerbescheid 01 persönlich (als Inhaltsadressat) und sachlich (durch die zu hoch festgesetzte Einkommensteuer) beschwert.

E hat weder den Einspruch zurückgenommen (§ 362 AO), noch hat sie auf diesen verzichtet (§ 354 AO).

Da der ursprüngliche Einkommensteuerbescheid 01 erst nach seiner Unanfechtbarkeit nach § 175 Abs. 1 Nr. 1 AO geändert worden ist, greift hier die Regelung des § 351 Abs. 1 AO. Demnach können Verwaltungsakte, die unanfechtbare Verwaltungsakte ändern, nur insoweit angegriffen werden, als die Änderung reicht (also gegenläufig), es sei denn, dass eine Korrekturvorschrift anwendbar ist.

Bei der begehrten Berücksichtigung der Spende handelt es sich um eine Änderung zugunsten der E.

Der unanfechtbare Einkommensteuerbescheid 01 wurde um + 350 € zuungunsten der E geändert. Bis zu einer Höhe von ./. 350 € kann der geänderte Einkommensteuerbescheid 01 angefochten werden.

Zu prüfen ist, ob eine Korrekturvorschrift greift, so dass die Regelung des § 351 Abs. 1 AO unbeachtlich wäre.

Da es sich um einen endgültigen Steuerbescheid handelt, ist eine Änderung nach § 164 Abs. 2 AO nicht möglich.

Eine Änderung nach § 172 Abs. 1 Nr. 2a AO kommt ebenfalls nicht in Betracht, da bei einer Änderung zugunsten auch hier § 351 Abs. 1 AO analog anzuwenden ist.

Eine Änderung nach § 173 Abs. 1 Nr. 2 AO kommt ebenfalls nicht in Betracht, da zwar eine Tatsache (Spende) dem Finanzamt nachträglich bekannt wird, die E aber grobes Verschulden am nachträglichen Bekanntwerden trifft.

Auch andere Korrekturvorschriften sind nicht anwendbar.

Somit ist der Einspruch teilweise (i. H. v. 350 €) zulässig und begründet und in Höhe von 50 € unzulässig.

Das Finanzamt hat den Einspruch teilweise als unzulässig zu verwerfen gem. § 358 S. 2 AO und ansonsten die Einkommensteuer 01 auf 10.000 € herabzusetzen. Da dem Einspruch nicht in vollem Umfang entsprochen werden kann, hat das Finanzamt eine Einspruchsentscheidung gem. § 367 Abs. 1 S. 1 AO zu fertigen.

Sachverhalt 4

1. Bei dem Bescheid über die Einkommensteuervorauszahlungen handelt es sich um einen Steuerbescheid gem. § 155, 157 AO. Der bestehende Vorauszahlungsbescheid kann geändert werden, wenn es eine Korrekturvorschrift gibt. Da es sich nicht um einen sonstigen Verwaltungsakt handelt, kann keine Korrektur gem. §§ 130, 131 AO erfolgen. Nach § 164 Abs. 1

S. 2 AO steht die Festsetzung einer Vorauszahlung immer unter dem Vorbehalt der Nachprüfung. Im vorliegenden Fall handelt es sich um Vorauszahlungen, somit steht der Vorauszahlungsbescheid unter dem Vorbehalt der Nachprüfung. Nach § 164 Abs. 2 S. 1 AO kann eine Steuerfestsetzung aufgehoben oder geändert werden, solange der Vorbehalt der Nachprüfung wirksam ist. Der ursprüngliche Vorauszahlungsbescheid konnte also nach § 164 Abs. 2 AO geändert werden. Eine Änderung nach den §§ 172 ff. AO kommt nicht in Betracht, da der Vorauszahlungsbescheid unter dem Vorbehalt der Nachprüfung steht. § 129 AO ist nicht anwendbar, da dem Finanzamt keine offenbare Unrichtigkeit unterlaufen ist.

2. Um einen Steuerbescheid korrigieren zu können, darf für diesen die Festsetzungsfrist noch nicht abgelaufen sein (§ 169 Abs. 1 S. 1 AO). Dies ist im vorliegenden Fall offensichtlich noch nicht geschehen. Ferner muss eine Korrekturvorschrift greifen. B behauptet, dass C keinen zulässigen Einspruch beim Finanzamt eingelegt hat. Ein zulässiger Einspruch liegt vor, wenn die Zulässigkeitsvoraussetzungen erfüllt sind:

   Statthaftigkeit des Einspruchs (§ 347 AO):

   Bei dem Einkommensteuerbescheid 06 handelt es sich um einen Verwaltungsakt gem. § 118 AO, gegen den der Einspruch statthaft ist nach § 347 Abs. 1 AO. Ein Ausschluss nach § 348 AO liegt nicht vor.

   Form des Einspruchs (§ 357 AO):

   Für den Einspruch ist die Schriftform zwingend. Dies ist im vorliegenden Fall erfüllt. Aus dem Schreiben der C geht ferner hervor, wer den Einspruch eingelegt hat. Nach § 357 Abs. 1 S. 3 AO schadet die fehlende Bezeichnung des Einspruchs nicht. Es ist also unbeachtlich, dass C mit ihrem Schreiben vom 25.06.08 nicht ausdrücklich „Einspruch" eingelegt hat. Der tatsächliche Wille ist durch Auslegung zu ermitteln. Es ist ausreichend, dass C angibt, sich gegen die Einkommensteuerfestsetzung 06 wenden zu wollen.

   Einspruchsfrist (§ 355 AO): Der Einspruch muss innerhalb der Einspruchsfrist von einem Monat ab Bekanntgabe des Verwaltungsaktes beim Finanzamt eingelegt werden (§ 355 Abs. 1 S. 1 AO). Die Einspruchsfrist berechnet sich wie folgt: Bei der Einspruchsfrist handelt es sich um eine Ereignisfrist gem. § 187 Abs. 1 BGB. Der Tag des Ereignisses ist hier der Tag der Bekanntgabe. Die Bekanntgabe eines schriftlichen Verwaltungsaktes erfolgt gem. § 122 Abs. 2 Nr. 1 AO am dritten Tag nach Aufgabe zur Post (sog. Bekanntgabefiktion). Die Aufgabe zur Post erfolgte lt. Sachverhalt am 28.01.08. Der Einkommensteuerbescheid 06 gilt damit am 31.01.08 als bekanntgegeben. Die Einspruchsfrist beginnt am Tag nach dem Ereignis um 0.00 Uhr zu laufen, hier also am 01.02.08, 0.00 Uhr (§ 108 Abs. 1 AO i. V. m. § 187 Abs. 1 BGB). Sie dauert einen Monat (s. o) und endet somit am 29.02.08 (Schaltjahr, siehe auch Sachverhalt) um 24.00 Uhr (§ 108 Abs. 1 AO i. V. m. § 188 Abs. 2 und 3 BGB. Die Einspruchsfrist wurde also versäumt. Da die Einspruchsfrist eine gesetzliche Frist ist, ist Wiedereinsetzung in den vorherigen Stand gem. § 110 AO zu prüfen. Nach § 110 Abs. 1 AO ist Wiedereinsetzung in den vorigen Stand zu gewähren, wenn jemand ohne Verschulden verhindert war, eine gesetzliche Frist einzuhalten. Die Einspruchsfrist ist eine gesetzliche Frist, die nicht eingehalten wurde. Zu prüfen ist, ob C die Einspruchsfrist ohne Verschulden versäumt hat. Nach § 121 Abs. 3 AO gilt die Versäumung der Einspruchsfrist als nicht verschuldet, wenn einem Verwaltungsakt die erforderliche Begründung fehlt und dadurch die rechtzeitige Anfechtung des Verwaltungsaktes versäumt worden ist. Die Begründung ist gem. § 121 Abs. 1 AO bei einem schriftlichen Verwaltungsakt notwendig, soweit dies zu seinem Verständnis erforderlich ist. Bei dem Einkommensteuerbescheid 06 handelt es sich um einen Verwaltungsakt. B ist von dem Erklärungsinhalt der C zu deren Ungunsten abgewichen. Aus diesem Grund wäre eine Begründung gem. § 121 Abs. 1 AO notwendig gewesen. Eine Ausnahme nach § 121 Abs. 2 AO, nach der eine Begründung unterbleiben kann, liegt nicht vor. Durch die fehlende Begründung hat C die gesetzliche Einspruchsfrist versäumt, denn sie konnte nicht ohne weiteres erkennen, dass von den von ihr erklärten Besteuerungsgrundlagen abgewichen wurde. Auch wurde der C vor Erlass des Einkommensteuerbescheides kein rechtliches Gehör gem. § 91 AO gewährt. Somit gilt die Versäumung der Einspruchsfrist als nicht verschuldet. Damit sind die Voraussetzungen des § 110 Abs. 1 S. 1 AO erfüllt, Wiedereinsetzung in den vorigen Stand ist zu gewähren. Nach § 110 Abs. 2 AO ist der Antrag dafür innerhalb eines Monats nach Wegfall des Hindernisses zu stellen. Der Wegfall des Hindernisses ist gem. § 126 Abs. 3 S. 2 AO der Zeitpunkt, in dem die unterlassene Verfahrenshandlung, hier die fehlende Begründung, nachgeholt wird. Die Begründung wird von B am Telefon am 14.05.08 nachgeholt. Dies ist das maßgebende Ereignis für die Berechnung der Wiedereinsetzungsfrist. Diese beginnt gem. § 108 Abs. 1 AO i. V. m. § 187 Abs. 1 BGB am 15.05.08, 0.00 Uhr. Sie dauert einen Monat (s. o.) und endet am 14.06.08, 24.00 Uhr (§ 108 Abs. 1 AO i. V. m. § 188 Abs. 2 BGB). Bis zum 14.06.07, 24.00 Uhr kann C den Antrag auf Wiedereinsetzung stellen. Da C am 15.05.08 einen Fahrradunfall erleidet und deshalb bis zum 17.06.08 im Krankenhaus bleiben muss, hat sie die Wiedereinsetzungsfrist versäumt. Zu prüfen ist nun, ob C Wiedereinsetzung in die Wiedereinsetzungsfrist bekommen kann, da die Wiedereinsetzungsfrist nicht gem. § 109 AO verlängert werden kann. Bei der Wiedereinsetzungsfrist handelt es sich um eine gesetzliche Frist. Wiedereinsetzung gem. § 110 Abs. 1 AO ist zu gewähren, wenn C kein Verschulden am Versäumen der ursprünglichen Widereinsetzungsfrist trifft. C hat diese Frist durch den Krankenhausaufenthalt unverschuldet versäumt, Wiedereinsetzung ist also grundsätzlich auf Antrag zu gewähren. C hat den Antrag innerhalb eines Monats nach Wegfall des Hindernisses gem. § 110 Abs. 2 AO zu stellen. Der Wegfall des Hindernisses ist der Tag, an dem C aus dem Krankenhaus entlassen wird, hier der 17.06.08 (= Ereignistag). Die Wiedereinsetzungsfrist beginnt, da es sich um eine Ereignisfrist handelt, am Tag nach dem Ereignis, hier also am 18.06.08, 0.00 Uhr (§ 108 Abs. 1 AO i. V. m. § 187 Abs. 1 BGB). Die Frist dauert einen Monat (s. o) und endet am 17.07.08, 24.00 Uhr. C kann also bis zum 17.07.08 einen Antrag auf Wiedereinsetzung gem. § 110 AO stellen. Dieser kann unterbleiben, wenn die versäumte Handlung innerhalb der Wiedereinsetzungsfrist nachgeholt wird. C holt am 25.06.08 die versäumte Handlung, den Einspruch, nach. Die Jahresfrist gem. § 110 Abs. 3 AO ist noch nicht abgelaufen. C ist Wiedereinsetzung in den vorigen Stand zu gewähren, da alle Voraussetzungen erfüllt sind. Es handelt sich nicht um eine Ermessensentscheidung des Finanzamtes.

Beschwer (§ 350 AO):

Nach § 350 AO ist einspruchsbefugt, wer geltend macht, durch einen Verwaltungsakt beschwert zu sein. Es muss also ein Verwaltungsakt zulasten desjenigen ergangen sein, der Einspruch eingelegt hat. Gegen C ist ein Einkommensteuerbescheid 06 ergangen (C ist also persönlich beschwert), der für sie belastend ist, da eine Einkommensteuer i. H. v. 19.000 € festgesetzt wurde (C ist sachlich beschwert). C hat also ein Rechtsschutzbedürfnis.

Einspruchsrücknahme / -verzicht (§§ 362, 354 AO):

C hat weder den Einspruch zurückgenommen, noch hat sie auf diesen verzichtet.

Handlungsfähigkeit (§ 365 Abs.1 i. V. m. § 79 AO):

C ist handlungsfähig gem. § 79 AO und kann deshalb wirksam Einspruch einlegen.

Die Zulässigkeitsvoraussetzungen sind alle erfüllt, so dass hier ein zulässiger Einspruch vorliegt (§ 358 AO). Der Einspruch hält den Fall in vollem Umfang offen (§ 367 Abs. 2 S. 1 AO).

B hat mit seiner Aussage, ein zulässiger Einspruch würde nicht vorliegen, nicht Recht.

Da ein zulässiger Einspruch vorliegt, ist nunmehr die Begründetheit des Einspruches zu prüfen. Lt. Aufgabenstellung stellen die Aufwendungen tatsächlich Werbungskosten dar. Der Einspruch ist also begründet. Nach § 367 Abs. 1 AO entscheidet das Finanzamt grundsätzlich durch Einspruchsentscheidung über den Einspruch. Im vorliegenden Fall hat das Finanzamt dem Einspruch in vollem Umfang abzuhelfen. In diesem Fall kann eine Einspruchsentscheidung unterbleiben (§ 367 Abs. 2 S. 3 AO). Das Finanzamt erlässt einen sog. Abhilfebescheid gem. § 172 Abs. 1 Nr. 2a AO, da es sich um einen endgültigen Steuerbescheid handelt.

B behauptet außerdem, dass weder eine Korrektur nach § 129 AO noch nach §§ 172, 173 AO möglich sei.

Korrektur gem. § 129 AO:

Nach § 129 AO kann das Finanzamt Schreibfehler, Rechenfehler und ähnliche offenbare Unrichtigkeiten, die beim Erlass eines Verwaltungsaktes unterlaufen sind, berichtigen. Bei den nicht berücksichtigten 200 € Werbungskosten bei den Einkünften aus Kapitalvermögen handelt es sich nicht um eine offenbare Unrichtigkeit, da der Bearbeiter B die Werbungskosten absichtlich nicht anerkannt hat. Eine Änderung nach § 129 AO hat er also richtigerweise ausgeschlossen.

Korrektur gem. § 172 AO:

Nach § 172 Abs.1 Nr.2a AO darf ein endgültiger Steuerbescheid geändert werden, soweit der Steuerpflichtige zustimmt oder die Änderung beantragt. Eine Änderung zugunsten des Steuerpflichtigen ist nur möglich, wenn dieser innerhalb der Einspruchsfrist der Änderung zugestimmt bzw. diese beantragt hat. Bei dem Einkommensteuerbescheid 06 handelt es sich um einen Steuerbescheid, der endgültig ist. Aus diesem Grund ist § 172 AO grundsätzlich anwendbar. C stellt am 25.06.08 einen Antrag auf Änderung der Einkommensteuerfestsetzung 06 zu ihren Gunsten. Dieser Antrag muss folglich innerhalb der Einspruchsfrist beim Finanzamt eingehen. Diese ist – siehe Berechnung oben – im Zeitpunkt der Antragstellung bereits abgelaufen. Allerdings ist auch hier eine gesetzliche Frist, die Einspruchsfrist, versäumt worden, so dass auch hier Wiedereinsetzung in den vorigen Stand gem. § 110 AO zu gewähren ist (Prüfung siehe oben). B hat also nicht Recht mit seiner Behauptung, eine Änderung hinsichtlich der Werbungskosten sei nach § 172 Abs. 1 Nr. 2a AO nicht möglich. Eine Anwendung nach § 172 Abs. 1 Nr. 2c AO kommt nicht in Betracht, da es sich um eine Änderung zugunsten der C handelt und außerdem keine arglistige Täuschung vorliegt.

Korrektur nach § 173 AO:

Die Werbungskosten i. H. v. 200 € führen zu einer niedrigeren Steuer, so dass § 173 Abs. 1 Nr. 2 AO zu prüfen ist. Bei dem Einkommensteuerbescheid 06 handelt es sich um einen endgültigen Steuerbescheid. Die Werbungskosten stellen eine Tatsache gem. § 173 Abs. 1 AO dar. Fraglich ist, ob diese Tatsache nachträglich bekannt wurde. Dies ist im vorliegenden Fall zu verneinen, denn dem zuständigen Bearbeiter im Finanzamt waren die Werbungskosten auch schon im Zeitpunkt der ursprünglichen Veranlagung bekannt. Die Tatsache ist also nicht nachträglich bekannt geworden, Obwohl Rechtserheblichkeit der Tatsache gegeben ist, ist eine Änderung nach § 173 Abs. 1 Nr. 2 AO nicht möglich. Insoweit hat B mit seiner Behauptung Recht gehabt.

Ergänzung des Sachverhalts 4

C begehrt mit ihrem Anruf beim Finanzamt die Änderung ihres Einkommensteuerbescheides 06 vom 24.09.08 hinsichtlich ihres Überschussanteils an der Grundstücksgemeinschaft und einer Spende als Sonderausgabe in Höhe von 400 €.

Der Anruf beim Finanzamt stellt –obwohl er innerhalb der Einspruchsfrist von einem Monat nach Bekanntgabe des Steuerbescheides erfolgt ist – keinen Einspruch gegen den geänderten Einkommensteuerbescheid 06 vom 24.09.08 dar, da die Schriftform gem. § 357 Abs. 1 AO nicht gewahrt wurde.

Zu prüfen ist, ob aufgrund des telefonischen Antrages der C eine Korrektur nach einer der Korrekturvorschriften erfolgen kann.

Die Einkünfte aus der Grundstücksgemeinschaft stellen Einkünfte aus Vermietung und Verpachtung gem. § 21 EStG dar. Diese sind abweichend von § 157 Abs. 2 AO nach § 179 Abs. 1 und 2 AO i. V. m. § 180 Abs. 1 Nr.2a AO gesondert und einheitlich festzustellen, da mehrere Personen an den Vermietungseinkünften beteiligt sind. Diese gesonderte und einheitliche Feststellung erfolgt durch einen Feststellungsbescheid, der gem. § 182 Abs. 1 AO als Grundlagenbescheid (§ 171 Abs. 10 AO) Bindungswirkung für den Folgebescheid entfaltet. Folgebescheide sind die jeweiligen Einkommensteuerbescheide der Beteiligten. Der Einkommensteuerbescheid 06 der C wurde nach § 175 Abs. 1 Nr. 1 AO geändert, wobei eine inhaltliche Überprüfung des Überschussanteils durch das Wohnsitzfinanzamt nicht stattfindet und auch systemwidrig wäre.

Möchte C eine Änderung ihres Anteils an den Einkünften aus der Grundstücksgemeinschaft erwirken, muss sie sich gegen den Feststellungbescheid 06 und nicht gegen den geänderten Einkommensteuerbescheid 06 wenden. Hinsichtlich des Anteils an den Vermietungseinkünften kann B dem Änderungsantrag der C nicht entsprechen, dazu muss sie sich an das für die gesonderte und einheitliche Feststellung zuständige Verwaltungsfinanzamt gem. § 18 Abs. 1 Nr. 4 AO wenden.

Bezüglich der Spende sind im Folgenden die Korrekturvorschriften für Steuerbescheide zu prüfen.

Da es sich lt. Sachverhalt um einen endgültigen Einkommensteuerbescheid handelt, ist eine Änderung nach § 164 Abs. 2 AO nicht möglich. Folglich sind die Korrekturvorschriften der §§ 172 ff. AO zu prüfen.

Eine Änderung nach § 172 Abs. 1 Nr. 2a AO kann erfolgen, wenn ein endgültiger Steuerbescheid vorliegt, soweit der Steuerpflichtige der Änderung zugunsten innerhalb der Einspruchsfrist der Änderung zugestimmt bzw. diese beantragt hat. Dieser Antrag auf schlichte Änderung kann auch formlos erfolgen. Mit dem Anruf vom 30.09.08 stellt C einen Antrag auf schlichte Änderung des Einkommensteuerbescheides 06 zu ihren Gunsten, da die Berücksichtigung der Spenden zu einer niedrigeren Einkommensteuer führen würde. Zu prüfen ist, ob der Antrag innerhalb der Einspruchsfrist gestellt wurde. Die Einspruchsfrist beträgt gem. § 355 Abs. 1 AO einen Monat nach Bekanntgabe des Steuerbescheides. Der geänderte Einkommensteuerbescheid 06 wird am 24.09.08 zur Post gegeben. Nach § 122 Abs. 2 Nr. 1 AO gilt der Bescheid am dritten Tag nach Aufgabe zur Post als bekanntgegeben, hier also am 27.09.08. Die Einspruchsfrist ist eine Ereignisfrist, deren Beginn sich nach § 108 Abs. 1 AO i. V. m. § 187 Abs. 1 BGB richtet. Die Einspruchsfrist beginnt hier am 28.09.08, 0.00 Uhr, dauert einen Monat (§ 355 Abs. 1 AO) und endet am 27.10.08, 24.00 Uhr (§ 108 Abs. 1 AO i. V. m. § 188 Abs. 2 BGB).

C hat den telefonischen Antrag vom 30.09.08 also innerhalb der Einspruchsfrist gestellt. Grundsätzlich sind damit alle Voraussetzungen des § 172 Abs. 1 Nr. 2a AO erfüllt. Zu beachten ist allerdings, dass der Änderungsbescheid vom 24.09.08 einen bereits unanfechtbaren Einkommensteuerbescheid geändert hat. Aus diesem Grund ist § 351 Abs. 1 AO analog anzuwenden. Die Änderung des Einkommensteuerbescheides 06 kann nur erfolgen, soweit die Änderung nach § 175 Abs. 1 Nr. 1 AO reicht.

Die Einkünfte aus der Grundstücksgemeinschaft der C wurden von 3.000 € auf 3.300 € zu ihren Ungunsten geändert. Die Spenden betragen zwar 400 €, berücksichtigungsfähig sind hier aber nur 300 € als Sonderausgaben gem. § 172 Abs. 1 Nr. 2a AO zugunsten der C. 100 € sind wegen der analogen Anwendung des § 351 Abs. 1 AO nicht nach § 172 Abs. 1 Nr.2a AO berücksichtigungsfähig.

Zu prüfen ist, ob eine andere Korrekturvorschrift außer dem § 172 Abs. 1 Nr. 2a AO in Betracht kommen könnte, durch die die Bestandskraft durchbrochen werden kann (vgl. analog § 351 Abs. 1 2. Hs. AO).

Nach § 173 Abs. 1 Nr. 2 AO ist ein Steuerbescheid zu ändern, soweit Tatsachen nachträglich bekannt werden, die zu einer niedrigeren Steuer führen und den Steuerpflichtigen kein grobes Verschulden am nachträglichen Bekanntwerden trifft.

Bei dem Einkommensteuerbescheid 06 handelt es sich um einen Steuerbescheid. Die Spenden stellen eine Tatsache dar. Die Berücksichtigung der Spende als Sonderausgaben führt zu einer niedrigeren Steuer. Die Spende wird dem im Finanzamt zuständigen Bearbeiter B nachträglich, d. h. nach abschließender Willensbildung über den Änderungsbescheid, bekannt. Rechtserheblichkeit der Tatsache liegt vor, denn auch im Zeitpunkt der ursprünglichen Veranlagung hätten die Spenden sich auf die Höhe der Einkommensteuer 06 ausgewirkt. Fraglich ist, ob die C ein grobes Verschulden am nachträglichen Bekanntwerden der Spende trifft. Grobes Verschulden liegt vor, wenn der Steuerpflichtige vorsätzlich gehandelt hat oder aber die ihm zumutbare Sorgfaltspflicht in ungewöhnlich hohem Maße verletzt hat. Vorsatz der C lässt sich aus dem geschilderten Sachverhalt nicht erkennen. C hat die Spendenbescheinigung in ihrer Schreibtischschublade gefunden. Hier ist grobes Verschulden anzunehmen, da C die Spendenbescheinigung an einem geeigneteren Ort, z. B. bei ihren steuerlichen Unterlagen hätte aufbewahren können. Auch die Tatsache, dass sie häufiger steuerlich relevante Belege im Nachhinein zufällig wiederfindet, spricht für grobes Verschulden am nachträglichen Bekanntwerden. Sie hat die ihr zumutbare Sorgfaltspflicht in ungewöhnlich hohem Maße verletzt. Eine Änderung nach § 173 Abs. 1 Nr. 2 AO kommt deshalb nicht in Betracht.

Auch eine Änderung nach den Vorschriften §§ 174 und 175 AO kommt nicht in Betracht, ebenso wenig wie eine Berichtigung nach § 129 AO, da keine offenbare Unrichtigkeit vorliegt.

Somit verbleibt ein materieller Fehler in Höhe von 100 €, der nur im Wege des § 177 AO ausgleichend mit anderen – gegenläufigen – Korrekturen mitberichtigt werden kann. Dafür gibt es im Sachverhalt keine Anhaltspunkte, so dass dieser materielle Fehler z. Zt. unberücksichtigt bleibt.

Im Ergebnis ist der geänderte Einkommensteuerbescheid 06 vom 24.09.08 wieder aufzuheben, es bleibt bei der zuvor festgesetzten Einkommensteuer.

Tz.	Kurztext der Lösung	Soll
Sachverhalt 1		**22**
1.	M nicht handlungsfähig, da minderjährig (§ 79 AO); keine wirksame Bekanntgabe gegen M M = Steuerschuldnerin (§ 43 AO) und Inhaltsadressatin des ESt-Bescheides 07, aber nicht Bekanntgabeadressatin ; Eltern sind als gesetzliche Vertreter (§ 34 AO) Bekanntgabeadressaten und Empfänger; richtige Adressierung mit Anschriftenfeld und Bescheidkopf	6
2.	Haftung nach § 69 AO der Eltern: Eltern = gesetzliche Vertreter (§ 34 AO), Personenkreis des § 69 AO; Pflicht nach § 34 Abs. 1 S. 2 AO; Pflichtverletzung; keine Zahlung bei Fälligkeit der ESt 07; Kausalität; Schaden des Staates	5
	Schuldhafte Pflichtverletzung: Eltern haben zumutbare Sorgfaltspflicht verletzt (= grobe Fahrlässigkeit); Tatbestandmerkmale § 69 AO sind erfüllt	2
	Haftungsumfang: auch stl. Nebenleistungen, hier VerspZ und SZ; Haftungsfolge tritt mit Ablauf des 28.06.09 (Berechnung notwendig) ein, da sind ESt 07 (3.000 €) und VerspZ (50 €) fällig;	3
	SZ (§ 240 AO): entstehen nur auf ESt 07, nicht auf VerspZ (§ 240 Abs. 2 AO); entstandene SZ bis 21.08.09: 2 angefangene Monate = 2 %; BMG: 3.000 €; entstandene SZ i. H. v. 60 €; Haftung der Eltern nach § 69 AO auch für diese SZ	3
	Geltendmachung des Haftungsanspruchs durch Haftungsbescheid gem. § 191 AO; Eltern haften persönlich; Zahlungsaufforderung § 219 AO; Eltern sind Gesamtschuldner gem. § 44 AO; M als Steuerschuldnerin und Eltern als Haftungsschuldner sind auch Gesamtschuldner gem. § 44 AO	3
Sachverhalt 2		**22**
1.	§ 361 Abs. 1 S. 1 AO: keine Hemmung der Vollziehung durch Einspruchseinlegung	1
	Voraussetzung für AdV: angefochtener VA, also zulässiger Einspruch (§ 358 AO)	2

	§ 347 Abs. 1 Nr. 1 AO: Einspruch ist statthaft, da VA in Abgabenangelegenheiten, kein Ausschluss nach § 348 AO; § 357 Abs. 1 AO: Schriftform durch Fax gewahrt, Einspruchsführer ist erkennbar, Unterschrift nicht erforderlich	3
	§ 355 Abs. 1 AO (Frist): Bekanntgabe (§ 122 Abs. 2 Nr. 1 AO) am 21.02.08; Fristbeginn (§ 108 Abs. 1 AO und § 187 Abs. 1 BGB): 22.02.08, 0.00 Uhr, Dauer 1 Monat (§ 355 Abs. 1 S. 1 AO); Ende (§ 108 Abs. 1 AO und § 188 Abs. 2 BGB): 21.03.08, 24.00 Uhr; Frist ist eingehalten	2
	Beschwer (§ 350 AO): EM ist persönlich (Inhaltsadressat) und sachlich (zu hoch festgesetzte ESt) beschwert.	2
	Keine Rücknahme (§ 362 AO), kein Verzicht (§ 354 AO)	0,5
	EM ist handlungsfähig gem. § 79 AO	0,5
	Zulässigkeitsvoraussetzungen sind erfüllt, Einspruch ist zulässig (§ 358 AO); Fall ist in vollem Umfang offen (§ 367 Abs. 2 S. 1 AO); angefochtener VA liegt vor	1
	Ernstliche Zweifel an Rechtmäßigkeit bestehen lt. Sachverhalt	1
	ESt-Bescheid ist vollziehbar, Geldleistung wird gefordert.	1
	FA hat Aussetzung der Vollziehung zu gewähren.	1
2.	§ 361 Abs. 2 S. 4 AO: Höhe des auszusetzenden Betrages bei Steuerbescheid; festgesetzte Vorauszahlungen sind von festgesetzter ESt abzuziehen, unbeachtlich, dass 4. Vz. noch nicht geleistet wurde; 1.500 € können ausgesetzt werden	3
3.	Ende AdV in der Regel 1 Monat nach Bekanntgabe der Einspruchsentscheidung, hier Ende Oktober 14; Aussetzungszinsen (§ 237 AO): 0,5 % pro vollem Monat (§ 238 Abs. 1 AO) auf durch 50 € abgerundeten Betrag; Anrechnung der Zinsen nach § 233a AO für selben Zeitraum	2
	Keine Zahlungsverjährung (§ 228 ff. AO), da AdV Unterbrechung i. S. d. § 231 AO ist; erneuter Beginn der Zahlungsverjährungsfrist mit Ablauf des 31.12.14 (§ 231 Abs. 3 AO); Dauer: 5 Jahre (§ 228 S. 2 AO)	2

Sachverhalt 3		**12**
	Zulässigkeit gem. § 358 AO; Einspruch ist statthaft (§ 347 Abs. 1 S. 1 AO), da VA in Abgabenangelegenheiten, kein Ausschluss nach § 348 AO; Schriftform gewahrt (§ 357 Abs. 1 AO); Einspruchsfrist (§ 355 Abs. 1 AO) offensichtlich noch nicht abgelaufen; E ist persönlich (als Inhaltsadressat) und sachlich (durch zu hoch festgesetzte Steuer) beschwert (§ 350 AO); keine Rücknahme (§ 362 AO), kein Verzicht (§ 354 AO)	5
	§ 351 Abs. 1 AO: unanfechtbarer ESt-Bescheid wurde geändert, Anfechtung des geänderten ESt-Bescheides grds. nur, soweit die Änderung reicht, hier also i. H. v. ./. 350 €	2
	Beschränkung des § 351 Abs. 1 AO gilt nicht, wenn Korrekturnorm greift; keine Änderung nach § 164 Abs. 2 AO, da endgültig	1
	Keine Änderung nach § 172 Abs. 1 Nr. 2a AO, da § 351 Abs. 1 AO analog gilt	1
	Keine Änderung nach § 173 Abs. 1 Nr. 2 AO, da Tatsache dem Finanzamt zwar nachträglich bekannt wird, aber grobes Verschulden der E vorliegt	1
	Einspruch ist teilweise (i. H. v. 350 €) zulässig und begründet und i. H. v. 50 € unzulässig; Einspruch ist teilweise als unzulässig zu verwerfen und die ESt ist auf 10.000 € herabzusetzen; FA muss Einspruchsentscheidung (§ 367 Abs. 1 S. 1 AO) erlassen	2
Sachverhalt 4		**33**
1.	Vorauszahlungsbescheid = Steuerbescheid (§§ 155, 157 AO); keine Korrektur nach § § 130, 131 AO; Vz.-Bescheid steht immer unter dem VdN (§ 164 Abs. 1 S. 2 AO); Änderung nach § 164 Abs. 2 AO; keine Änderung nach §§ 172 ff. AO, da nicht endgültig	3,5
2.	Änderung nur innerhalb der FFr. (§ 169 Abs. 1 S. 1 AO), hier offensichtlich noch nicht abgelaufen	1
	Zulässiger Einspruch? Einspruch ist statthaft (§ 347 Abs. 1 S. 1 AO), da VA in Abgabenangelegenheiten, kein Ausschluss nach § 348 AO; Schriftform gewahrt (§ 357 Abs. 1 AO); Einspruchsführer (C) ist erkennbar; fehlende Bezeichnung schadet nicht (§ 357 Abs. 1 S. 3 AO)	2,5

	Einspruchsfrist (§ 355 Abs. 1 AO): Bekanntgabe (§ 122 Abs. 2 Nr. 1 AO) am 31.01.08; Fristbeginn (§ 108 Abs. 1 AO und § 187 Abs. 1 BGB): 01.02.08, 0.00 Uhr, Dauer 1 Monat (§ 355 Abs. 1 S. 1 AO); Ende (§ 108 Abs. 1 AO und § 188 Abs. 2, 3 BGB): 29.02.08, 24.00 Uhr; Frist ist nicht eingehalten, Wiedereinsetzung gem. § 110 AO?	2
	Einspruchsfrist: gesetzliche Frist; § 121 Abs. 1 AO: fehlende Begründung, kein Fall nach § 121 Abs. 2 AO; kein rechtliches Gehör (§ 91 AO); § 121 Abs. 3 AO: durch fehlende Begründung wurde Einspruchsfrist versäumt: Fristversäumnis entschuldbar; Voraussetzungen nach § 110 Abs. 1 AO erfüllt	4
	Wiedereinsetzungsfrist (§ 110 Abs. 2 AO): Wegfall Hindernis am 14.05.08 durch Telefonat = Ereignistag; Beginn: 15.05.08, 0.00 Uhr (§ 108 Abs. 1 AO und § 187 Abs. 1 BGB); Dauer: 1 Monat (§ 110 Abs. 2 AO); Ende: 14.06.08, 24.00 Uhr (§ 108 Abs. 1 AO und § 188 Abs. 2 BGB); durch Unfall wird Frist versäumt: Wiedereinsetzung?	2
	Wiedereinsetzungsfrist: gesetzliche Frist; kein Verschulden wegen Unfall und Krankenhausaufenthalt; Antrag innerhalb der Wiedereinsetzungsfrist möglich	2
	Wiedereinsetzungsfrist (§ 110 Abs. 2 AO): Wegfall Hindernis am 17.06.08 durch Krankenhausentlassung = Ereignistag; Beginn: 18.06.08, 0.00 Uhr (§ 108 Abs. 1 AO und § 187 Abs. 1 BGB); Dauer: 1 Monat (§ 110 Abs. 2 AO); Ende: 17.07.08, 24.00 Uhr (§ 108 Abs. 1 AO und § 188 Abs. 2 BGB)	2
	C hat versäumte Handlung innerhalb der Wiedereinsetzungsfrist nachgeholt; Erläuterung der Gründe für verspätete Einlegung; gesonderter Antrag kann unterbleiben; Jahresfrist (§ 110 Abs. 3 AO) nicht eingetreten; C ist Wiedereinsetzung zu gewähren, kein Ermessen	3
	C ist persönlich (als Inhaltsadressat) und sachlich (durch zu hohe ESt) beschwert (§ 350 AO)	1
	Keine Rücknahme (§ 362 AO), kein Verzicht (§ 354 AO)	0,5
	C ist handlungsfähig (§ 79 AO)	0,5
	Einspruch ist zulässig (§ 358 AO); Fall ist in vollem Umfang offen (§ 367 Abs. 2 S. 1 AO); B hat mit seiner Aussage nicht Recht	1
	Einspruch ist begründet; Vollabhilfe; FA muss keine Einspruchsentscheidung erlassen (§ 367 Abs. 2 S. 3 AO); Abhilfebescheid nach § 172 Abs. 1 Nr. 2a AO, da endgültiger Steuerbescheid	2

	Änderung nach § 129 AO?: keine offenbare Unrichtigkeit, keine Änderung gem. § 129 AO; B hat Recht	1
	Änderung nach § 172 AO?: endgültiger Steuerbescheid; Änderung zugunsten; Antrag innerhalb der Einspruchsfrist; Frist grds. abgelaufen, aber Wiedereinsetzung, da gesetzliche Frist (s. o.); Änderung nach § 172 Abs. 1 Nr. 2a AO möglich; keine Änderung nach § 172 Abs. 1 Nr. 2c AO, da keine arglistige Täuschung durch C vorliegt; B hat nicht Recht;	3
	Änderung nach § 173 AO?: niedrigere ESt: § 173 Abs. 1 Nr. 2 AO; Werbungskosten = Tatsache; kein nachträgliches Bekanntwerden; Änderung nach § 173 Abs. 1 Nr. 2 AO nicht möglich; B hat Recht	2
Ergänzung zu Sachverhalt 4		**13**
	Kein Einspruch, da Schriftform nicht gewahrt (§ 357 Abs. 1 AO)	1
	Grundstücksgemeinschaft: ges. + einheitl. Feststellung (§§ 179 Abs. 1 + 2, 180 Abs. 1 Nr. 2a AO), da mehrere Beteiligte; F.-Bescheid = Grundlagenbescheid; Grundlagenbescheid bindend (§ 182 Abs. 1 S. 1 AO) für Folgebescheid (= ESt-B. der C); Änderung ESt-Bescheid der C nach § 175 Abs. 1 Nr. 1 AO	3
	Änderung des Anteils an Grundstücksgem. Muss beim Verwaltungs-FA (§ 18 Abs. 1 Nr. 4 AO) beantragt werden, nicht bei Wohnsitz-FA; dem Änderungsantrag der C kann nicht entsprochen werden	1
	Spende: keine Änderung nach § 164 Abs. 2 AO, da endgültiger Bescheid	0,5
	Änderung nach § 172 Abs. 1 Nr. 2a AO?: endgültiger ESt-Bescheid; C beantragt Änderung zu ihren Gunsten; Antrag innerhalb der Einspruchsfrist notwendig; Einspruchsfrist (§ 355 Abs. 1 AO): Bekanntgabe (§ 122 Abs. 2 Nr. 1 AO) am 27.09.08; Fristbeginn (§ 108 Abs. 1 AO und § 187 Abs. 1 BGB): 28.09.08, 0.00 Uhr, Dauer 1 Monat (§ 355 Abs. 1 S. 1 AO); Ende (§ 108 Abs. 1 AO und § 188 Abs. 2 BGB): 27.10.08, 24.00 Uhr; C hat Antrag telefonisch innerhalb der Frist gestellt; da	3,5

	ursprüngl. Bescheid bereits unanfechtbar war, ist § 351 Abs. 1 AO analog zu beachten; Änderung grds. nur möglich, soweit Änd. nach § 175 Abs. 1 Nr. 1 AO reicht, hier – 300 € steuerl. Auswirkung	
	§ 351 Abs. 1 AO gilt nicht, wenn andere Änd.-Vorschrift greift: Änderung nach § 173 Abs. 1 Nr. 2 AO?: Spendenaufwendungen = Tatsache; niedrigere Steuer; nachträgliches Bekanntwerden für FA; Rechtserheblichkeit gegeben; C trifft grobes Verschulden; § 173 Abs. 1 Nr. 2 AO nicht anwendbar	3
	Keine Änderungen nach §§ 174, 175 AO und § 129 AO, da keine offenbare Unrichtigkeit vorliegt; Ergebnis: geänderter ESt-Bescheid ist aufzuheben, es bleibt bei zuvor festgesetzter ESt.	1
	Art der Begründung, Klarheit der Darstellung, Ausdrucksweise	3
	Summe	105

Abgabenordnung 2. Klausur

Rechtsstand: 2008
Bearbeitungszeit: 5 Zeitstunden
Hilfsmittel: AO, BGB, Taschenrechner

Sachverhalt 1

Der Steuerpflichtige Cornelius Claus (C) betreibt seit dem Jahr 00 einen exklusiven Textileinzelhandel mit Mode für die „Generation 50 plus" in Bremen.

C, der steuerlich beraten wird, gibt die Einkommensteuer-, Gewerbesteuer- und Umsatzsteuererklärungen der einzelnen Jahre im jeweiligen Folgejahr beim zuständigen Finanzamt ab. Eine Empfangsvollmacht für den Steuerberater B liegt dem Finanzamt nicht vor.

Ende des Jahres 07 taucht C im Finanzamt in der Liste der zur Betriebsprüfung vorgesehenen Fälle auf. Er wird dem Betriebsprüfer Artig (A) zugeteilt. Dieser erkrankt Anfang des Jahres 08 für längere Zeit. Erst im Sommer 09 werden die für A vorgesehenen Fälle auf andere Betriebsprüfer verteilt.

Am 21.10.09 geht deshalb eine Prüfungsanordnung zur Post, die C am 23.10.09 aus seinem Briefkasten holt. Aus dieser ist zu entnehmen, dass am 23.11.09 in den Geschäftsräumen des C eine Betriebsprüfung durch den Prüfer Schlau (S) durchgeführt werden soll. Überprüft werden sollen die Einkommensteuer, die Gewerbesteuer und die Umsatzsteuer der Jahre 04 bis 06. Die Prüfungsanordnung ist ordnungsgemäß.

C wendet sich am 26.10.09 an S mit der Bitte, die Prüfung zu verschieben. Ende November sei das Weihnachtsgeschäft in vollem Gange, außerdem habe er einige Saisonarbeitskräfte einzuweisen, die ihn im Verkauf beim Weihnachtsgeschäft unterstützen sollen. Er bittet darum, die Prüfung erst am 10.01.10 zu beginnen.

S, dem die Terminverschiebung nicht ungelegen kommt, stimmt dem Antrag des C zu und beginnt am 10.01.10 bei C in den Geschäftsräumen mit der Prüfung.

Bei der Einkommensteuer stellt S folgendes fest:

Einkommensteuer 04: Es liegt ein endgültiger Bescheid vor. Im Januar 04 wurde von C ein neues Ladenregal für einen Anschaffungspreis i. H. v. 1.200 € netto erworben. Dies wurde bisher versehentlich als GWG behandelt. Das Regal ist aber zu aktivieren und jährlich (04 bis 13) mit einem Betrag von 120 € abzuschreiben.

Einkommensteuer 05: Es liegt ein endgültiger Bescheid vor. Im März 05 hat C einen Renault Twingo aus dem Betriebsvermögen in das Privatvermögen übernommen. Seiner Einkommensteuererklärung 05 war eine Anlage beigefügt, dass der Ermittlung des Entnahmewertes i. H. v. 6.500 € das Baujahr Februar 02 und die Laufleistung von 50.000 km zugrunde gelegt wurde. S überprüft den erklärten Entnahmewert und stellt dabei fest, dass unter den korrekt gemachten Angaben zu Baujahr und Laufleistung ein Entnahmewert i. H. v. 7.500 € richtig gewesen wäre.

Einkommensteuer 06: Der Bescheid wurde unter dem Vorbehalt der Nachprüfung erlassen. S stellt fest, dass Aufwendungen i. H. v. 750 €, die bisher gewinnmindernd berücksichtigt wurden, keine Betriebsausgabe darstellen.

Am 24.04.10 findet die Schlussbesprechung statt, an der C, sein Steuerberater B und S teilnehmen.

Im Juni 10 beginnt S, den Betriebsprüfungsbericht zu erstellen. Diesen gibt er am 10.07.10 an C adressiert zur Post. C holt den Bericht am 12.07.10 aus seinem Briefkasten. Am 18.08.10 hat C einen Termin bei seinem Steuerberater B. Bei dieser Gelegenheit übergibt C den Bericht an B.

In ihrem Gespräch stellen sie fest, dass sie beide nicht mit dem Ansatz des Entnahmewertes einverstanden sind. Darüber hatten sie bereits mit S im Rahmen der Schlussbesprechung debattiert; S blieb allerdings bei seiner Meinung. Aus diesem Grund entschließen sich die beiden (C und B), Einspruch gegen den Betriebsprüfungsbericht einzulegen.

Am 17.09.10 geht folgender von B verfasster Einspruch beim zuständigen Finanzamt ein:

Sehr geehrte Damen und Herren,

hiermit lege ich fristgerecht Einspruch gegen den Betriebsprüfungsbericht über die bei Herrn Cornelius Claus durchgeführte Betriebsprüfung ein. Der Einspruch richtet sich vor allem gegen den Ansatz eines erhöhten Entnahmewertes im Jahr 05. Dieser ist von 6.500 € auf 7.500 € erhöht worden. Dieser Entnahmewert ist allerdings nicht angemessen. Nach nochmaligem Recherchieren halte ich einen Wert i. H. v. 7.000 € für angebracht. Ich bitte Sie, den Betriebsprüfungsbericht dahingehend zu ändern.

Dieser Einspruch ist fristgerecht und damit zulässig eingelegt, weil dem Betriebsprüfungsbericht keine Rechtsbehelfsbelehrung beigefügt ist, so dass die Einspruchsfrist nicht zu laufen begonnen hat.

Mit freundlichem Gruß

Berthold Bach
-Steuerberater-

Die für C im Veranlagungsbezirk zuständige Sachbearbeiterin Dora Denker (D) wertet den Betriebsprüfungsbericht – ungeachtet des Einspruchs – aus und erlässt den oben geschilderten Prüfungsfeststellungen entsprechende Änderungsbescheide. Diese gehen für 04 bis 06 am 13.10.10 zur Post.

Im Einkommensteuerbescheid 06 wird zum vorher vorhandenen Vorbehalt der Nachprüfung nichts gesagt.

Aufgabe:

Hat B gegen den Betriebsprüfungsbericht einen zulässigen Einspruch eingelegt? Gehen Sie bei der Beantwortung der Frage auch kurz auf das von B vorgebrachten Argument, die Einspruchsfrist habe nicht zu laufen begonnen, weil eine Rechtsbehelfsbelehrung fehlt, ein.

Hinweis:

Sollten Fristen zu berechnen sein, ist davon auszugehen, dass diese nicht auf einem Samstag, Sonntag oder Feiertag enden.

Ergänzung 1 zu Sachverhalt 1

B legt am 16.11.10 (= Eingang beim Finanzamt) schriftlich Einspruch gegen die drei geänderten Einkommensteuerbescheide 04 bis 06 des C ein.

Er begründet den Einspruch damit, dass die Jahre 04 und 05 bereits verjährt seien und deshalb keine geänderten Bescheide mehr hätten erlassen werden dürfen. Außerdem führt er an, dass es für alle Änderungen keine anwendbaren Korrekturvorschriften gegeben habe. Allein aus diesem Grund müssten die Änderungsbescheide für 04 bis 06 wieder aufgehoben werden.

Aufgabe:

Wie hat das Finanzamt über diese Einsprüche gegen die Einkommensteuer-Änderungsbescheide 04 bis 06 zu entscheiden? Setzen Sie sich bei der Beantwortung der Frage mit den von B vorgebrachten Gründen auseinander.

Hinweise:

Bei der Berechnung von Fristen ist davon auszugehen, dass diese nicht auf einem Samstag, Sonntag oder Feiertag enden. Prüfen sie die Zulässigkeit und die Begründetheit. Die Begründetheit ist auch dann zu prüfen, wenn Sie die Unzulässigkeit des Einspruchs festgestellt haben. Prüfen Sie die Begründetheit für die einzelnen Einkommensteuerbescheide getrennt.

Ergänzung 2 zu Sachverhalt 1

Am 03.09.14 stellt das Finanzamt aufgrund einer Kontrollmitteilung fest, dass C vorsätzlich Einkünfte aus Kapitalvermögen nicht erklärt hat.

Im Einzelnen handelt es sich um folgende Einkünfte:

Jahr 04	Jahr 05	Jahr 06
2.000 €	4.500 €	6.000 €

Aufgabe:

Kann das Finanzamt am 03.09.14 noch geänderte Einkommensteuerbescheide für 04 bis 06 erlassen?

Hinweis:

Bei der Beantwortung dieser Frage ist davon auszugehen, dass die Einsprüche aus der Ergänzung 1 bereits erledigt sind.

Sachverhalt 2

Die AB-GmbH hat zwei Geschäftsführer. A ist als Geschäftsführer für die kaufmännischen Aufgaben und die steuerlichen Angelegenheiten der GmbH zuständig, während sich B als Geschäftsführer um die Produktion (Herstellung von Holzblasinstrumenten) kümmert. Die Aufgabenbereiche der beiden sind vertraglich festgehalten.

Die Steuererklärungen 04 der GmbH werden im Februar 06 beim Finanzamt abgegeben. Ein Antrag auf Fristverlängerung hat A nicht gestellt. Der Körperschaftsteuerbescheid 04 wird am Mittwoch, den 10.05.06 zur Post gegeben. Die Körperschaftsteuer wird i. H. v. 12.166 € und ein Verspätungszuschlag i. H. v 1.500 € festgesetzt. Als Zahllast verbleiben 2.166 € Körperschaftsteuer, da für das Jahr 04 Körperschaftsteuer-Vorauszahlungen i. H. v. insgesamt 10.000 € festgesetzt wurden. Diese Vorauszahlungen hat A jeweils bei Fälligkeit gezahlt. Die Abschlusszahlung i. H. v. 2.166 € und den Verspätungszuschlag i. H. v. 1.500 € weist A am 19.06.06 per Überweisung an. Die Gutschrift auf dem Konto des Finanzamtes erfolgt am 22.06.06.

Die Steuererklärungen der GmbH für das Jahr 05 hat A am 20.12.06 beim Finanzamt eingereicht. Das Finanzamt hatte eine Fristverlängerung bis zum 31.12.06 gewährt.

Die für den Veranlagungszeitraum 05 festgesetzte Körperschaftsteuer beträgt 10.000 €. Unter Berücksichtigung der bisher geleisteten Vorauszahlungen 05 i. H. v. insgesamt 8.000 € ergibt sich eine Abschlusszahlung von 2.000 €. Die Bekanntgabe des Körperschaftsteuerbescheides 05 erfolgt am 30.03.07.

Die Umsatzsteuerjahreserklärung 05, die ebenfalls am 20.12.06 beim Finanzamt eingegangen ist, ergibt eine Zahllast i. H. v. 4.000 €.

Die GmbH ist zur Abgabe von monatlichen Umsatzsteuervoranmeldungen verpflichtet, einen Antrag auf Dauerfristverlängerung hat sie nicht gestellt.

Folgende Umsatzsteuervoranmeldungen (VA) wurden für die GmbH abgegeben:

VA Januar 07	Eingang beim Finanzamt am 09.02.07	Zahllast 12.000 €
VA Februar 07	Eingang beim Finanzamt am 09.03.07	Zahllast 10.000 €
VA März 07	Eingang beim Finanzamt am 05.04.07	Zahllast 3.000 €

Seit Anfang Januar 07 befindet sich die GmbH in Zahlungsschwierigkeiten. Aus diesem Grund wurde die Umsatzsteuer für das Jahr 05 i. H. v. 4.000 € und die Körperschaftsteuer 05 i. H. v. 2.000 € nicht gezahlt. Die Zahlungen aufgrund der Umsatzsteuervoranmeldungen Januar bis März 07 wurden nur i. H. v. insgesamt 10.000 € geleistet. Das Insolvenzverfahren wird Ende April 07 eröffnet. Die sonstigen Verbindlichkeiten (ohne Steuerschulden) der GmbH betragen am 01.01.07 100.000 €. Bis Ende April 07 kommen weitere 101.000 € sonstige Verbindlichkeiten hinzu. Bis zur Eröffnung des Insolvenzverfahrens zahlt A für die GmbH davon 90.000 €.

Aufgaben:

1. Ist der Verspätungszuschlag vom 10.05.06 rechtmäßig?
2. Angenommen, der Verspätungszuschlag soll auf 200 € herabgesetzt werden, nach welcher Vorschrift hätte das zu erfolgen?
3. Sind hinsichtlich der Überweisung vom 19.06.06 Säumniszuschläge entstanden und falls ja, in welcher Höhe? Soweit nichts Gegenteiliges aus dem Sachverhalt hervorgeht, ist bei der Berechnung von Fristen davon auszugehen, dass diese nicht auf einem Samstag, Sonntag oder Feiertag enden.
4. Kann das Finanzamt einen der Geschäftsführer oder beide für die Steuerschulden der GmbH gem. § 69 AO im Wege der Haftung in Anspruch nehmen und wenn ja, in welcher Höhe?

Hinweis:

Gehen Sie bei Ihrer Lösung davon aus, dass nur die genannten Verbindlichkeiten existieren.

Sachverhalt 3

Der Vollziehungsbeamte (VB) erhält von der Zentralen Vollstreckungsstelle des Finanzamts Bremen-Mitte einen Vollstreckungsauftrag gegen den Klempnermeister Knut Knülle (K). Der Klempnermeister schuldet Lohnsteuer für seine beiden einzigen Gesellen und Umsatzsteuer. Die Steuern sind von K angemeldet worden und auch fällig. Vor einem Monat sind die ausstehenden Zahlungen des K angemahnt worden. Der VB begibt sich zur Werkstatt des K, wo er diesen auch persönlich antrifft. Er legt den Vollstreckungsauftrag vor und weist sich aus. K ist mit der Durchsuchung der Räumlichkeiten einverstanden. VB entdeckt mehrere original verpackte Gasthermen, diverse Dusch- und Badewannen, Armaturen (Wasserhähne etc.), diverse Werkzeuge und ein größeres Lager mit Kleinteilen. Im Büro findet der VB mehrere fertig geschriebene, aber noch nicht abgeschickte Rechnungen. Des Weiteren steht im Hof des Gebäudes ein Lieferwagen, mit dem der K seine Aufträge erledigt und der Privatwagen des K (BMW 530d). Sowohl der Lieferwagen, als auch der BMW sind weniger als ein Jahr alt.

Als der VB beginnen will die genannten Gegenstände zu pfänden, behauptet K, dass die im Vollstreckungsauftrag genannten Steuerbeträge viel zu hoch seien, der BMW geleast sei, der Lieferwagen der finanzierenden Bank zur Sicherheit übereignet worden sei, er die Gasthermen für künftige Aufträge vorhalten müsse, er ohne die Werkzeuge und die Kleinteile seinen Geschäftsbetrieb nicht aufrechterhalten könne und die Dusch- und Badewannen nicht ihm gehören würden, sondern seinem Freund Z, der sie nur bei ihm untergestellt habe.

Aufgabe:

Wird der Vollziehungsbeamte VB vollstrecken? Wenn ja, in welche Gegenstände darf er vollstrecken?

Ergänzung 1 zu Sachverhalt 3

Der VB nimmt in das Vollstreckungsprotokoll auf, dass er die Rechnungen bei K gesehen hat und teilt auch Namen und Anschriften der Rechnungsempfänger und den jeweiligen Rechnungsbetrag dem Vollstreckungsinnendienst mit.

Aufgabe:

Welche Möglichkeiten eröffnen sich dem Innendienst? Wie muss er vorgehen?

Ergänzung 2 zu Sachverhalt 3

Da zu befürchten ist, dass die Vollstreckungsmaßnahmen des VB nur zu einem Teilerfolg führen werden, überlegt die Zentrale Vollstreckungsstelle sich am privaten Grundstück des K zu sichern. Das Grundstück ist zwar durch eine Grundschuld zugunsten der Sparkasse belastet, diese hat aber nur einen eingetragenen Nominalwert von 150.000 €, während das Grundstück laut Bewertungsstelle einen Verkehrswert von etwa 250.000 € hat.

Aufgabe:

Wie muss die Vollstreckungsstelle vorgehen, wie würde falls erforderlich die Verwertung des Grundstücks erfolgen?

Sachverhalt 4

Die Ehegatten Anton (A) und Berta (B) Anders besitzen gemeinsam ein vermietetes Einfamilienhaus in Verden, das sie von ihrem Wohnort im Bereich des Finanzamtes Bremen-Nord aus verwalten. A ist Arzt und unterhält eine Einzelarztpraxis im Bereich des Finanzamtes Bremen-Ost. Neben den nach § 4 Nr.14 UStG steuerfreien Umsätzen erzielt er auch steuerpflichtige Umsätze. Seine Ehefrau B ist beteiligt an einer OHG, die den Ort der Geschäftsleitung im Bereich des Finanzamtes Bremen-West hat. A und B beantragen für das Jahr 01 die Zusammenveranlagung. Zusammen mit dem Ehepaar Christian (C) und Doris (D) Brauer sind sie außerdem Eigentümer eines großen Vermietungsobjektes mit zwei Läden und mehreren Wohnungen im Bereich des Finanzamtes Bremen-Ost. Die Einkünfte aus Vermietung und Verpachtung aus diesem vermieteten Objekt werden vom zuständigen Finanzamt auf 25.000 € festgestellt. Jeder der vier an diesem Objekt beteiligten ist laut eingereichter Erklärung zu 25 % beteiligt. In der Feststellungserklärung haben die Beteiligten als gemeinsamen Empfangsbevollmächtigten A bestimmt; dieser übernimmt auch von seinem zu Hause aus die Verwaltung des Vermietungsobjektes. A wird der Feststellungsbescheid 01 am 22.09.02 wirksam bekanntgegeben. Im Feststellungsbescheid wird darauf hingewiesen, dass die Bekanntgabe mit Wirkung für und gegen alle Feststellungsbeteiligten erfolgt. Anfang Oktober 02 melden sich C und D schriftlich beim Finanzamt mit der Frage, wann sie ihr Exemplar des Feststellungsbescheides 01 erhalten würden. Sie hätten bei einem Besuch bei A und B von dem Bescheid erfahren und sich diesen bereits angesehen, würden aber trotzdem gerne selbst einen Feststellungsbescheid bekommen.

Aufgaben:

1. Welche Steuererklärungen sind für das Jahr 01 bei welchem Finanzamt einzureichen?

Hinweis:

Jeder der im Sachverhalt genannten Orte besitzt ein eigenes Finanzamt. Die Finanzämter Bremen-Ost, Bremen-West und Bremen-Nord gehören alle zu einer Wohnsitzgemeinde.

2. Haben die Eheleute C und D zu Recht noch einen eigenen Feststellungsbescheid 01 beim Finanzamt angefordert?

Ergänzung zu Sachverhalt 4

D legt gegen den Feststellungsbescheid 01 am 22.10.02 schriftlich Einspruch mit der Begründung ein, dass bei den Werbungskosten 200 € zu Unrecht nicht berücksichtigt worden seien. Diese 200 € wurden zwar in der Feststellungserklärung 01 erklärt, aber vom Finanzamt nicht als Werbungskosten aus Vermietung und Verpachtung anerkannt. Dies wurde im Erläuterungsteil des Feststellungsbescheides 01 damit begründet, dass über die Aufwendungen i. H. v. 200 € keine Belege eingereicht wurden. Die Belege fügt er dem Einspruch bei. Außerdem bittet D in seinem Schreiben um kurze Mitteilung, ob er den richtigen Rechtsbehelf form- und fristgerecht eingelegt habe.

Aufgabe:

Ist D befugt, Einspruch einzulegen?

Lösung zu Sachverhalt 1

Ein zulässiger Einspruch liegt vor, wenn die Zulässigkeitsvoraussetzungen erfüllt sind. Ist nur eine Zulässigkeitsvoraussetzung nicht erfüllt, ist der Einspruch als unzulässig zu verwerfen (§ 358 S.2 AO).

Statthaftigkeit des Einspruchs (§ 347 AO): Der Einspruch ist nach § 347 Abs.1 Nr.1 AO statthaft gegen Verwaltungsakte in Abgabenangelegenheiten, auf die die AO Anwendung findet. Zu prüfen ist also, ob es sich bei dem Betriebsprüfungsbericht um einen Verwaltungsakt i. S. d. § 118 AO handelt, denn nur dann wäre der Einspruch als Rechtsmittel statthaft. Ein Verwaltungsakt ist jede Verfügung, Entscheidung oder andere hoheitliche Maßnahme, die eine Behörde zur Regelung eines Einzelfalles auf dem Gebiet des öffentlichen Rechts trifft und die auf unmittelbare Rechtswirkung nach außen gerichtet ist. Ein Prüfungsbericht ist jedoch auf keine unmittelbare Rechtswirkung nach außen gerichtet. Er dient vielmehr der Gewährung rechtlichen Gehörs und ist im Übrigen nur vorbereitende Grundlage für möglicherweise zu erlassende Änderungsbescheide. Der Betriebsprüfungsbericht ist kein Verwaltungsakt i. S. d. § 118 AO. Aus diesem Grund ist der von B gegen den Betriebsprüfungsbericht eingelegte Einspruch nicht statthaft.

B behauptet, dass die Einspruchsfrist nicht zu laufen begonnen habe, da dem Betriebsprüfungsbericht eine Rechtsbehelfsbelehrung gefehlt hätte. Damit spricht er die Vorschrift des § 356 AO an. Nach § 356 Abs.1 AO beginnt für einen schriftlichen Verwaltungsakt die Einspruchsfrist nur dann zu laufen, wenn diesem eine ordnungsgemäße Rechtsbehelfsbelehrung beigefügt ist. Nach § 356 Abs.2 AO ist die Einspruchseinlegung innerhalb eines Jahres seit Bekanntgabe des Verwaltungsaktes möglich, wenn die Rechtsbehelfsbelehrung unterblieben ist. Da der Betriebsprüfungsbericht kein Verwaltungsakt ist, ist diese Vorschrift im vorliegenden Fall nicht anwendbar. B kann mit diesem Argument folglich keinen Erfolg haben.

Der Einspruch gegen den Betriebsprüfungsbericht ist aus den oben genannten Gründen gem. § 358 S.2 AO als unzulässig zu verwerfen.

Lösung zur Ergänzung 1 zu Sachverhalt 1

Zunächst ist die Zulässigkeit der eingelegten Einsprüche zu prüfen.

Zulässige Einsprüche liegen vor, wenn die Zulässigkeitsvoraussetzungen erfüllt sind. Für einen zulässigen Einspruch müssen alle Zulässigkeitsvoraussetzungen erfüllt sein; liegt nur eine nicht vor, ist der Einspruch als unzulässig zu verwerfen (§ 358 S.2 AO).

1. Statthaftigkeit des Einspruchs (§ 347 AO): Bei den Einkommensteuerbescheiden 04 bis 06 handelt es sich um Verwaltungsakte gem. § 118 AO, gegen die der Einspruch statthaft ist nach § 347 Abs.1 AO.
2. Form des Einspruchs (§ 357 AO): Für den Einspruch ist die Schriftform zwingend. Dies ist im vorliegenden Fall erfüllt. Aus dem Schreiben des B geht ferner hervor, wer den Einspruch eingelegt hat.
3. Einspruchsfrist (§ 355 AO): Die Einspruchsfrist richtet sich nach § 355 Abs.1 AO und beträgt einen Monat nach Bekanntgabe des Verwaltungsaktes. Schriftliche Verwaltungsakte gelten gem. § 122 Abs.2 Nr.1 AO am dritten Tag nach Aufgabe zu Post als bekannt gegeben. Die Einkommensteuerbescheide 04 bis 06 sind Verwaltungsakte (§ 118 AO), für die die Schriftform zwingend ist (§ 157 Abs.1 AO). Die geänderten Einkommensteuerbescheide 04 bis 06 wurden

lt. Sachverhalt am 13.10.10 zur Post gegeben. Nach § 122 Abs.2 Nr.1 i. V. m. § 124 Abs.1 AO sind sie damit am 16.10.10 wirksam bekannt gegeben worden.

Die Einspruchsfrist beträgt nach § 355 AO einen Monat und beginnt – da es sich um eine Ereignisfrist handelt – mit Beginn des nächsten Tages, da der Ereignistag (hier der Tag der fiktiven Bekanntgabe) nicht mitgezählt wird gem. § 187 Abs.1 BGB. Die Frist beginnt also am 17.10.10, 0.00 Uhr gem. § 108 Abs.1 AO i. V. m. § 187 Abs.1 BGB und endet am 16.11.10, 24.00 Uhr nach § 108 Abs.1 AO i. V. m. § 188 Abs.2 BGB.

Die Einsprüche des B für den C gegen dessen Einkommensteuerbescheide 04 bis 06 sind am 16.11.10, also innerhalb der Einspruchsfrist beim Finanzamt eingegangen.

4. Beschwer (§ 350 AO): Nach § 350 AO ist einspruchsbefugt, wer geltend macht, durch einen Verwaltungsakt beschwert zu sein. Es muss also ein Verwaltungsakt zulasten desjenigen ergangen sein, der Einspruch eingelegt hat. C ist Steuerschuldner und Inhaltsadressat der Einkommensteuerbescheide 04 bis 06. Damit ist C persönlich beschwert. Außerdem ist C sachlich beschwert, da gegen ihn jeweils eine höhere Einkommensteuer festgesetzt worden ist.
5. Einspruchsrücknahme / -verzicht (§§ 362, 354 AO): C hat weder die Einsprüche zurückgenommen noch hat er auf diese verzichtet.
6. Handlungsfähigkeit (§ 365 Abs.1 i. V. m. § 79 AO) und Vertretung: C ist handlungsfähig gem. § 79 AO und kann deshalb wirksam Einspruch einlegen. Es ist zulässig, dass er sich dabei durch einen Steuerberater, hier den B, vertreten lässt. Hierbei handelt es sich um eine gewillkürte bzw. vertragliche Vertretung gem. § 80 AO. Da C handlungsfähig i. S. d. § 79 Abs.1 Nr. 1 AO ist, kann er wirksam eine Vertretungsvollmacht erteilen. Der Bevollmächtigte hat die Bevollmächtigung nur auf Verlangen des Finanzamtes vorzulegen. In der Regel unterstellt das Finanzamt eine wirksame Vollmacht zur Einspruchseinlegung, wenn ein Steuerberater für einen Mandanten Einspruch einlegt und fordert keine Vorlage der Vollmacht.

Da die Zulässigkeitsvoraussetzungen alle erfüllt sind, liegen hier zulässige Einsprüche gegen die Einkommensteuerbescheide 04 bis 06 vor.

Nach der Prüfung der Zulässigkeit der Einsprüche erfolgt die Begründetheitsprüfung.

B begründet seinen Einspruch damit, dass die Einkommensteuer 04 und 05 verjährt seien.

Die Einkommensteuer 04 und 05 sind verjährt, wenn die Festsetzungsfrist abgelaufen ist. Die Festsetzungsfrist ergibt sich aus den §§ 169 bis 171 AO.

Nach § 170 Abs.1 AO beginnt die Festsetzungsfrist grundsätzlich mit Ablauf des Kalenderjahres, in dem die Steuer entstanden ist. Bei der Einkommensteuer 04 wäre dies mit Ablauf des 31.12.04, bei der Einkommensteuer 05 mit Ablauf des 31.12.05.

Besteht jedoch eine Verpflichtung zur Abgabe einer Steuererklärung, so geht die Vorschrift des § 170 Abs.2 Nr.1 AO dem Grundsatz vor (sog. Anlaufhemmung).

Nach § 149 Abs.1 S.1 AO i. V. m. § 25 EStG und § 56 EStDV ist C als Gewerbetreibender verpflichtet, eine Einkommensteuererklärung beim Finanzamt einzureichen. Somit beginnt die Festsetzungsfrist gem. § 170 Abs.2 Nr.1 AO mit Ablauf des Kalenderjahres, in dem die Steuererklärung beim Finanzamt eingereicht wurde, spätestens aber mit Ablauf des dritten Kalenderjahres, das auf das Kalenderjahr folgt, in dem die Steuer entstanden ist. Da die Einkommensteuererklärungen 04 und 05 jeweils im Folgejahr beim Finanzamt eingereicht wurden, beginnt die Festsetzungsfrist für die Einkommensteuer 04 mit Ablauf des 31.12.05 und für die Einkommensteuer 05 mit Ablauf des 31.12.06. Nach § 169 Abs.2 Nr.2 AO dauert sie vier Jahre, eine verlängerte Festsetzungsfrist von fünf oder zehn Jahren kommt hier nicht zum Tragen. Für die Einkommensteuer 04 endet die reguläre Festsetzungsfrist somit mit Ablauf des 31.12.09, für die Einkommensteuer 05 endet sie mit Ablauf des 31.12.10.

Nur die Einkommensteuer 04 ist am 13.10.10 grundsätzlich verjährt. Hinsichtlich der Einkommensteuer 05 liegt keine Festsetzungsverjährung vor, weil die reguläre Festsetzungsfrist bis zum Ablauf des 31.12.10 läuft. Für die Einkommensteuer 04, die regulär bereits mit Ablauf des 31.12.09 festsetzungsverjährt ist, ist zu prüfen, ob eine Ablaufhemmung nach § 171 AO zur Anwendung kommt. Nach § 171 Abs.4 AO wird der Ablauf der Festsetzungsfrist gehemmt, wenn vor Ablauf der regulären Festsetzungsfrist mit einer Außenprüfung begonnen wurde. Dazu gehört, dass vor Ablauf der regulären Festsetzungsfrist eine wirksame Prüfungsanordnung nach §§ 196, 197 AO ergangen ist und dass tatsächlich und ernsthaft mit der Prüfung begonnen wurde.

Die Prüfungsanordnung ist am 21.10.09, also rechtzeitig vor Ablauf der Festsetzungsfrist ergangen.

Neben der wirksamen Prüfungsanordnung für die Einkommensteuer des entsprechenden Jahres ist es ebenfalls notwendig, dass mit der Prüfung vor Ablauf der regulären Festsetzungsfrist tatsächlich begonnen wird.

Lt. Sachverhalt sollte die Prüfung ursprünglich am 23.11.09, also vor Ablauf der Festsetzungsfrist zur Einkommensteuer 04 beginnen. Auf Antrag des Steuerpflichtigen C ist der Prüfungsbeginn in das Jahr 10, auf den 10.01.10, verschoben worden. Da die Terminverschiebung auf Antrag des Steuerpflichtigen erfolgte, greift hier die Ablaufhemmung nach § 171 Abs.4 S.1 AO, obwohl mit den Prüfungshandlungen nicht mehr innerhalb der regulären Festsetzungsfrist begonnen wurde.

Durch die Ablaufhemmung gem. § 171 Abs.4 AO wird das Ende der Festsetzungsfrist hinausgeschoben. Nach § 171 Abs.4 S.1 AO endet die Festsetzungsfrist nicht, bevor die auf Grund der Außenprüfung zu erlassenden Steuerbescheide unanfechtbar geworden sind.

Der Einkommensteuerbescheid 04, der auf Grund der Außenprüfung ergangen ist, wurde am 13.10.10 zur Post gegeben. In diesem Zeitpunkt war der Bescheid noch nicht unanfechtbar, damit ist zu diesem Zeitpunkt noch keine Festsetzungsverjährung eingetreten.

Am 13.10.10 waren die Einkommensteuer 04 und 05 noch nicht verjährt, die Einkommensteuerbescheide 04 und 05 vom 13.10.10 sind rechtmäßig und deshalb nicht aus diesem Grund aufzuheben. Hinsichtlich der Festsetzungsfrist sind die Einsprüche nicht begründet.

Ferner gibt B als Begründung für die Einsprüche an, dass es für die vorgenommenen Änderungen keine passenden Korrekturvorschriften gegeben hätte.

Einkommensteuer 04

(Aktivierung des Regals, welches vorher als GWG behandelt wurde)

Bei dem Einkommensteuerbescheid 04 handelt es sich um einen endgültigen Steuerbescheid. Dies bedeutet, dass keine Änderung nach § 164 Abs.2 AO möglich ist, da er nicht unter dem Vorbehalt der Nachprüfung steht.

Eine Berichtigung nach § 129 AO ist ebenfalls nicht möglich, weil es sich bei dem unterlaufenen Fehler nicht um eine offenbare Unrichtigkeit handelt.

Zu prüfen sind also die §§ 172 ff. AO.

Eine Änderung nach § 172 Abs.1 Nr.2a AO darf, soweit der Steuerbescheid nicht unter dem Vorbehalt der Nachprüfung steht, nur aufgehoben oder geändert werden, soweit der Steuerpflichtige der Änderung zustimmt oder seinem Antrag der Sache nach entsprochen wird. Es liegt ein Steuerbescheid vor, der endgültig ist. Die Nachaktivierung des Regals führt im Jahr 04 zu einer

Gewinnerhöhung um 1.080 €. Da C aber weder der Änderung zugestimmt, noch einen Antrag auf Änderung zu seinen Ungunsten gestellt hat, kommt eine Änderung nach § 172 Abs.1 Nr.2a AO nicht in Betracht. Die Schlussbesprechung nach der durchgeführten Aussenprüfung allein stellt noch keine Zustimmung i. S. d. § 172 Abs.1 Nr.2a AO dar.

Zu prüfen ist, ob eine Änderung nach § 173 Abs.1 AO durchgeführt werden konnte. Das Regal ist mit einem Wert von 1.080 € zu aktivieren. Es handelt sich also um eine Änderung, die zu einer höheren Steuer führt. Nach § 173 Abs.1 Nr.1 AO ist ein Steuerbescheid zu ändern, soweit Tatsachen nachträglich bekannt werden, die zu einer höheren Steuer führen.

Die Aktivierung des Regals stellt eine Tatsache dar. Dadurch liegen nicht sofort abzugsfähige Betriebsausgaben in Höhe von 1.080 € vor. Die Tatsache muss dem für die Veranlagung zuständigen Bearbeiter nachträglich bekannt werden, also nach der abschließenden Willensbildung über die Veranlagung zur Einkommensteuer 04. Dies ist im vorliegenden Fall geschehen, denn der Bearbeiter im Finanzamt konnte von der Regal-Anschaffung nichts wissen, da C dieses als GWG behandelt hat. Ein Ermittlungsfehler des Finanzamtes ist nicht erkennbar, da es für den Bearbeiter keinen Anlass für Ermittlungen gab. Die Tatsache ist rechtserheblich, da sie sich auch schon im Zeitpunkt der ursprünglichen Willensbildung des Bearbeiters auf die Höhe der Einkommensteuer steuererhöhend ausgewirkt hätte. Die Einkommensteuerfestsetzung 04 durfte demzufolge nach § 173 Abs.1 Nr.1 AO geändert werden. Der Einspruch gegen den geänderten Einkommensteuerbescheid 04 ist also unbegründet.

Eine Änderung nach anderen Korrekturvorschriften (§§ 174, 175 AO) ist nicht möglich.

Einkommensteuer 05

(AfA für das Regal und Entnahme des Twingos)

Da auch der Einkommensteuerbescheid 05 endgültig ergangen ist, ist eine Änderung nach § 164 Abs.2 AO nicht möglich.

Die Berücksichtigung der AfA für das Regal im Jahr 05 ergibt sich als Folge aus der Änderung des Einkommensteuerbescheides 04. Die Änderung des Wertansatzes des Regals im Jahr 04 stellt ein rückwirkendes Ereignis für die Folgejahre dar. Aufgrund des Grundsatzes des Bilanzenzusammenhangs (§ 252 Abs.1 Nr.1 HGB i. V. m. § 4 Abs.1 EStG) wirkt die Nachaktivierung auch für die Folgejahre. Die Steuerfestsetzung der Folgejahre hinsichtlich der AfA ist nach § 175 Abs.1 Nr.2 AO zu ändern, vgl. AEAO zu § 175, Nr. 2.4.

Für den erhöhten Entnahmewert des Twingos ist keine Änderung nach § 172 Abs.1 Nr.2a AO möglich, da C der Änderung weder zugestimmt noch diese beantragt hat. Auch die Schlussbesprechung stellt keine Zustimmung zur Änderung dar.

Ebenso ist eine Berichtigung nach § 129 AO ausgeschlossen, denn bei dem falschen Wertansatz bei der Entnahme handelt es sich nicht um eine offenbare Unrichtigkeit.

Zu prüfen ist eine Änderung nach § 173 Abs.1 Nr.1 AO. Nach § 173 Abs.1 Nr.1 AO ist ein Steuerbescheid zu ändern, soweit Tatsachen nachträglich bekannt werden, die zu einer höheren Steuer führen.

Zunächst ist festzustellen, ob der höhere Entnahmewert eine Tatsache i. S. d. § 173 Abs.1 AO darstellt. Tatsache ist alles, was Merkmal oder Teilstück eines gesetzlichen Steuertatbestandes sein kann, also konkrete tatsächliche Zustände, Vorgänge, Beziehungen, Eigenschaften materieller oder immaterieller Art. Bloße Schlussfolgerungen stellen keine Tatsache dar. Der Entnahmewert an sich stellt somit keine Tatsache dar, Tatsache sind Baujahr und Laufleistung. Der Entnahmewert ist eine bloße Schlussfolgerung aus den einzelnen Tatsachen. Diese Tatsachen müssen dem zuständigen Bearbeiter im Finanzamt nachträglich, nach abschließender Willensbildung, bekannt geworden sein. Laut Sachverhalt wurden dem Bearbeiter im Rahmen der Steuererklärung Baujahr und Laufleistung des Pkw mitgeteilt. Diese Tatsachen wurden also nicht nachträglich bekannt. Somit ist die Verletzung der Ermittlungspflicht des Finanzamtes nicht mehr zu überprüfen. Obwohl der neue Entnahmewert zu einer höheren Steuer führt und auch die Rechtserheblichkeit gegeben ist, ist eine Änderung nach § 173 Abs.1 Nr.1 AO nicht möglich.

Eine Korrektur nach § 174 AO ist ebenfalls nicht möglich, da weder eine widerstreitende positive noch negative Steuerfestsetzung vorliegt.

Auch eine Änderung nach § 175 Abs.1 Nr.1 AO ist nicht möglich, da keine Grundlagenbescheid vorhanden ist. Ebenso ist ein rückwirkendes Ereignis und damit eine Änderung nach § 175 Abs.1 Nr.2 AO auszuschließen.

Bei der Erhöhung des Entnahmewertes um 1.000 € handelt es sich um einen sog. materiellen Fehler gem. § 177 Abs.3 AO, der nur über § 177 AO berücksichtigungsfähig ist.

Nach § 177 Abs.2 AO sind materielle Fehler zuungunsten des Steuerpflichtigen zu berichtigen, soweit die Voraussetzungen für eine Änderung zugunsten des Steuerpflichtigen vorliegen und zwar soweit die Änderung reicht. Der Einkommensteuerbescheid 05 kann hinsichtlich der AfA i. H. v. 120 € nach § 175 Abs.1 Nr.2 AO geändert werden. Der Entnahmewert sollte ursprünglich um 1.000 € erhöht werden. Eine Berücksichtigung ist nach § 177 Abs.2 AO allerdings nur soweit die Änderung reicht, also nur i. H. v. 120 € möglich, so dass es bei der ursprünglichen Einkommensteuerfestsetzung 05 hätte bleiben müssen. Es verbleibt ein materieller Fehler i. H. v. 880 €.

Der Einspruch des B gegen den Einkommensteuerbescheid 05 ist also begründet, der Änderungsbescheid ist aufzuheben, da es bei der ursprünglichen Einkommensteuer bleibt.

Einkommensteuer 06

(AfA für das Regal und bisher als Betriebsausgaben angesetzte Aufwendungen)

Laut geschildertem Sachverhalt handelt es sich um eine Steuerfestsetzung, die gem. § 164 AO unter dem Vorbehalt der Nachprüfung steht. Solange der Vorbehalt wirksam ist, kann die Steuerfestsetzung aufgehoben oder geändert werden (§ 164 Abs.2 S.1 AO).

Vor der Durchführung der Außenprüfung wurde der Vorbehalt der Nachprüfung nicht aufgehoben, noch ist der Vorbehalt der Nachprüfung durch Ablauf der Festsetzungsfrist entfallen, so dass eine Änderung zugunsten und zuungunsten des C zulässig war. Der Gewinn konnte um 750 € gem. § 164 Abs.2 AO erhöht werden. Die Regal-AfA ist ebenfalls nach § 164 Abs.2 AO gewinnmindernd zu berücksichtigen.

Eine Änderung nach den §§ 172 ff. AO ist nicht möglich, da der Einkommensteuerbescheid 06 nicht endgültig ergangen ist.

Auch kommt eine Berichtigung nach § 129 AO nicht in Betracht, da keine offenbaren Unrichtigkeiten vorliegen.

Der Einspruch gegen den Einkommensteuerbescheid 06 ist nicht begründet.

Lösung zur Ergänzung 2 zu Sachverhalt 1

Nach § 169 Abs.1 S.1 AO kann eine Steuerfestsetzung nur geändert werden, wenn die Festsetzungsfrist noch nicht abgelaufen ist.

Die Festsetzungsfrist ergibt sich aus den §§ 169 bis 171 AO.

[Die Einkommensteuererklärung 04 des C ist in 05 beim Finanzamt eingegangen. Die Festsetzungsfrist beginnt nach § 170 Abs.2 Nr.1 AO (da B zur Abgabe der Einkommensteuererklärung verpflichtet ist) mit Ablauf des 31.12.05. Nach § 169 Abs.2 Nr.2 AO beträgt sie grundsätzlich vier Jahre. Die Festsetzungsfrist endet mit Ablauf des 31.12.09, siehe oben.]

Nach dem geschilderten Sachverhalt liegt aber hinsichtlich der bisher nicht erklärten Kapitaleinkünfte eine Steuerhinterziehung (§ 370 AO) vor. C hat die Kapitaleinkünfte mit Wissen und Wollen – also absichtlich – nicht in seiner Einkommensteuererklärung 04 angegeben, um Steuern zu sparen. Aus diesem Grund verlängert sich die Festsetzungsfrist insoweit auf 10 Jahre gem. § 169 Abs.2 S.2 AO. Sie endet deshalb für die hinterzogene Einkommensteuer 04 erst mit Ablauf des 31.12.15. Der nicht hinterzogene Teil der Steuerfestsetzung verjährt regulär mit Ablauf des 31.12.09; es kommt zu einer Teilverjährung. Eine Korrektur der Einkommensteuerfestsetzung 04 hinsichtlich der Kapitaleinkünfte ist am 03.09.14 grundsätzlich noch möglich, wenn es eine passende Korrekturvorschrift gibt.

Da C auch in den Jahren 05 und 06 Kapitaleinkünfte absichtlich dem Finanzamt nicht erklärt hat, liegt auch für diese beiden Jahre eine Steuerhinterziehung vor. Insoweit verlängert sich auch hier die Festsetzungsfrist auf zehn Jahre. Die Festsetzungsfrist für die Einkommensteuer 05 beginnt mit Ablauf des 31.12.06 (s.o.), dauert für den hinterzogenen Teil zehn Jahre (§ 169 Abs.2 S.2 AO) und endet mit Ablauf des 31.12.16. Die Festsetzungsfrist für die Einkommensteuer 06 beginnt mit Ablauf des 31.12.07 und endet für den hinterzogenen Teil der Steuerfestsetzung mit Ablauf des 31.12.17. Eine Änderung der Einkommensteuerfestsetzungen 05 und 06 hinsichtlich der Kapitaleinkünfte ist am 03.09.14 also ebenfalls grundsätzlich noch möglich.

Laut Sachverhalt stand der ursprüngliche Einkommensteuerbescheid 06 unter dem Vorbehalt der Nachprüfung. Im Änderungsbescheid nach der Außenprüfung wurde zu dem Vorbehalt nichts gesagt. Aus diesem Grund werden die endgültigen Einkommensteuerbescheide 04 und 05 im Folgenden zuerst geprüft, danach erfolgt eine gesonderte Prüfung der Einkommensteuer 06.

Einkommensteuer 04 und 05

Eine Änderung nach § 164 Abs.2 AO kommt nicht in Betracht, da es sich um endgültige Steuerbescheide handelt.

Eine Änderung nach § 172 Abs.1 Nr.2a AO ist nicht möglich, da C der Änderung nicht zugestimmt und auch keinen Antrag auf Änderung gestellt hat.

§ 172 Abs.1 Nr.2c AO kann hier angewandt werden, soweit das Finanzamt dem C arglistige Täuschung hinsichtlich der Kapitaleinkünfte nachweisen kann.

Als weitere mögliche Korrekturvorschrift ist § 173 Abs.1 AO zu prüfen. Nach § 173 Abs.1 Nr.1 AO ist eine Steuerfestsetzung zu ändern, soweit Tatsachen nachträglich bekannt werden, die zu einer höheren Steuer führen.

Bei den Einkommensteuerbescheiden 04 und 05 handelt es sich um Steuerbescheide. Die Kapitaleinkünfte stellen eine Tatsache mit steuerlicher Auswirkung dar. Die Kapitaleinkünfte führen zu einer höheren Einkommensteuer 04 und 05. Die Kapitaleinkünfte i. H. v. 2.000 € (04) und 4.500 € (05) wurden dem Finanzamt nachträglich, also nach der abschließenden Willensbildung über die Veranlagung der jeweiligen Einkommensteuer bekannt. Ein Ermittlungsfehler des Finanzamtes liegt nicht vor, der Steuerpflichtige C ist hier seinen Mitwirkungspflichten gem. §§ 90 ff. AO nicht nachgekommen. Rechtserheblichkeit ist gegeben, da die Kapitaleinkünfte auch schon im Zeitpunkt der ursprünglichen Veranlagung zu einer höheren Steuer geführt hätten. Da alle Voraussetzungen des § 173 Abs.1 Nr.1 AO erfüllt sind, kann die Änderung der Einkommensteuer 04 und 05 grundsätzlich nach dieser Vorschrift erfolgen.

Zu beachten ist dabei jedoch § 173 Abs.2 AO, die sog. erhöhte Bestandskraft. Nach § 173 Abs.2 AO können Steuerbescheide, soweit sie nach einer Außenprüfung ergangen sind, nur geändert werden, wenn eine Steuerhinterziehung bzw. leichtfertige Steuerverkürzung vorliegt. Die Einkommensteuerbescheide 04 und 05 sind nach einer Außenprüfung ergangen. Da C aber hinsichtlich der Kapitaleinkünfte eine Steuerhinterziehung gem. § 370 AO begangen hat, greift die erhöhte Bestandskraft nicht. Eine Änderung der Einkommensteuerbescheide 04 und 05 hat am 03.09.14 nach § 173 Abs.1 Nr.1 AO zu erfolgen.

Andere Korrekturvorschriften (§§ 129, 174, 175 AO) sind nicht anwendbar, da die entsprechenden Voraussetzungen für deren Anwendung nicht vorliegen.

Einkommensteuer 06:

Als mögliche Korrekturvorschrift ist § 164 Abs.2 AO zu prüfen.

Der ursprüngliche Einkommensteuerbescheid 06 stand unter dem Vorbehalt der Nachprüfung. Eine Änderung nach § 164 Abs.2 AO ist möglich, wenn der Vorbehalt der Nachprüfung wirksam ist. Der Vorbehalt wirkt solange, bis er aufgehoben wird oder bis er durch Ablauf der Festsetzungsfrist gem. § 164 Abs.4 AO entfällt.

Im Änderungsbescheid vom 13.10.10 wird zum Vorbehalt der Nachprüfung nichts gesagt, obwohl der Vorbehalt der Nachprüfung hätte aufgehoben werden müssen, da durch die Außenprüfung eine abschließende Prüfung stattgefunden hat und somit die Voraussetzungen des § 164 Abs.1 AO nicht mehr vorliegen. Da im Änderungsbescheid 06 aber nichts zum Vorbehalt der Nachprüfung gesagt wird, wirkt er weiter, weil eine ausdrückliche Aufhebung durch Steuerbescheid (§ 155 AO) gem. § 164 Abs.3 AO notwendig ist. B hätte die Aufhebung des Vorbehalts der Nachprüfung beantragen müssen.

Zu prüfen ist, ob der Vorbehalt der Nachprüfung durch Ablauf der Festsetzungsfrist weggefallen ist. Nach § 164 Abs.4 S.2 AO ist die auf zehn Jahre verlängerte Festsetzungsfrist gem. § 169 Abs.2 S.2 AO nicht anzuwenden, d. h. der Vorbehalt der Nachprüfung entfällt mit Ablauf der regulären Festsetzungsfrist.

C ist zur Abgabe einer Einkommensteuererklärung verpflichtet. Aus diesem Grund beginnt die Festsetzungsfrist gem. § 170 Abs.2 Nr.1 AO mit Ablauf des 31.12.07 zu laufen. Sie dauert nach § 169 Abs.2 Nr.2 AO vier Jahre und endet deshalb mit Ablauf des 31.12.11. Mit Ablauf des 31.12.11 entfällt der Vorbehalt der Nachprüfung. Eine Änderung nach § 164 Abs.2 AO ist am 03.09.14 deshalb nicht möglich.

Aus diesem Grund sind die Korrekturvorschriften der §§ 172 ff. AO zu prüfen.

Da es sich bei dem Einkommensteuerbescheid 06 am 03.09.14 um einen endgültigen Bescheid handelt, erfolgt die Korrektur dieses Bescheides wie bei den Einkommensteuerbescheiden 04 und 05.

Es ist ein Änderung nach § 172 Abs.1 Nr.2c AO und nach § 173 Abs.1 Nr.1 AO möglich. Auch hier greift die erhöhte Bestandskraft gem. § 173 Abs. 2 AO nicht.

Das Finanzamt kann am 03.09.14 noch geänderte Einkommensteuerbescheide 04 bis 06 erlassen.

Lösung zu Sachverhalt 2

1. Es kann gegen denjenigen, der seiner Verpflichtung zur Abgabe einer Steuererklärung nicht bzw. nicht fristgerecht nachkommt, ein Verspätungszuschlag nach § 152 Abs.1 AO festgesetzt werden, wenn die Versäumnis nicht entschuldbar erscheint.

   A ist als Geschäftsführer der GmbH gem. § 34 AO verpflichtet, für diese eine Körperschaftsteuererklärung abzugeben. A ist dieser Verpflichtung nicht fristgerecht nachgekommen, einen Antrag auf Fristverlängerung hat er lt. Sachverhalt nicht gestellt. Die Fristversäumnis ist nicht entschuldbar. Die Körperschaftsteuererklärung 04 ist im Februar 06 verspätet beim Finanzamt eingegangen. Somit ist die Festsetzung des Verspätungszuschlages gem. § 152 Abs.1 AO grundsätzlich zulässig.

   Ob das Finanzamt überhaupt einen Verspätungszuschlag festsetzen will und wenn ja, in welcher Höhe dies geschehen soll, liegt in dessen Ermessen („kann"). Bei der Ermessensausübung (§ 5 AO) sind die Kriterien des § 152 Abs.2 S.2 AO zu berücksichtigen. Ferner ist bei der Ermessensentscheidung der Grundsatz der Verhältnismäßigkeit zu berücksichtigen. Nach § 152 Abs.2 S.1 AO darf der Verspätungszuschlag aber nicht mehr als 10 % der festgesetzten Steuer betragen. Die festgesetzte Körperschaftsteuer 04 beträgt laut Sachverhalt 12.166 €. Der festgesetzte Verspätungszuschlag i. H. v. 1.500 € übersteigt damit die 10 %-Grenze. Der Verspätungszuschlag ist rechtswidrig.

2. Bei der Festsetzung des Verspätungszuschlages handelt es sich um einen sonstigen Verwaltungsakt, der nur nach den Vorschriften §§ 129, 130 und 131 AO korrigiert werden kann.Da dem Finanzamt beim Erlass des Verspätungszuschlages keine offenbare Unrichtigkeit i. S. d. § 129 AO unterlaufen ist, ist eine Berichtigung nach dieser Vorschrift nicht möglich. Es kommt also nur eine Korrektur nach den §§ 130, 131 AO in Betracht. Da es sich bei der Festsetzung des Verspätungszuschlages um einen rechtswidrigen Verwaltungsakt handelt (siehe Lösung zu 1.), ist hier § 130 AO anzuwenden. Die Festsetzung eines Verspätungszuschlages ist ein belastender Verwaltungsakt. Die Korrektur eines rechtswidrigen, belastenden sonstigen Verwaltungsaktes kann nach § 130 Abs.1 AO auch nachdem er unanfechtbar geworden ist, teilweise mit Wirkung für die Zukunft oder für die Vergangenheit zurückgenommen werden. Dies liegt im Ermessen der Finanzbehörde (§ 5 AO). Unter Beachtung der Grundsätze der Gleichmäßigkeit und Gesetzmäßigkeit der Besteuerung (§ 85 AO) ist der Verspätungszuschlag mit Wirkung für die Vergangenheit um 1.300 € auf 200 € gem. § 130 Abs. 1 AO zurückzunehmen.

   Die 200 € überschreiten die 10 %-Grenze des § 152 AO nicht. Laut Sachverhalt wurden die Steuererklärungen der Vorjahre ebenfalls verspätet eingereicht. Der Betrag von 200 € bei einer festgesetzten Körperschaftsteuer i. H. v. 12.166 € erscheint durchaus ermessensgerecht.

3. Säumniszuschläge entstehen, wenn eine Steuer nicht bis zum Ablauf des Fälligkeitstages entrichtet wird. Die Körperschaftsteuerabschlusszahlung ist nach § 220 Abs.1 AO i. V. m. § 31 KStG und § 36 Abs.4 EStG einen Monat nach Bekanntgabe des Körperschaftsteuerbescheides 04 fällig. Die Bekanntgabe eines schriftlichen Verwaltungsaktes, der durch die Post übermittelt wird, gilt am dritten Tag nach Aufgabe zur Post als bekanntgegeben (§ 122 Abs.2 Nr.1 AO). Der Körperschaftsteuerbescheid 04 wird am Mittwoch, den 10.05.06 zur Post gegeben. Damit gilt der Bescheid grundsätzlich am 13.05.06 als bekanntgegeben. Da der 13.05.06 ein Samstag ist, verschiebt sich der Tag der Bekanntgabe gem. § 108 Abs.3 AO auf den nächsten Werktag, also auf Montag, den 15.05.06. Die Zahlungsfrist beginnt damit am 16.05.06,

0.00 Uhr. Sie dauert einen Monat (s. o.) und endet somit am 15.06.06, 24.00 Uhr. Die Abschlusszahlung ist also am 15.06.06 fällig.

A hat am 19.06.06 die Körperschaftsteuerabschlusszahlung i. H. v. 2.166 € angewiesen. Nach § 224 Abs.2 Nr.2 AO gilt eine wirksam geleistete Zahlung bei einer Überweisung auf ein Konto der Finanzbehörde an dem Tag als wirksam entrichtet, an dem der Betrag auf dem Konto der Finanzbehörde gutgeschrieben wird. Dies ist laut Sachverhalt am 22.06.06 geschehen. Somit wurde die Zahlung erst nach Fälligkeit wirksam geleistet. Die dreitägige Schonfrist gem. § 240 Abs.3 AO greift nicht, da sie überschritten ist. Für jeden angefangenen Monat der Säumnis entsteht ein Säumniszuschlag von 1 % des rückständigen Steuerbetrages. Dieser ist auf den nächsten durch 50 € teilbaren Betrag abzurunden. Im vorliegenden Fall beträgt die Bemessungsgrundlage 2.150 €. Es liegt ein angefangener säumiger Monat vor. Es sind also 2.150 € x 1 % = 21,50 € Säumniszuschläge entstanden.

4. Es könnte eine Haftung nach § 69 AO in Betracht kommen. Nach dieser Vorschrift haften die in §§ 34 und 35 AO genannten Personen, soweit Ansprüche aus dem Steuerschuldverhältnis infolge vorsätzlicher oder grob fahrlässiger Verletzung der ihnen auferlegten Pflichten nicht oder nicht rechtzeitig festgesetzt oder erfüllt werden.

   A und B gehören als Geschäftsführer der GmbH (§ 35 GmbHG) zu der Personengruppe des § 34 AO. Nach § 34 Abs.1 AO haben sie als gesetzliche Vertreter einer juristischen Person (GmbH) deren steuerliche Pflichten zu erfüllen. Dazu gehört auch, dass die Steuern aus den Mitteln entrichtet werden, die sie verwalten (§ 34 Abs.1 S.2 AO).

   Zu prüfen ist, ob A und/oder B diese Pflichten verletzt haben. Die Steuererklärungen für das Jahr 04 wurden lt. Sachverhalt fristgerecht beim Finanzamt eingereicht, ebenso die Umsatzsteuervoranmeldungen für Januar bis März 07. Insoweit liegt keine Pflichtverletzung vor. Eine Pflichtverletzung könnte sich aber hinsichtlich der Nichtentrichtung einiger festgesetzter Ansprüche aus dem Steuerschuldverhältnis ergeben (§ 34 Abs.1 S.1 AO). Lt. Sachverhalt wurde die Körperschaftsteuerabschlusszahlung 05 i. H. v. 2.000 €, die Umsatzsteuer 05 i. H. v. 4.000 € und 15.000 € USt der Umsatzsteuervoranmeldungszeiträume Januar bis März 07 nicht gezahlt. Es liegt also eine Pflichtverletzung vor. Fraglich ist hier allerdings, welcher der beiden Geschäftsführer hier seine Pflichten verletzt hat. Grundsätzlich hat jeder Geschäftsführer Verantwortung für die steuerlichen Pflichten der Gesellschaft. Es gilt deshalb der Grundsatz der Gesamtverantwortung. Dieser Grundsatz kann allerdings grundsätzlich durch eine schriftliche Vereinbarung beschränkt werden. A und B haben ihre Aufgabenbereiche vertraglich aufgeteilt. A ist für die steuerlichen Angelegenheiten zuständig. Grundsätzlich hat hier also A seine steuerlichen Pflichten als Vertreter der GmbH nicht erfüllt. Wenn der AB-GmbH aber Zahlungsunfähigkeit oder Überschuldung droht, dann kann B sich nicht seiner Pflichten hinsichtlich der steuerlichen Angelegenheiten entziehen. In diesem Fall lebt die Gesamtverantwortung wieder auf. Insoweit trifft also auch B eine Pflichtverletzung. Erlässt das Finanzamt gegen A und B einen Haftungsbescheid gem. § 191 AO, dann ist der vertragliche Ausschluss des B von den steuerlichen Angelegenheiten bei der Inanspruchnahme gem. § 219 AO im Rahmen der Ermessensausübung des Finanzamtes zu berücksichtigen.

   Nach § 69 AO muss für den Staat ein Schaden entstanden sein, d. h. es muss ein Steuerausfall vorliegen, denn bei der Vorschrift des § 69 AO handelt es sich um eine sog. Schadensersatzhaftung. Die AB-GmbH ist seit Anfang Januar 07 in Zahlungsschwierigkeiten. Ende April ist das Insolvenzverfahren eröffnet worden. Durch die teilweise Nichterfüllung der fälligen Ansprüche aus dem Steuerschuldverhältnis (Aufzählung s. o.) ist dem Staat im vorliegenden Fall ein Schaden entstanden.

Zu prüfen ist als nächstes, ob hier ein Verschulden der Geschäftsführer vorliegt. Der Steuerausfall muss nach § 69 S.1 AO infolge vorsätzlicher oder grob fahrlässiger Verletzung der Pflichten nach § 34 AO eingetreten sein. Reichen die verfügbaren Mittel nicht zur Tilgung aller Steuerschulden aus, kann in der unterlassenen anteiligen Tilgung eine schuldhafte Pflichtverletzung liegen. Es ist zu ermitteln, ob der Staat hinsichtlich seiner Steueransprüche im selben Verhältnis wie die übrigen Gläubiger befriedigt worden ist. Dazu ist eine Tilgungsquote zu berechnen. Entsprechen die an das Finanzamt geleisteten Zahlungen nicht der ermittelten Tilgungsquote, sondern liegen sie darunter, so liegt insoweit eine schuldhafte Pflichtverletzung vor. Bei der Berechnung der Tilgungsquote ist auf den säumigen Gesamtzeitraum und nicht auf jeden einzelnen Zahlungs- oder Fälligkeitszeitpunkt anzustellen. Der Haftungszeitraum beginnt mit Anfang des Jahres 07 und endet mit der Eröffnung des Insolvenzverfahrens Ende April 07.

Die Tilgungsquote ermittelt sich wie folgt

Berechnung der Gesamtverbindlichkeiten:

Sonstige Verbindlichkeiten zu Beginn des Jahres 07	100.000 €
Zugänge sonstige Verbindlichkeiten bis Ende April 07	101.000 €
Sonstige Verbindlichkeiten insgesamt	201.000 €
Fällige und bereits entstandene Steuerrückstände zu Beginn des Jahres 07	0 €
Zugang Körperschaftsteuer 05	2.000 €
Zugang Umsatzsteuer 05	4.000 €
Zugang Umsatzsteuer-Voranmeldungen 01 – 03/07	25.000 €
Steuerrückstände insgesamt	31.000 €
Gesamtverbindlichkeiten	232.000 €

Anteil des Steuerrückstandes an den Gesamtverbindlichkeiten

31.000 € / 232.000 € × 100	13,36 %

Geleistete Zahlungen im Haftungszeitraum (Mittelverwendung)

Sonstige Verbindlichkeiten	90.000 €
Umsatzsteuervoranmeldungen 01 – 03/07	10.000 €
Geleistete Zahlungen insgesamt	100.000 €

Von den o. g. Steuerrückständen hätten entrichtet werden müssen

100.000 € × 13,36 %	13.360 €
./. tatsächlich getilgte Steuerschulden	10.000 €
Verbleibende Haftungssumme	3.360 €

Es liegt eine Pflichtverletzung vor. Die Steuerschulden wurden nicht im gleichen Verhältnis wie die sonstigen Verbindlichkeiten getilgt.

Durch Pflichtverletzung der Geschäftsführer ist dem Staat ein Schaden entstanden, Kausalität liegt also vor.

In Höhe von 3.360 € haften A und B persönlich und unbeschränkt. Gegen beide kann ein Haftungsbescheid gem. § 191 i. V. m. §§ 44, 69 AO als Gesamtschuldner erlassen werden. Bei der Inanspruchnahme des A bzw. des B gem. § 219 AO ist im Rahmen der pflichtgemäßen Ermessensausübung zu beachten, dass A vertraglich für die steuerlichen Angelegenheiten der GmbH verantwortlich ist.

Sachverhalt 3

Voraussetzung der Vollstreckung ist ein vollstreckbarer Verwaltungsakt, § 249 Abs.1 AO. Der ist hier in Gestalt der Steueranmeldungen des K nach § 168 AO gegeben. Solange die Vollziehung nicht ausgesetzt ist oder durch Einlegung eines Rechtsbehelfs (§ 361 AO, § 69 FGO) gehemmt ist, kann der Verwaltungsakt vollstreckt werden, § 251 Abs.1 AO. Weiter muss die Leistung fällig sein. Dies ist hier nach dem Sachverhalt der Fall. Weiterhin muss im Regelfall ein Leistungsgebot erteilt worden sein. Dies ist nach dem Sachverhalt nicht der Fall, hier aber auch nicht erforderlich, da der § 254 Abs.1 S.4 AO in den Fällen der Steueranmeldung das Leistungsgebot für unnötig erklärt. Da kein Leistungsgebot erforderlich ist, ist auch die Schonfrist nicht zu beachten, § 254 Abs.1 S.1 AO. Weiterhin soll der Vollstreckungsschuldner (VS) vor Beginn der Vollstreckung, wie hier geschehen, gemahnt werden, § 259 AO.

Ob und welche Vollstreckungsmaßnahme ergriffen wird, liegt im Ermessen der Finanzbehörde, § 249 Abs.1 S.1 AO. Hier hat sich das Finanzamt entschlossen zunächst die Vollstreckung in die beweglichen Sachen des Vollstreckungsschuldners zu versuchen, §§ 285-308 AO. Ermessensfehler sind nicht zu erkennen, außerdem ist das Finanzamt nach § 85 AO im Regelfall verpflichtet zu vollstrecken.

Die Vollstreckung in bewegliches Vermögen erfolgt durch Pfändung, § 281 Abs.1 AO. Die Zuständigkeit des Vollziehungsbeamten (VB) ergibt sich aus § 285 Abs.1 AO. Der VB hat dem ihn vom Vollstreckungsinnendienst zugeteilten Vollstreckungsauftrag vorzuzeigen, was hier geschehen ist (§ 285 Abs. 2 AO). Der VB ist befugt, die Geschäftsräume des K zu durchsuchen. Willigt der Betroffenen nicht wie hier der K in die Durchsuchung ein, ist ein richterlicher Beschluss erforderlich, § 287 Abs.1 und 4 AO.

Mit dem Einwand die Steuerforderungen seien zu hoch, kann K die Vollstreckung nicht verhindern. Der § 256 AO verweist insoweit auf die gegen die Steuerfestsetzungen gegebenen Rechtsbehelfe. Solange die Vollstreckungsvoraussetzungen vorliegen, § 251 Abs.1 AO, kann der VB auch gegen diese Einwendungen vollstrecken.

Sachen die sich im Gewahrsam des K befinden, pfändet der VB dadurch, dass er sie in Besitz nimmt, § 286 Abs.1 AO. Hier kommen folgende Gegenstände/Forderungen in Betracht:

1. mehrere original verpackte Gasthermen,
2. diverse Dusch- und Badewannen,
3. Armaturen,
4. diverse Werkzeuge,
5. ein größeres Lager mit Kleinteilen,
6. mehrere fertig geschriebene, aber nicht abgeschickte Rechnungen,
7. ein Lieferwagen,
8. der Privatwagen des K (BMW 530d).

Sämtliche Sachen befinden sich im Gewahrsam des K, da er die tatsächliche Sachherrschaft über diese Gegenstände ausübt. Ob er auch das Eigentum an den Sachen hat, spielt für die Vollstreckung zunächst keine Rolle, § 286 Abs.1 AO. Unbedeutend ist auch, dass die Gesellen als Angestellte des K, auf die Sachen zugreifen können, da diese als so genannte Besitzdiener nach § 868 BGB keinen Gewahrsam an Sachen, die ihnen ihr Dienstherr zur Erledigung ihrer Aufgaben überlässt, erlangen können. Pfändungsverbote könnten der Pfändung entgegenstehen. Der § 281 AO verbietet die Überpfändung und die Pfändung, die keinen Überschuss über die Kosten der Vollstreckung erwarten lässt. Weitere Vollstreckungsverbote ergeben sich aus § 295 i. V. m. §§ 811-812 und 813 Abs.1-3 ZPO.

Im Einzelnen sind folgende Gesichtspunkte zu berücksichtigen:

1\. K hält die Gasthermen für zukünftige Aufträge bereit. Da er sie im Gewahrsam hat, ist eine Pfändung möglich. Allerdings könnten hier unpfändbare Sachen nach § 295 AO i. V. m. § 811 Abs.1 Nr.5 ZPO vorliegen, da der K, der nur zwei Gesellen als Mitarbeiter beschäftigt, seinen Erwerb also wesentlich aus seiner persönlichen Leistung zieht, sind die zur Fortsetzung seiner Tätigkeit erforderlichen Gegenstände unpfändbar. Fraglich ist hier allerdings, ob der K die Gasthermen wirklich zu seinem Erwerb benötigt, da er sie nach eigenen Angaben nur für zukünftige Aufträge bereit hält. Klar ist also noch nicht für welchen konkreten Auftrag die Thermen benötigt werden. M. E. sind die Thermen pfändbar. (a. A. mit entsprechender Begründung gut vertretbar).

Der VB wird durch Anbringung eines Pfandsiegels pfänden, § 286 Abs.2 AO.

2. Die Dusch- und Badewannen gehören nach dem Vortrag des K seinem Freund Z. Da K Gewahrsam an den Wannen hat, ist eine Pfändung trotzdem möglich. Gegen die Einlassung des K spricht zusätzlich noch, dass er auch Armaturen vorhält, die zu den Wannen gehören könnten. Vermutlich gehören die Wannen also doch K. Aufgrund des Gewahrsams des K können sie durch Anbringung eines Pfandsiegels gepfändet werden, § 286 Abs.2 AO. Der Z müsste nach § 262 Abs.1 AO vorgehen, wenn er sich gegen die Pfändung wehren will.

3. Zu den Armaturen macht K keine Aussage. Eine Pfändung ist aus den gleichen Gründen wie unter 1. geschildert zulässig.

4. Die Werkzeuge sind zur Aufrechterhaltung des Betriebes des K notwendig. Damit handelt es sich um unpfändbare Sachen nach § 295 AO i. V. m. § 811 Abs.1 Nr.5 ZPO.

5. Hinsichtlich des Lagers dürfte ebenfalls davon auszugehen sein, dass die Teile zur Aufrechterhaltung des Betriebes erforderlich sind. Im Übrigen dürfte eine Verwertung für das Finanzamt recht schwierig sein. Die Pfändung müsste zweckmäßiger Weise durch Pfandanzeige erfolgen.

6. Die Rechnungen stellen an sich keinen Wert dar, da sie keine Wertpapiere sind (§ 302 AO), die einen ihnen innewohnenden Wert verkörpern. Die Vollstreckung ist nur durch die Pfändung der zugrunde liegenden Forderungen nach § 309 Abs.1 AO durch den Innendienst möglich.

7. Der Lieferwagen ist der Bank zur Sicherung des finanzierten Kaufpreises übereignet. Der K behält damit den Gewahrsam am Lieferwagen. Aber auch hier handelt es sich um eine unpfändbare Sachen nach § 295 AO i. V. m. § 811 Abs.1 Nr.5 ZPO, da der K mit dem Fahrzeug seine Aufträge ausführt.

8. Der BMW ist nach den Angaben des K geleast. Bei einem hochwertigen und recht neuen Kfz spricht die Wahrscheinlichkeit für die Aussage des K. Da für die Pfändung der Gewahrsam des K ausreichend ist, kann der VB pfänden. Sinnvoll ist die Pfändung des Pkw durch Anbringen eines Pfandsiegels, § 286 Abs.2 AO. Die Wegnahme des Pkw würde hier mit großer Wahrscheinlichkeit unnötige Kosten verursachen, (andere Lösung vertretbar).

Lösung zur Ergänzung 1 zu Sachverhalt 3

Der Vollstreckungsinnendienst könnte in die Forderungen des K vollstrecken. Die Pfändung in Forderungen ist in den §§ 309-320 AO geregelt. Gegenstand der Pfändung können alle Forderungen auf Leistung einer Geldsumme sein. Hier handelt es sich offensichtlich um Werklohnansprüche des K gegen seine Kunden. Ob diese Forderungen fällig sind, ist nicht entscheidend. Es genügt, dass die Forderungen bestimmbar sind, also als zukünftige Forderungen hinsichtlich des zugrunde liegenden Rechtsverhältnisses und der beteiligten Vertragsparteien feststehen. Dies ist hier der Fall, da der VB die Vertragsparteien und das zugrunde liegende Rechtsverhältnis festgestellt hat. Aus den §§ 319 AO und §§ 850-852 ZPO können sich Pfändungsverbote ergeben, die hier aber nicht einschlägig sind. Der § 850 ZPO ist nicht anwendbar, da es sich nicht um Arbeitseinkommen handelt. Der § 850i ZPO gibt allerdings in den hier vorliegenden Fällen der Pfändung nicht wiederkehrend zahlbarer Vergütungen für persönlich geleistete Arbeiten dem Schuldner das Recht beim Vollstreckungsgericht zu beantragen, dass ihm ein Betrag belassen wird, der zur Deckung seines notwendigen Unterhalts erforderlich ist. Im Verwaltungsvollstreckungsverfahren hat der Vollstreckungsinnendienst über einen derartigen Antrag zu entscheiden. Da der Antrag hier nicht gestellt ist, kann zunächst die Pfändung erfolgen. Der Innendienst wird eine schriftliche Pfändungsverfügung an alle Kunden des K schicken, bei denen offene Rechnungen vorlagen, § 309 AO. Mit der Pfändungsverfügung wird den Kunden, als Drittschuldnern, verboten an den K zu zahlen und dem K geboten sich jedweder Verfügung über die Forderung zu enthalten. Mit der Einziehungsverfügung, die in der Regel mit der Pfändung zu verbinden ist, fordert der Innendienst den Drittschuldner auf, an die Vollstreckungsbehörde zu zahlen und setzt sich hinsichtlich der Durchsetzung der Forderung an die Stelle des Vollstreckungsschuldners, §§ 314, 315 AO.

Lösung zur Ergänzung 2 zu Sachverhalt 3

Die Vollstreckung in das unbewegliche Vermögen, hier also in das Privatgrundstück des K, richtet sich nach den §§ 322 und 323 AO. Das Finanzamt kann nach § 322 Abs.3 AO die für die Vollstreckung in das unbewegliche Vermögen notwendigen Anträge beim Amtsgericht stellen. Das Finanzamt hat dabei das Vorliegen der Vollstreckungsvoraussetzungen zu bestätigen, das Amtsgericht darf das Vorliegen der Voraussetzungen selbst nicht mehr prüfen. Zur Sicherung der offenen Steuerforderungen könnte das Finanzamt den Antrag auf Eintragung einer Zwangssicherungshypothek auf dem Grundstück stellen. Hierzu muss eine Mindestforderung von 750 € vorhanden sein (Abschnitt 45 Abs. 3 VollstrA). Die Verwertung des Grundstücks könnte das Finanzamt durch Beantragung der Zwangsversteigerung beim Amtsgericht erreichen, §§ 15 ff ZVG. Hierzu müsste nach § 322 Abs.4 AO feststehen, dass der Geldbetrag durch Vollstreckung in das bewegliche Vermögen nicht beigetrieben werden kann. Die Eintragung einer Zwangssicherungshypothek auf dem Privatgrundstück ist hier auch zulässig, weil K als Einzelunternehmer auch Schuldner der betrieblichen Steuern ist und mit seinem Privatvermögen für die betrieblichen Steuern haftet. Auch die Vorbelastung des Grundstücks muss das Finanzamt hier nicht von der Vollstreckung abhalten, da auch in der Zwangsversteigerung ein Erlös erzielt werden könnte, der zu einer Befriedigung auch der nachrangigen Forderungen ausreicht.

Lösung zu Sachverhalt 4:

1. Nach § 19 Abs.1 S.1 AO ist bei natürlichen Personen das Finanzamt für die Einkommensteuer örtlich zuständig, in dessen Bereich sie ihren Wohnsitz (§ 8 AO) haben. Dies ist im vorliegenden Fall grundsätzlich das Finanzamt Bremen-Nord, da die Ehegatten A und B in dessen Bereich ihren Wohnsitz haben.

   Allerdings ist hier die Vorschrift des § 19 Abs.3 AO zu beachten, die sog. „Großstadtregelung". Diese Regelung ist anzuwenden, wenn es innerhalb einer Gemeinde mehrere Finanzämter gibt. In Bremen ist diese Regelung zu beachten, denn zur Wohnsitzgemeinde Bremen gehören mehrere Finanzämter (Bremen-Nord, -Mitte, -Ost und -West). Übt ein Steuerpflichtiger mit Gewinneinkünften diese Tätigkeit innerhalb der Wohnsitzgemeinde, aber im Bezirk eines anderen Finanzamts als dem des Wohnsitzfinanzamts aus, dann ist abweichend von § 19 Abs.1 AO das Finanzamt für die Einkommensteuer zuständig, das für die gesonderte Feststellung des Gewinns nach § 18 Abs.1 Nr.1 bis 3 AO zuständig wäre.Nach § 19 Abs.4 AO werden Steuerpflichtige, die zusammen veranlagt werden bzw. zusammen veranlagt werden könnten, als ein Steuerpflichtiger behandelt. A und B könnten zusammenveranlagt werden und sind deshalb wie ein Steuerpflichtiger zu behandeln.

   Zu prüfen ist, ob im vorliegenden Fall eine gesonderte Feststellung durchgeführt werden müsste. Dies könnte für die Arztpraxis des A in Frage kommen.

Im Regelfall bilden die Besteuerungsgrundlagen einen nicht selbständig anfechtbaren Teil des Steuerbescheids, soweit die Besteuerungsgrundlagen nicht gesondert festgestellt werden (§ 157 Abs.2 AO). Nach § 179 Abs.1 AO werden die Besteuerungsgrundlagen gesondert festgestellt, wenn dies in einem Einzelsteuergesetz oder aber in der AO bestimmt ist. Nach § 180 Abs.1 Nr.2b AO ist eine gesonderte Feststellung der Einkünfte durchzuführen, wenn die Voraussetzungen des § 180 Abs.1 Nr.2a AO nicht erfüllt sind, Gewinneinkünfte erzielt werden und das Wohnsitzfinanzamt am Ende des Gewinnermittlungszeitraumes nicht identisch ist mit dem Finanzamt, das für eine gesonderte Feststellung zuständig ist (§ 18 Abs.1 Nr.1-3 AO).

Im vorliegenden Fall sind die Voraussetzungen des § 180 Abs.1 Nr.2a AO nicht erfüllt, da nur A alleine die Arztpraxis betreibt. A erzielt Einkünfte aus freiberuflicher Tätigkeit (§ 18 EStG), diese Einkunftsart gehört zu den Gewinneinkunftsarten. Nach § 18 Abs.1 Nr.3 AO ist das Finanzamt Bremen-Ost für eine gesonderte Feststellung der Einkünfte zuständig; dies ist das sog. Tätigkeitsfinanzamt. Damit sind am Ende des Gewinnermittlungszeitraumes (31.12.01) Wohnsitzfinanzamt (§ 19 Abs.1 S.1 AO) Bremen-Nord und Tätigkeitsfinanzamt Bremen-Ost nicht identisch. Grundsätzlich wäre somit eine gesonderte Feststellung der Einkünfte aus freiberuflicher Tätigkeit gem. § 180 Abs.1 Nr.2b AO durchzuführen.

Nach § 19 Abs.3 AO gehören das Finanzamt Bremen-Nord und das Finanzamt Bremen-Ost jedoch zu derselben Wohnsitzgemeinde. Dadurch wird das Finanzamt Bremen-Ost auch für die Einkommensteuer der Eheleute A und B zuständig. Die ansonsten erforderliche gesonderte Feststellung der Einkünfte aus freiberuflicher Tätigkeit entfällt damit. Einkünfte aus Gewinnanteilen (hier: OHG-Anteile der B)werden nur dann nach § 19 Abs.3 AO bei der Bestimmung des für die Einkommensteuer zuständigen Finanzamtes berücksichtigt, wenn sie die einzigen Gewinneinkünfte des Steuerpflichtigen sind. Die Einkünfte der B aus ihrer Beteiligung an der OHG sind für die Bestimmung des zuständigen Finanzamtes gem. § 19 Abs.3 AO nicht relevant, da sie nicht die einzigen Gewinneinkünfte der Ehegatten darstellen.

Die Ehegatten haben also nach § 19 Abs.3 AO die Einkommensteuererklärung 01 beim Finanzamt Bremen-Ost einzureichen. Eine Erklärung zur gesonderten Feststellung des Gewinns aus freiberuflicher Tätigkeit des A ist nicht abzugeben. Der Gewinn wird im Rahmen der Einkommensteuererklärung erfasst. A hat für seine Arztpraxis eine Umsatzsteuererklärung 01 abzugeben. Nach § 21 Abs.1 AO ist für die Umsatzsteuer das Finanzamt zuständig, von dessen Bezirk aus der Unternehmer sein Unternehmen ganz oder vorwiegend betreibt. Dies ist im vorliegenden Fall das Finanzamt Bremen-Ost. A hat also beim Finanzamt Bremen-Ost eine Umsatzsteuererklärung für das Jahr 01 einzureichen.

Für die OHG ist der Gewinn aus Gewerbebetrieb nach § 179 Abs.1 und 2 AO i. V. m. § 180 Abs.1 Nr.2a AO gesondert und einheitlich festzustellen, weil an diesen Einkünften mehrere Personen beteiligt sind. Nach § 181 Abs.1 AO gelten für die gesonderte und einheitliche Feststellung die Vorschriften über die Durchführung der Besteuerung sinngemäß. Für die OHG ist nach §§ 181 Abs.1 und 2 i. V. m. 149 Abs.1 S.1 AO eine Steuererklärung für die gesonderte und einheitliche Feststellung der Einkünfte beim zuständigen Finanzamt einzureichen. Nach § 18 Abs.1 Nr.2 AO ist für die gesonderte und einheitliche Feststellung das Betriebsfinanzamt zuständig, also das Finanzamt, in dessen Bezirk sich die Geschäftsleitung befindet. Dies ist im vorliegenden Fall das Finanzamt Bremen-West. Nach § 149 Abs.1 S.1 AO i. V. m. § 18 UStG und § 14a GewStG ist die OHG verpflichtet, jeweils eine Umsatzsteuer- und eine Gewerbesteuererklärung 04 einzureichen. Die Umsatzsteuererklärung ist nach § 21 Abs.1 S.1 AO beim Finanzamt Bremen-West, die Gewerbesteuererklärung gem. § 22 AO ist ebenfalls beim Betriebsfinanzamt Bremen-West abzugeben.

An dem Mietshaus in Verden sind die Ehegatten gemeinsam beteiligt, d. h. sie erzielen gemeinsam Einkünfte aus Vermietung und Verpachtung gem. § 21 EStG. Diese Einkünfte sind deshalb grundsätzlich nach §§ 179 Abs.1 und 2 i. V. m. 180 Abs.1 Nr.2a AO gesondert und einheitlich festzustellen. Zuständig wäre dafür das Finanzamt Bremen-Nord, das sog. Verwaltungsfinanzamt nach § 18 Abs.1 Nr.4 AO. Nach § 180 Abs.3 Nr.2 AO ist von einer gesonderten und einheitlichen Feststellung jedoch abzusehen, wenn es sich um einen Fall von geringer Bedeutung handelt. Dies ist insbesondere der Fall, wenn die Höhe des festgestellten Betrages und dessen Aufteilung feststehen. Bei gemeinschaftlichen Vermietungseinkünften von zusammenveranlagten Ehegatten liegt ein Fall von geringer Bedeutung vor (vgl. AEAO zu § 180 Nr.4). A und B haben lt. Sachverhalt eine Zusammenveranlagung für das Jahr 01 beantragt. Die Einkünfte aus Vermietung und Verpachtung werden deshalb nicht gesondert und einheitlich festgestellt, sondern im Rahmen der Einkommensteuererklärung der Ehegatten A und B erklärt. Eine Feststellungserklärung ist somit nicht einzureichen.

Die Einkünfte aus dem Vermietungsobjekt im Bereich des Finanzamtes Bremen-Ost werden von A, B, C und D gemeinsam erzielt. Diese Einkünfte sind deshalb nach §§ 179 Abs.1 und 2 i. V. m. 180 Abs.1 Nr.2a AO gesondert und einheitlich festzustellen. Zuständig ist dafür nach § 18 Abs.1 Nr.4 AO das sog. Verwaltungsfinanzamt Bremen-Nord. Bei diesem Finanzamt ist eine Erklärung zur gesonderten und einheitlichen Feststellung einzureichen.

2. A, B, C und D sind Beteiligte der Grundstücksgemeinschaft. Der Feststellungsbescheid richtet sich an die einzelnen Beteiligten. Lt. geschildertem Sachverhalt wurde A auf der Feststellungserklärung 01 als Empfangsbevollmächtigter gem. § 183 Abs.1 S.1 AO benannt. Damit ist A ermächtigt worden, für die Beteiligten alle Verwaltungsakte und Mitteilungen in Empfang zu nehmen, die mit dem Feststellungsverfahren zusammenhängen. Dies bewirkt, dass der Feststellungsbescheid 01 dem A als Empfangsbevollmächtigten am 22.09.02 mit Wirkung für und gegen alle Feststellungsbeteiligten wirksam bekanntgegeben worden ist. Diese Bekanntgabe wirkt auch gegenüber C und D. Eine Einzelbekanntgabe kommt im vorliegenden Fall nicht in Betracht, da die Voraussetzungen des § 183 Abs.2 AO nicht erfüllt sind. C und D haben also zu Unrecht einen eigenen Feststellungsbescheid 01 beim Finanzamt angefordert.

Lösung zur Ergänzung zu Sachverhalt 4:

Grundsätzlich ist derjenige befugt, Einspruch einzulegen, wer geltend macht, durch einen Verwaltungsakt oder dessen Unterlassung beschwert zu sein (§ 350 AO). Dies ist i. d. R. der Inhaltsadressat eines Verwaltungsaktes. Inhaltsadressaten von gesonderten und einheitlichen Feststellungsbescheiden sind die Feststellungsbeteiligten, also auch D. Die Einspruchsbefugnis der Inhaltsadressaten von gesonderten und einheitlichen Feststellungsbescheiden gem. § 179 Abs.1 und 2 und § 180 Abs.1 Nr.2a AO ist in § 352 AO allerdings besonders geregelt. Die Einspruchsbefugnis ist dadurch personell eingeschränkt. Nach § 352 Abs.1 Nr.1 AO ist bei einer gesonderten und einheitlichen Feststellung der Einspruchsbevollmächtigte i. S. d. § 352 Abs.2 AO einspruchsbefugt, wenn es keinen zur Vertretung berufenen Geschäftsführer gibt. Bei der Grundstücksgemeinschaft existiert kein zur Vertretung berufener Geschäftsführer, so dass nach § 352 Abs.1 Nr.1 2.Alt. i. V. m. Abs.2 AO der von den Beteiligten bestimmte Empfangsbevollmächtigte i. S. d. § 183 Abs.1 S.1 AO der Einspruchsbevollmächtigte ist. Dies ist im vorliegenden Fall A. A ist also einspruchsbefugt, D nicht, denn weder C noch D haben der Einspruchsbefugnis des Empfangsbevollmächtigten widersprochen (§ 352 Abs.2 S.2 2.Hs. AO). Für D liegt auch keine Einspruchsbefugnis nach den Nrn. 2 bis 5 des § 352 Abs.1 AO vor. A hätte als Einspruchsbevollmächtigter

Einspruch gegen den Feststellungsbescheid 01 einlegen müssen.

Tz.	Kurztext der Lösung	Soll
Sachverhalt 1		**4**
	Statthaftigkeit (§ 347 Abs.1 Nr.1 AO): Prüfungsbericht keine unmittelbare Rechtswirkung, kein Verwaltungsakt (§ 118 AO), Einspruch nicht statthaft; § 356 AO: Einspruchseinlegung innerhalb eines Jahres, wenn Rb-Belehrung unterblieben ist. Hier nicht anwendbar, da kein Verwaltungsakt vorliegt. § 358 S.2 AO: Einspruch ist als unzulässig zu verwerfen.	4
Ergänzung 1 zu Sachverhalt 1		**25**
	Zulässigkeitsprüfung: Statthaftigkeit (§ 347 Abs.1 Nr.1 AO), Einkommensteuerbescheid = VA gem. § 118 AO, Schriftform (§ 357 AO) ist gewahrt, Einspruchsführer erkennbar.	1
	Einspruchsfrist (§ 355 Abs.1 AO): 1 Monat nach Bekanntgabe der VA; Bekanntgabe (§ 122 Abs.2 Nr.1 AO): 3. Tag nach Aufgabe zur Post, hier wirksame Bekanntgabe am 16.10.10. Einspruchsfrist (Ereignisfrist): Beginn: 17.10.10, 0.00 Uhr (§ 108 Abs.1 AO i. V. m. § 187 Abs.1 BGB), Dauer: 1 Monat (s.o.), Ende: 16.11.10, 24.00 Uhr (§ 108 Abs.1 AO i. V. m. § 188 Abs.2°BGB); Eingang der Einsprüche innerhalb der Einspruchsfrist.	2
	Beschwer (§ 350 AO): C ist durch geänderte ESt-Bescheide 04 bis 06 beschwert (pers. und sachlich); keine Einspruchsrücknahme/ kein Verzicht (§§ 362, 354 AO Handlungsfähigkeit (§§ 356 Abs.1, 79 AO): C ist handlungsfähig gem. § 79 Abs.1 Nr.1 AO, kann aber gewillkürten Vertreter, hier Steuerberater, bevollmächtigen (§ 80 AO). Alle Zulässigkeitsvoraussetzungen sind erfüllt, Einspruch ist zulässig (§ 358 AO).	2
	Begründetheitsprüfung: Verjährung Einkommensteuer 04 und 05? Berechnung Festsetzungsfrist: Verpflichtung zur Abgabe einer Einkommensteuererklärung (§ 149 Abs.1 AO), Beginn nach § 170 Abs.2 Nr.1 AO mit Abl. d. Kj., in dem Steuererklärung eingereicht wird. ESt 04 Beginn: m. Abl. d. 31.12.05; ESt 05 Beginn: m. Abl. d. 31.12.06; Dauer: 4 Jahre (§ 169 Abs.2 Nr.2 AO); ESt 04 Ende: m. Abl. d. 31.12.09; ESt 05 Ende: m. Abl. d. 31.12.10; ESt 04 ist am 13.10.10 grds. verjährt.	2
	Prüfung Ablaufhemmung § 171 Abs.4 AO bei Außenprüfung f. ESt 04: Ordnungsgem. Prüfungsanordnung. gem. §§ 196, 197 AO vorhanden. Tatsächlicher Beginn der Prfg. ursprgl. in 09, aber Verschiebung auf Antrag des Stpfl. in das Jahr 10; § 171 Abs.4 AO greift, bis Änderungsbescheide aufgrund der Prüfung unanfechtbar sind. Am 31.10.10 war Änderungsbescheid aufgrund der Bp noch nicht unanfechtbar, ESt 04 ist am 13.10.10 noch nicht verjährt; Einsprüche hinsichtl. Ablauf FFr. ESt 04 und 05 nicht begründet.	3

	Prüfung Änderungsvorschriften: ESt 04: keine Änderung gem. § 164 Abs.2 AO, da endgültiger Bescheid; keine Berichtigung nach § 129 AO, da keine offenb. Unrichtigkeit vorliegt; keine Änderung nach § 172 Abs.1 Nr.2a AO, da C weder Antrag auf Änderung gestellt, noch dieser zugestimmt hat, Schlussbesprechung: keine Zustimmung	3
	§ 173 Abs.1 Nr.1 AO: höhere Steuer, Tatsache: Aktivierung des Regals, nachträgliches Bekanntwerden für Bearbeiter im Finanzamt (Kennen nicht mgl., da bisherige Behandlung als GWG), kein Ermittlungsfehler Finanzamt, Rechtserheblichkeit der Tatsache, Änderung § 173 Abs.1 Nr.1 AO ist durchzuführen, Einspruch gegen ESt 04 ist unbegründet.	3
	ESt 05: keine Änderung nach § 164 Abs.2 AO, da endgültiger Bescheid (s.o. bei ESt 04); AfA Regal: rückwirkendes Ereignis gem. § 175 Abs.1 Nr.2 AO (AEAO zu § 175, Nr. 2.4): Nachaktivierung in 03 wirkt auf Folgejahre: ./. 120 €;	1
	Erhöhter Entnahmewert Twingo: keine Änderung nach § 172 Abs.1 Nr.2a AO, da weder Antrag noch Zustimmung für Änderung gegeben wurde; keine Berichtigung nach § 129 AO; keine Änderung gem. § 173 Abs.1 Nr.1 AO: zwar höhere Steuer, aber höherer Entnahmewert ist nicht Tatsache; Tatsachen sind km-Laufleistung und Baujahr; Angaben waren dem Finanzamt bekannt durch beigefügte Anlage, deshalb kein nachträgliches Bekanntwerden. § 177 AO: materieller Fehler; gegenläufige Mitberichtigung soweit die Änderung reicht. Änd. wg. AfA ./. 120 €, Berücksichtigung des höheren Entnahmewertes nur i. H. v. + 120 €; geänderter ESt-Bescheid 05 ist aufzuheben; Einspruch ist hinsichtlich der ESt 05 begründet; verbleibender materieller Fehler i. H. v. 880 €.	4
	ESt 06: kein endgültiger ESt-Bescheid 06, deshalb Änderungen gem. § 164 Abs.2 AO, solange VdN wirksam ist; VdN wurde vor Änderung nicht aufgehoben noch ist VdN entfallen gem. § 164 Abs.4 AO; Änderungen hinsichtlich der AfA i. H. v. ./.120 € und der Gewinnerhöhung um + 750 €; § 172 ff. AO nicht anwendbar, da kein endgültiger Bescheid vorliegt; Einspruch gegen ESt-Bescheid 06 ist nicht begründet.	2
Ergänzung 2 zu Sachverhalt 1		**10**
	§ 169 Abs.1 S.1 AO: Änderung einer Steuerfestsetzung nur möglich, wenn FFr. noch nicht abgelaufen ist; Steuerhinterziehung (§ 370 AO): 10 Jahre FFr. (§ 169 Abs.2 S.2 AO) für hinterzogene Steuer, Rest verjährt m. Abl. d. regulären FFr. (Teilverjährung); ESt 04: Beginn m. Abl. d. 31.12.05, Ende: m. Abl. d. 31.12.15; ESt 05: Beginn m. Abl. d. 31.12.06, Ende: m. Abl. d. 31.12.16; ESt 06: Beginn m. Abl. d. 31.12.07, Ende: 31.12.17; ESt 04 bis 06 am 03.09.14 noch nicht verjährt, Änderung hinsichtl. der Kapitalerträge grds. noch mgl.	2

	ESt 04 und 05: endgültige Bescheide, keine Änderung nach § 164 Abs.2 AO (s.o.); keine Änderung nach § 172 Abs.1 Nr.2a AO, da C weder Antrag auf Änderung gestellt, noch dieser zugestimmt hat; § 172 Abs.1 Nr.2c AO: Änderung mgl. soweit arglistige Täuschung vorliegt; § 173 Abs.1 Nr.1 AO: höhere Steuer, Tatsache: Kapitalerträge, nachträgliches Bekanntwerden für Bearbeiter im Finanzamt, kein Ermittlungsfehler Finanzamt, Rechtserheblichkeit der Tatsache, Änderung § 173 Abs.1 Nr.1 AO ist grds. mgl., aber § 173 Abs.2 AO: erhöhte Bestandskraft nach Außenprüfung. Änderung nach § 173 Abs.1 AO nach Außenprüfung möglich, da Steuerhinterziehung vorliegt; keine erhöhte Bestandskraft; ESt-Bescheide 04 und 05 sind nach § 173 Abs.1 Nr.1 AO zu ändern.	4
	ESt 06: mögliche Korrekturvorschrift § 164 Abs.2 AO, da VdN solange wirkt, bis er ausdrücklich durch Steuerbescheid aufgehoben (§ 164 Abs.3 AO) wurde oder durch Ablauf FFr. entfallen ist (§ 164 Abs.4 AO); VdN hätte nach Außenprfg. aufgehoben werden müssen, da Voraussetzungen nach § 164 Abs.1 AO nicht mehr erfüllt sind und wg. § 164 Abs.3 AO; hier nicht erfolgt, VdN wirkt weiter; C hätte Aufhebung beantragen müssen. Wegfall durch Ablauf der FFr. gem. § 164 Abs.4 AO? Wegfall mit Ablauf der regulären FFr., verlängerte FFr. nicht anwendbar; Berechnung reguläre FFr.: Beginn (§ 170 Abs.2 Nr.1 AO) m. Abl. d. 31.12.07, Dauer 4 Jahre (§ 169 Abs.2 Nr.2 AO), Ende m. Abl. d. 31.12.11; am 03.09.14 ist Änd. nach § 164 Abs.2 AO nicht mehr mgl; ESt-Bescheid 06 ist m. Abl. d. 31.12.11 endgültig geworden, deshalb Änderung nach § 172 Abs.1 Nr.2c AO bzw. § 173 Abs.1 Nr.1 AO wie bei ESt 04 und 05.	4
Sachverhalt 2		**20**
1.	Verpflichtung zur Abgabe KSt-Erklärung besteht, keine Fristverlängerung, verspätete Abgabe, Fristversäumnis nicht entschuldbar, Festsetzung eines Verspätungszuschlages grds. zulässig (§ 152 Abs.1 AO). Festsetzung VerspZ grds. Ermessensentscheidung; § 152 Abs.2 S.2 AO ist zu beachten, Grundsatz der Verhältnismäßigkeit ist zu beachten, VerspZ darf nicht mehr als 10% der festges. KSt betragen, Grenze hier überschritten, VerspZ ist rechtswidrig.	3
2.	VerspZ = sonstiger, belastender, rechtswidriger VA; Korrektur nach §130 Abs.1 AO: mit Wirkung für d. Vergangenheit oder f. d. Zukunft; teilweise Rücknahme für die Vergangenheit auf 200 €, unter 10%-Grenze; 200 € liegen im Ermessenspielraum, da nicht erstmalige verspätete Abgabe; keine Berichtigung nach § 129 AO, da keine offenbare Unrichtigkeit vorliegt.	3

3.	SZ entstehen, wenn Zahlung nicht bis zur Fälligkeit erfolgt (§ 240 Abs.1 AO); Fälligkeit KSt 04 gem. § 31 KStG i. V. m. § 36 Abs.4 EStG: 1 Monat nach Bekanntgabe; Bekanntgabe (§ 122 Abs.2 Nr.1 AO) 3.Tag nach Aufgabe z. Post; Mi., 10.05.06 z. P.; Bekanntgabe grds. am 13.05.06, aber Samstag: § 108 Abs.3 AO: Verschiebung auf Mo., 15.05.06; Beginn Zahlungsfrist: 16.05.06, 0.00 Uhr, Dauer: 1 Monat (s.o.), Ende: 15.06.06, 24.00 Uhr; Fälligkeit am 15.06.06; wirksame Zahlung der KSt-Abschlußzahlg. am 22.06.06 per Überweisung (§ 224 Abs.2 Nr.2 AO) mit Gutschrift auf Kto. des Finanzamt; keine Schonfrist, 3 Tage überschritten; SZ für einen angefangenen Monat (= 1%) auf abgerundeten, durch 50 € teilbaren Betrag; Berechnung: 2.150 x 1 % = 21,50 €; entstandene SZ: 21,50 €.	4
4.	Haftung nach § 69 AO: Personenkreis des § 34 AO: GmbH-Gf. A und B als gesetzliche Vertreter	1
	Pflichtverletzung durch Nichtentrichtung von Ansprüchen aus dem Steuerschuldverhältnis; Verstoß gegen § 34 Abs.1 S.2 AO; grds. Gesamtverantwortung der Gf., aber abweichende vertrgl. Vereinbarung möglich, hier geschehen; grds. hat A stl. Pflichten verletzt, aber bei Zahlungsschwierigkeiten hätte B kontrollieren müssen, Gesamtverantwortung lebt wieder auf; auch B trifft Pflichtverletzung; vertragl. Aufteilung der Aufgabenbereiche evtl. bei Ermessensausübung berücksichtigen.	3
	Schaden f. d. Staat: Schadensersatzhaftung, Schaden ist entstanden	1
	Verschulden der Gf. liegt durch nicht gleichmäßige Befriedigung aller Gläubiger vor (Nichtbeachtung der Tilgungsquote)	1
	Ermittlung Tilungsquote (13,36 %) und Haftungssumme (3.360 €)	2
	Kausalität Pflichtverletzung und Schaden des Staates liegt vor.	1
	Haftungsbescheid gem. § 191 i. V. m. § 69 AO gegen A und B; Inanspruchnahme unter den Voraussetzungen des § 219 AO; Ermessensentscheidung	1
Sachverhalt 3		**14**
	Voraussetzung f. Vollstreckung: § 249 Abs.1 AO: vollstreckbare VA (= Steueranmeldungen); § 251 Abs.1 AO: keine AdV oder Hemmung der Vollziehung (§ 361 AO, § 69 FGO).	1
	§ 254 AO: Leistung muss fällig sein (hier der Fall), Leistungsgebot nicht notwendig wg. Steueranmeldung (§ 254 Abs.1 S.4 AO); Mahnung gem. § 259 AO erfolgt.	1

	§ 281 Abs.1 AO: Vollstreckung in bewegliches Vermögen durch Pfändung; Zuständigkeit: Vollziehungsbeamter (§ 285 Abs.1 AO); Befugnis, Geschäftsräume zu durchsuchen.	1
	§ 256 AO: keine Verhinderung der Vollstreckung mit Argument, Steuer sei zu hoch; K hätte gegen Steuerfestsetzung Rechtsbehelf einlegen müssen.	1
	K hat Gewahrsam über alle aufgezählten Gegenstände, Eigentum für Vollstreckung erstmal nicht von Interesse (§ 286 Abs.1 AO); Angestellte des K haben als sog. Besitzdiener (§ 868 BGB) keinen Gewahrsam an Sachen des K.	1
	Pfändungsverbote gem. § 281 AO, § 295 AO i. V. m. §§ 811-812 und 813 Abs.1 bis 3 ZPO sind zu beachten.	1
	1. Gasthermen: K hat Gewahrsam, Pfändung mgl., aber evtl unpfändbare Sachen gem. § 295 AO i. V. m. § 811 Abs.1 Nr.5 ZPO, da K Thermen für sein Erwerbsgeschäft benötigt; beide Lsg. vertretbar; Pfändung durch Pfandsiegel (§ 286 Abs.2 AO).	2
	2. Dusch- und Badewannen: trotz Behauptung des K, Wannen gehören Z, liegt Gewahrsam des K vor; fraglich, ob Wannen tatsächlich Z gehören; Pfändung mgl. durch Pfandsiegel (§ 286 Abs.2 AO); möchte sich Z gegen Pfändung wehren, muss dies gem. § 262 Abs.1 AO erfolgen.	2
	3. Armaturen: Pfändung wie unter 1. (s.o.)	
	4. Werkzeuge: Notwendig zur Aufrechterhaltung des Betriebes; unfändbare Sachen gem. § 295 AO i. V. m. § 811 Abs.1 Nr.5 ZPO.	1
	5. Lager mit Kleinteilen: Gleiche Lösung wie unter 4. (s.o.)	
	6. Rechnungen: keine Wertpapiere gem. § 302 AO, Pfändung der zugrundeliegenden Forderungen durch Vo-Innendienst nach §309 Abs.1 AO mgl.	1
	7. Lieferwagen: K hat trotz Sicherungsübereignung Gewahrsam an Lieferwagen; unpfändbare Sache gem. § 295 AO i.V.m. § 811 Abs.1 Nr.5 ZPO, da K damit Aufträge ausführt.	1
	8. Pkw: geleast, trotzdem hat K Gewahrsam; fraglich, ob Leasing stimmt; Wahrscheinlichkeit spricht dafür; grds. kann VB pfänden, da Gewahrsam ausreichend ist, aber Wegnahme wäre teuer (Abschleppdienst); sinnvoll: Anbringen eines Pfandsiegels gem. § 286 Abs.2 AO (andere Lsg. vertretbar).	1

Ergänzung 1 zu Sachverhalt 3		**3**
	Forderungspfändung gem. §§ 309 – 320 AO, Fälligkeit nicht Voraussetzung. Forderungen müssen hinsichtl. d. zugrundeliegenden Rechtsverhältnisse und der Vertragsparteien feststehen.	1
	Pfändungsverbote sind zu beachten, sind hier aber nicht einschlägig: Ggf. Antrag gem. § 850i ZPO: Schuldner soll Betrag belassen werden, den er zur Deckung seines notw. Unterhalts benötigt; Antrag liegt hier nicht vor.	1
	§ 309 AO: Pfändungsverfügung an alle Kunden als Drittschuldner: keine Zahlungen mehr an K; Einziehungsverfügung: Aufforderung an Drittschuldner, Forderungen des K an Vollstreckungsbehörde zu zahlen (§§ 314, 315 AO).	1
Ergänzung 2 zu Sachverhalt 3		**3**
	Vollstreckung in unbewegl. Vermögen (§§ 322, 323 AO): notwendige Antragstellung beim Amtsgericht durch Vo-Stelle (§ 322 Abs.3 AO); FA muss Vo-Voraussetzungen bestätigen, Amtsgericht prüft nicht mehr selbst; Mindestforderung: 750 €.	1
	Beantragung der Zwangsversteigerung mgl. (§§ 15 ff. ZVG), wenn feststeht, dass Steuerschulden durch Vollstreckung i. d. bewegliche Vermögen nicht beigetrieben werden können.	1
	K ist als Einzelunternehmer auch Schuldner der betrieblichen Steuern, für diese sind auch Vo-Maßnahmen i. d. Privatvermögen zulässig; Vorbelastung des Grundstücks unbeachtlich, da Erlös aus Zwangsversteigerung auch zur Befriedigung nachrangiger Ford. ausreichen könnte.	1
Sachverhalt 4		**13**
	ESt-Erkl. 01 grds. § 19 Abs.1 AO: Wohnsitz-Finanzamt Bremen-Nord, aber § 19 Abs.3 AO ist zu beachten, da mehrere FÄ zur Wohnsitzgemeinde Bremen gehören; § 19 Abs.4 AO: Ehegatten, die zusammenveranlagt werden könnten, sind wie ein Stpfl. zu behandeln; liegt hier vor.	2
	Abweichend von § 157 Abs.2 AO gesonderte Feststellung nach §§ 179 Abs.1, 2 und 180 Abs.1 Nr.2b AO grds. für Arztpraxis notwendig: kein § 180 Abs.1 Nr.2a AO, da Einzelpraxis, Gewinneinkünfte, Wohnsitz-Finanzamt Bremen-Nord und Tätigkeits-Finanzamt Bremen-Ost (§ 18 Abs.1 Nr.3 AO) am Ende des Gewinnermittlungszeitraumes 01 nicht identisch; Br.-Nord und Br.-Ost = eine Wohnsitzgemeinde: § 19 Abs.3 AO greift, Zuständigkeit f. ESt 01 wandert zum FA Br.-Ost, ges. Feststellung entfällt; Einkünfte der Ehefrau an OHG sind hier außer Acht zu lassen, da Gewinnanteile nicht die einzigen Einkünfte sind (§ 19 Abs.3 S.2 AO).	4

	USt-Erklärung 01 für Arztpraxis: Abgabe beim Unternehmens-Finanzamt Br.-Ost (§ 21 Abs.1 S.1 AO)	1
	OHG: gesonderte und einh. Feststellung gem. § 180 Abs.1 Nr.2a AO, da mehrere Beteiligte; Betriebs-Finanzamt Bremen-West gem. § 18 Abs.1 Nr.2 AO ist zuständig. F-Erkl. 01 ist einzureichen. USt-Erklärung 01 für OHG: Abgabe beim Unternehmens-Finanzamt Br.-West (§ 21 Abs.1 S.1 AO), Abgabe Gewerbesteuererklärung 01 beim Betriebs-Finanzamt Br.-West (§ 22 AO i. V. m. § 18 Abs.1 Nr.2 AO)	2
	Mietshaus in Verden: Grds. ges. + einh. Festst. gem. § 180 Abs.1 Nr.2a AO, hier aber Fall von geringer Bedeutung, da Höhe und Aufteilung der Einkünfte feststehen bei zusammenveranlagten Ehegatten (§ 180 Abs.3 Nr.2 AO); keine Feststellung, Erfassung in ESt-Erklärung 01	1
	Vermietungsobjekt in Br.-Ost: mehrere Pesonen, ges. + einh. Festst. gem. § 179 Abs.1, 2 und § 180 Abs.1 Nr.2a AO; Verwaltungs-FA Br.-Nord ist gem. § 18 Abs.1 Nr.4 AO zuständig.	1
2.	F-Bescheid richtet sich an einzelne Beteiligte, aber Empfangsbevollmächtigter § 183 Abs.1 S.1 AO: A; A nimmt VA mit Wirkung für und gegen alle Beteiligten entgegen; durch wirks. Bekanntgabe des F-Bescheides 01 am 22.09.02 an A wirkt er auch gegen alle anderen Beteiligten, also auch gegen C und D; Voraussetzungen nach § 183 Abs.2 AO nicht erfüllt; C und D haben zu Unrecht F-Bescheid gefordert.	2
Ergänzung zu Sachverhalt 4		**3**
	Beteiligten- und Einspruchsfähigkeit (§ 352 AO): grds. ist jeder befugt Einspruch einzulegen, der von VA beschwert ist; Ausnahme: ges. + einh. Festst., eingeschränkte Einspruchsbefugnis. § 352 Abs.1 Nr.1 i. V. m. Abs.2 AO: der Empfangsbevollmächtigte nach § 183 AO ist einspruchsbefugt, hier also A. § 352 Abs.3 bis 5 AO nicht erfüllt; D ist nicht einspruchsbefugt:	3
	Art der Begründung, Klarheit der Darstellung, Ausdrucksweise	5
	Summe	100

Ertragsteuerrecht 1. Klausur

Bearbeitungszeit: 5 Stunden
Hilfsmittel: Texte: Gesetze, Richtlinien, Hinweise, Verwaltungserlasse, Taschenrechner

Bearbeitungshinweise

Bei Besteuerungswahlrechten wählen Sie die Lösung, die für den Steuerpflichtigen die geringste Steuerschuld für 2008 bedeutet. Sofern nicht anders angegeben, gelten alle begünstigenden Anträge als gestellt, Belege als vorliegend und Nachweise als erbracht.

Die für die Bearbeitung maßgeblichen Gesetzesfassungen ergeben sich aus den jeweiligen Sachverhalten und Aufgabenstellungen. Auf Steuerermäßigungen und anrechenbare Steuern ist einzugehen.

Auf die Berechnung des festzusetzenden Solidaritätszuschlags ist nicht einzugehen.

Begründen Sie Ihre Lösung unter Hinweis auf die einschlägigen Rechtsgrundlagen.

Sachverhalt

1. Karl Lauer (K), geboren am 12.12.1960, ist ledig und wohnt in Bremen in einer Mietwohnung. Nach einer Erbschaft im Jahre 2007 löste er sein Arbeitsverhältnis mit einer Bremer Firma und lebte fortan vom Erbe (vgl. 2).

Im Jahre 2008 zahlte er an die Finanzkasse:

- 6.600 € Einkommensteuervorauszahlungen für 2008
- 2.400 € Einkommensteuervorauszahlung (sog. fünfte Vorauszahlung) für 2007
- 528 € evangelische Kirchensteuervorauszahlungen für 2008
- 192 € evangelische Kirchensteuervorauszahlung für 2007
- 363 € Vorauszahlung SolZ für 2008
- 132 € Vorauszahlung SolZ für 2007

2. Durch den Tod seines Vaters Erwin Lauer (geboren am 01.01.1930) am 01.06.2007 erbte K nach der Erbquote je zur Hälfte zusammen mit seiner Mutter Maren (M) (geboren am 01.02.1940). Die Beerdigungskosten in Höhe von 8.900 € trugen K und seine Mutter je zur Hälfte; die Überweisung auf das Konto des Beerdigungsinstituts erfolgte erst am 04.03.2008.

Zum Nachlass des verstorbenen Vaters gehörten ein Mietwohngrundstück (vgl. 2.1.) und GmbH-Anteile (vgl. 2.2.); K wurde letztlich Alleineigentümer beider Nachlassgegenstände (vgl. 2.3.):

2.1. Mietwohngrundstück: Das im Privatvermögen gehaltene mit einem Zweifamilienhaus bebaute Grundstück (Baujahr 1980, Anschaffungskosten des verstorbenen Vaters 1991 – Tag der Übergabe damals war der 01.06.1991 – insgesamt umgerechnet 175.800 € einschließlich aller Erwerbsnebenkosten; Grund und Boden – Anteil 30 %), dessen zwei gleich große Wohnungen jeweils für 900 € Warmmiete zu Wohnzwecken vermietet werden, befindet sich in Bremen-Neustadt. Der Verkehrswert des Objektes betrug am 01.06.2007: 240.000 € und am 01.07.2008: 250.000 €. Die laufenden Hauskosten (ohne AfA) betragen 2008: 4.400 € im ersten und 4.800 € im zweiten Halbjahr. Bis zum 30.06.2008 trug die Erbengemeinschaft diese Kosten. In den letzten Jahren warf das Grundstück Erträge von rund 7.000 € jährlich ab.

2.1.1. Im November 2008 führte K an beiden Wohnungen eine längst überfällige umfangreiche Modernisierungsmaßnahme durch, die das Dach, die Fenster und die Heizung betraf, nicht jedoch die Elektroinstallationen und die Sanitäranlagen. Die Kosten hierfür beliefen sich auf 48.900 € brutto; K zahlte erst nach Mahnung durch Scheckhingabe an den Handwerker am 30.12.2008; der Scheck wurde erst am 04.01.2009 eingelöst und K's Girokonto entsprechend belastet. K plante ab Januar 2009 eine angemessene Erhöhung des Mietzinses.

2.1.2. In der ersten Dezemberwoche 2008 installierte K noch ein erstmalig angebrachtes Regenschutzüberdach über der Eingangstür für 4.250 € brutto, die K am 06.12.2008 bar zahlte. Mit der in Tz. 2.1.1. genannten Baumaßnahme besteht kein bautechnischer Zusammenhang.

2.1.3. K's Vater hatte im Jahre 2005 eine Fundament-Sanierung für brutto 21.300 € (voll in 2005 gezahlt) durchführen lassen müssen und hierfür die längst mögliche Verteilung für größere Erhaltungsaufwendungen beantragt und gewährt bekommen.

2.1.4. Zum Ausgleich für die Unannehmlichkeiten infolge der Modernisierungsmaßnahmen hatte K nach entsprechenden Protesten der Mieter zudem am 05.12.2008 die Hälfte der für November vereinnahmten Warmmiete zurücküberwiesen. Der eine der beiden Mieter hatte die monatlich nachschüssig fällige Monatsmiete für Juni 2008 erst am 14.07.2008 und für Dezember 2008 erst am 10.01.2009 bar gezahlt.

2.1.5. Wie zu Zeiten von K's Vater werden alle Mieteinnahmen einem besonderen Konto bei der Sparkasse Bremen gutgeschrieben, von dem auch alle Hauskosten abgebucht werden; am 30.12. wird auf dem Girokonto der 2 %-ige Guthabenzins fällig; für 2007 betrug er 98 € brutto, für 2008 betrug er 118 € brutto.

2.1.6. Aufgrund eines völlig überraschenden und äußerst guten Kaufangebots veräußerte K das Mietwohngrundstück durch notariellen Kaufvertrag vom 30.12.2008 mit Wirkung zum 01.01.2009 für 260.000 €, obwohl er es bis dahin wie sein Vater zuvor vermieten wollte. Den Kaufpreis vereinnahmte K durch Überweisung auf sein privates Girokonto bei der Sparkasse Bremen noch am 31.12.2008. Kosten im Zusammenhang mit der Veräußerung entstanden K nicht.

2.2. GmbH-Beteiligung: K's verstorbener Vater hatte die 40 %-ige GmbH-Beteiligung mit Wirkung zum 1.7.2006 für 1.000.000 € (einschließlich aller Erwerbsnebenkosten) erworben.

2.2.1. Die GmbH schüttete folgende Bruttobeträge insgesamt an die Gesellschafter aus:

- für 2006 am 6.4.2007 (Beschlussfassung und Auszahlung): 96.800 €
- für 2007 am 14.5.2008 (Beschlussfassung und Auszahlung):114.800 €
- für 2008 am 15.12.2008 (Beschlussfassung und Auszahlung):200.000 €

2.2.2. Und wieder erhielt K ein äußerst günstiges Kaufangebot, das ihn veranlasste, die genannte 40%-ige GmbH-Beteiligung durch notariellen Vertrag vom 19.12.2008 mit Wirkung zum 20.12.2008 für 1.600.000 € zu veräußern; den Veräußerungserlös vereinnahmte K erst am 4.1.2009 durch Überweisung. Im Zusammenhang mit der Veräußerung entstanden K keine Kosten. Der gemeine Wert der 40 %-igen Beteiligung betrug am 1.7.2008: 1.300.000 €. Den Veräußerungserlös aus der Veräußerung des Mietwohngrundstücks und der GmbH-Anteile investierte K im Jahre 2009 in den Erwerb eines 50 %-igen Mitunternehmeranteils an der Bremischen Großhandels-OHG

2.3. Durch Auseinandersetzungsvertrag vom 15.5.2008 wurde K mit Wirkung zum 1.7.2008 Alleineigentümer der beiden o.g. Nachlassgegenstände; er hatte sich mit seiner Mutter dahingehend verständigt, dass ihm die Wirtschaftsgüter ab 1.7.2008 zugerechnet werden. K's Mutter M schied infolgedessen am 30.6.2008, 24.00 Uhr, aus der Erbengemeinschaft aus.

Dafür hatte K am 10.7.2008 ein Gleichstellungsgeld an seine Halbschwester Edeltraud (die Tochter seiner Mutter aus erster Ehe) in Höhe von 300.000 € zu zahlen; dieser Betrag entfällt nach der im Übertragungsvertrag getroffenen Vereinbarung zu 1/3 auf das Mietwohngrundstück und zu 2/3 auf die GmbH-Beteiligung. K's Mutter verzichtete hierbei ausdrücklich auf die Bemessung des Gleichstellungsgeldes nach dem Verkehrswert ihres Erbteils, weil sie schon zu Lebzeiten ihrem Sohn Vermögen verbilligt zukommen lassen wollte. K entrichtete den Betrag umgehend aus eigenen Mitteln, nachdem er im Juni 2008 einen Lottogewinn in Höhe von 340.000 € verbuchen konnte, den er bis zur Bezahlung des Gleichstellungsgeldes an seine Halbschwester zinsgünstig anlegte und daraus 2008 insgesamt 1.650 € Guthabenzinsen brutto erzielte.

Die Nebenkosten der Übertragung der Nachlassgegenstände trug K's Halbschwester.

All diese Angaben entsprechen den Feststellungen des für die Erbengemeinschaft zuständigen Finanzamtes.

3. K zahlte 2008 der Höhe nach abzugsfähige Vorsorgeaufwendungen von 4.680 €.

Aufgabe

Ermitteln Sie die Besteuerungsgrundlagen für Karl Lauer, seine Einkünfte aus der Erbengemeinschaft und sein zu versteuerndes Einkommen für 2008!

Lösung Steuern vom Einkommen und Ertrag

1. Als natürliche Person mit Wohnsitz in Bremen (§ 8 AO), also im Inland ist Karl Lauer (K) unbeschränkt einkommensteuerpflichtig i.S.d. § 1 Abs. 1 EStG; der unbeschränkten Steuerpflicht unterliegt grundsätzlich das Welteinkommen. Die ESt ist eine Jahressteuer (§ 2 Abs. 7 EStG). Veranlagungszeitraum ist gemäß § 25 Abs. 1 EStG das Kalenderjahr, hier 2008. Für den ledigen K ist eine Einzelveranlagung mit Anwendung der Grundtabelle i.S.d. § 32a Abs. 1 EStG durchzuführen. Alters- und Alleinerziehendenentlastungsbeträge i.S.d. §§ 24a und 24b EStG werden nicht gewährt.

   K's Steuerzahlungen an die Finanzkasse sind grundsätzlich private Aufwendungen, die als Personensteuern dem Abzugsverbot des § 12 Nr. 3 EStG i.V.m. H 12.4 „Personensteuern" EStH unterliegen. Lediglich für die 2008 abgeflossenen Kirchensteuervorauszahlungen, einschließlich der sog. fünften Vorauszahlung für 2007, die auf die entsprechende ESt-Vorauszahlung i.S.d. § 37 Abs. 4 EStG erhoben wird, handelt es sich um Sonderausgaben i.S.d. § 10 Abs. 1 Nr. 4 EStG, die im VZ des Abflusses (§ 11 Abs. 2 EStG) zu berücksichtigen sind:

KiSt - VZ für 2008:	528 €
KiSt - VZ für 2007:	192 €
Sonderausgaben	720 €

   Dadurch ist bereits die Gewährung des Sonderausgaben-Pauschbetrags nach § 10c Abs.1 EStG in Höhe von 36 € überschritten und somit hinfällig. Die ESt-VZ für 2008 (§ 37 Abs. 1 EStG) sind auf die festgesetzte ESt anzurechnen (§ 36 Abs. 2 Nr. 1 EStG).

   5 P

2. Die Erbschaft selbst unterliegt als Zufluss außerhalb der sieben Einkunftsarten nicht der Einkommensbesteuerung, wohl aber die Erträge aus dem geerbten Nachlass. Sowohl das Mietwohngrundstück als auch die GmbH-Anteile wurden von der Erbengemeinschaft unentgeltlich erworben: K und seine Mutter Maren (M) sind Gesamtrechtsnachfolger nach dem Tode des Erwin Lauer geworden; es gilt die sog. „Fußstapfentheorie", nach der die Rechtsnachfolger mit allen Rechten und Pflichten in die Rechtsstellung des Rechtsvorganges, hier des Erblassers, eintreten und dessen Weg fortsetzen.

   3 P

   Die von K und M getragenen 2008 gezahlten Beerdigungskosten stellen grundsätzlich außergewöhnliche Belastungen i.S.d. § 33 Abs. 1 EStG i.V.m. H 33.1-33.4 „Bestattungskosten" EStH dar. Eine Berücksichtigung erfolgt allerdings nur insoweit, als sie als Nachlassverbindlichkeiten nicht aus dem Nachlass bestritten werden können. Die Werte der Nachlassgegenstände reichen dafür aber allemal aus, so dass ein Abzug als außergewöhnliche Belastung nicht in Betracht kommt. Anschaffungskosten stellen die Beerdigungskosten als Nachlassverbindlichkeiten ebenfalls nicht dar (Tz. 23 des BMF-Schreibens vom 14.03.2006, BStBl I, 253). Bis zur Erbauseinandersetzung stellt die Erbengemeinschaft das Einkünfte erzielende Steuersubjekt dar, dessen Einkünfte gesondert und einheitlich gemäß §§ 179, 180 AO festzustellen und den Miterben steuerlich zuzurechnen sind. Mit dem Tod des Erblassers im Jahre 2007 ist der gesamte Nachlass unentgeltlich im Wege der Gesamtrechtsnachfolge (Universalsukzession) auf die Erbengemeinschaft übergegangen. Der Nachlass ist Gesamthandsvermögen der Erben (§ 1922 BGB). Die Erbengemeinschaft wird bis zu ihrer Auseinandersetzung steuerlich bei den Überschusseinkunftsarten wie eine Bruchteilsgemeinschaft (§ 39 Abs. 2 Nr. 2 AO) und bei den Gewinneinkünften als Mitunternehmerschaft behandelt. Auch wenn zum Nachlass Wirtschaftsgüter gehören, die beim Erblasser Betriebsvermögen waren, greift die Abfärbetheorie nicht (H 15.8 Abs. 5 „Erbengemeinschaft" EStH, Tz. 4 des BMF-Schreibens vom 14.03.2006, BStBl I, 253). Hier allerdings liegen lediglich zwei WG des PV vor.

Eine steuerlich unschädliche Rückwirkung auf den Zeitpunkt des Erbfalls erfolgt durch die Erbauseinandersetzung hier nicht (Durchgangserwerb), weil die Erbengemeinschaft sich nicht innerhalb von 6 Monaten auseinandergesetzt hat (Tz. 8). Somit ist die Erbengemeinschaft während ihres Bestehens bis zum 30.6.2008 wie eine Bruchteilsgemeinschaft zu behandeln, die aus dem zum PV gehörenden vermieteten Mietwohngrundstück Einkünfte aus Vermietung und Verpachtung i.S.d. § 2 Abs. 1 Nr. 6 i.V.m. § 21 Abs. 1 Nr. 1 EStG erzielt, die durch Überschuss der Einnahmen (§ 8 EStG) über die Werbungskosten (§ 9 EStG) ermittelt werden. Der ermittelte Überschuss ist den Erben in Höhe ihrer Erbanteile, also je zur Hälfte zuzurechnen. Es liegen umsatzsteuerfreie Ausgangsumsätze gemäß § 4 Nr. 12 UStG vor.

10 P

2.1. Erbengemeinschaft 01.01 – 30.06.2008 (2.1.):

Da beide Wohnungen zu fremden Wohnzwecken vermietet werden, liegt ein einheitlicher Nutzungs- und Funktionszusammenhang vor (R 4.2 Abs. 4 EStR), somit ein WG als Gebäude.

Einnahmen (§ 8 EStG):

6 × 900 € × 2 Wohnungen:	10.800 €
Da die Juni-Miete von dem einen Mieter erst am 14.07.2008 bar gezahlt wurde, ist sie bereits dem Ermittlungszeitraum nach dem Ende des Bestehens der Erbengemeinschaft und damit K als Alleineigentümer zuzurechnen (vgl. Tz. 2.1.4.)	./. 900 €
	9.900 €

2 P

Werbungskosten (§ 9 EStG)

- Die Erbengemeinschaft setzt in Folge des unentgeltlichen Erwerbs die AfA des Rechtsvorgängers fort (§ 11d EStDV); der Erblasser hatte das 1991 angeschaffte Grundstück für umgerechnet 175.800 € erworben und linear abgeschrieben (§ 7 Abs. 4 Nr. 2a EStG i.V.m. § 9 Abs. 1 Nr. 7 EStG)

AK des Grundstücks 1991:	175.800 €		
./. Grund und Boden-Anteil	52.740 €	(30 %)	
AK des Gebäudes	123.060 €		
× 2 %	2.462 €		
× 6/12	1.231 €		./. 1.231 €

- laufende Hauskosten 1. Halbjahr (Tz. 2.1.) ./. 4.400 €
- Die noch vom Erblasser vorgenommene Fundamentsanierung stellte 2005 größere Erhaltungsaufwendungen dar (H 21.1 „Erhaltungsaufwand" EStH), die zulässigerweise gemäß § 82b EStDV gleichmäßig auf fünf Jahre (ab dem Jahr des Abflusses) verteilt als Werbungskosten abzugsfähig sind, weil das Mietwohngrundstück zum PV gehört(e) und überwiegend Wohnzwecken dient(e) (Tz. 2.1.3.). Die Regelung des § 82b EStDV gilt für Erhaltungsaufwand, der nach dem 31.12.2004 entstanden ist; d.h. für Erhaltungsmaßnahmen, die ab 01.01.2005 abgeschlossen wurden. Anhaltspunkte für das Vorliegen von nachträglichen AK oder HK sind nicht gegeben.

  Der auf den Ermittlungszeitraum der Erbengemeinschaft entfallende Anteil an der für 2008 zu gewährenden „Rate" beträgt zeitanteilig zunächst: 1/5 von 21.300 € (brutto einschließlich der nicht abziehbaren USt gemäß

  § 9b EStG) × 6/12 ./. 2.130 €

  (R 21.1. Abs. 2 Sätze 2 und 3 EStR).

  Im Jahr der Veräußerung während des Verteilungszeitraumes sieht § 82b Abs. 2 EStDV eine volle Absetzung des noch nicht abgesetzten Betrages vor (hier das eine Fünftel des 5. Jahres 2009); soweit die Miterbin M ihren Anteil entgeltlich auf K überträgt (vgl. Tz. 2.3.), steht ihr anteilig ein Werbungskostenabzug zu, der ihr als Veräußerer zugerechnet wird:

  M hat ihren „halben Miteigentumsanteil" am Mietwohngrundstück zu 1/5 unentgeltlich übertragen und zu 4/5 an K veräußert (vgl. Tz. 2.3.); daher sind 4/5 ihres halben ihr zuzurechnenden noch ab 30.06.2008 bestehenden Restbetrages nach § 82b Abs. 2 Satz 1 EStDV als Werbungskosten zu berücksichtigen:

  21.300 € ./. 4.260 (2005) ./. 4.260 (2006) ./. 4.260 (2007) ./. 2.130 (2008, 1. Halbjahr) = 6.390 €;

  6.390 € × ½ × 4/5 = ./. 2.556 €

Einkünfte der Erbengemeinschaft gemäß § 21 Abs. 1 EStG	./. 417 €
davon vorab auf M entfallend gem. § 82b EStDV	2.556 €
Rest	2.139 €
davon ½ K's Anteil	+1.069 €
(M's Anteil nachrichtlich: ./. 2556 + 1070 =	./. 1.486 €)

Die Einnahmen und Werbungskosten sind den Miteigentümern gemäß R 21.6. EStR grundsätzlich nach dem Verhältnis ihrer nach bürgerlichem Recht anzusetzenden Anteile – hier zu je ½ – zuzurechnen.

12 P

K's Einkünfte als Alleineigentümer (01.07. – 31.12.2008)

Ab 01.07.2008 werden die Einkünfte K als Alleineigentümer zugerechnet:

Einnahmen (§ 8 EStG):

6 × 900 € × 2 Wohnungen:	10.800 €
+ Miete für Juni (im Juli vereinnahmt)	+ 900 €
Die zum Zwecke der Abgeltung von Unannehmlichkeiten an die Mieter erstattete halbe Miete (vgl. 2.1.4.) für November führt zur Verringerung der Einnahmen: 2 × 900 € × ½	./. 900 €

Die am 10.01.2009 vereinnahmte Miete für Dezember 2008 ist 2008 zu erfassen, weil die Miete als regelmäßig aufgrund eines Dauerschuldverhältnisses wiederkehrende Leistung kurze Zeit (10 Tage) vor bzw. nach dem Jahreswechsel fällig war (31.12.2008 – nachschlüssig) und auch zufloss (10.01.2009 – bar); somit erfolgt eine Erfassung gemäß § 11 Abs. 1 Satz 2 EStG in 2008 (oben bereits enthalten).

Die Guthabenzinsen (vgl. 2.1.5.) aus dem reinen Mietkonto bei der Sparkasse Bremen führen zu Einnahmen aus Vermietung und Verpachtung i.S.d. § 21 Abs. 1 EStG, weil sie mit der Einkunftsquelle „vermietetes Mehrfamilienhaus" zusammenhängen (§ 20 Abs. 3 EStG), eine Versteuerung als Einnahmen aus Kapitalvermögen gemäß § 2 Abs. 1 Nr. 5 EStG i.V.m. § 20 Abs. 1 Nr. 7 EStG entfällt daher.

Da der Zufluss mit Fälligkeit (30.12.2008) (H 11 „Zufluss" EStH) erfolgt, ist der Bruttozinsbetrag (m.E. einschließlich des möglichen Anspruchs von M) dem K zuzurechnen, weil K ab 01.07.2008 Alleineigentümer ist und auch über die Zinseinnahmen verfügt:	+ 118 €

Die einbehaltene und abgeführte KapSt (§ 43 Abs. 1 Nr. 7 i.V.m. § 43a Abs. 1 Nr. 3 EStG) ist gemäß § 36 Abs. 2 Nr. 2 EStG als Steuerabzugsbetrag auf K's festgesetzte ESt 2008 anrechenbar. Die 2007-er Zinsen sind dagegen den Einnahmen aus Vermietung und Verpachtung der Erbengemeinschaft für 2007 zuzurechnen. **8 P**

Werbungskosten (§ 9 EStG)	
▪ laufende Hauskosten (2. Halbjahr)	./. 4.800 €

- K kann zudem den auf das 2. Halbjahr 2008 entfallenden Teilbetrag der nach § 82b EStDV zu verteilenden Erhaltungsaufwendungen (vgl. Tz. 2.1.3) absetzen, soweit er nicht durch

M's entgeltliche Veräußerung geltend gemacht werden konnte:

2.130 € × ½ = 1.065 €	
1.065 € × 1/5 = 213 €	./. 1.278 €
1278 €	

Für 2009 steht K somit noch ein Restbetrag von 2.556 € zu, der 2009 in vollem Umfang von K geltend gemacht werden kann, weil er das Objekt mit Wirkung zum 1.1.2009 veräußert hat und ihm 2009 demnach noch letztmals Einkünfte aus Vermietung und Verpachtung aus diesem Objekt zugerechnet werden.

Die von K als Alleineigentümer des Mietwohngrundstücks im November 2008 durchgeführte Modernisierungsmaßnahme (vgl. 2.1.6.) führt grundsätzlich zu Erhaltungsaufwand, weil die BFH-Rechtsprechung zur Standardhebung in Folge eines Bündels von Maßnahmen, das mindestens drei der vier zentralen Ausstattungsmerkmale „Fenster, Elektroinstallation, Heizung und Sanitäranlagen" umfasst, hier keine Anwendung findet; es sind nur zwei der Merkmale tangiert (BMF-Schreiben vom 18.07.2003, BStBl II, 596, Tz. 9, 10). Damit liegen Anschaffungskosten nicht vor.

Allerdings sieht § 6 Abs. 1 Nr. 1a EStG i.V.m. § 9 Abs. 5 Satz 2 EStG für Instandsetzungs- und Modernisierungskosten nur die Berücksichtigung über die AfA in Form von nachträglichen Herstellungskosten vor, wenn die Aufwendungen netto 15 % der AK des Gebäudes übersteigen. Bei teilentgeltlichem Erwerb können anschaffungsnahe Herstellungskosten nur im Verhältnis zum entgeltlichen Teil des Erwerbsvorgangs gegeben sein (R 6.4 Abs. 1 Satz 2 EStR).

K hatte das Objekt zu 40 % entgeltlich erworben (vgl. 2.3.), und zwar für 100.000 €, von denen 70.000 € auf das Gebäude entfallen; Nebenkosten fielen für K nicht an; daher betragen die 15 % von 70.000 € = 10.500 €; dieser Betrag darf durch die anteilig auf den entgeltlich erworbenen Anteil entfallenden Netto-Instandhaltungskosten nicht überschritten werden:

48.900 € × 40 % × 100/119 = 16.436 €

Damit ist die Grenze von 10.500 € deutlich überschritten, so dass in Höhe des Bruttobetrages (§ 9b EStG) nachträgliche HK vorliegen, die nur über die AfA berücksichtigt werden können.

Der auf den unentgeltlichen Erwerb entfallende Betrag der Instandhaltungskosten ist dagegen im Jahr der Verausgabung, die mit Hingabe des Schecks ((H 11 „Scheck" EStH) erfolgt, als WK abzugsfähig (Tz. 15 des BMF-Schreibens vom 18.07.2003, BStBl I, 386):

48.900 € × 60 % = ./. 29.340 €

Der Zeitpunkt der Einlösung des Schecks ist irrelevant.

Gemäß R 7.4. Abs. 9 Satz 3 EStR werden die nachträglichen HK so behandelt, als ob sie zu Beginn des Jahres, hier des Ermittlungszeitraums (1.7.) aufgewendet worden wären. Anhaltspunkte für fehlende Einkünfteerzielungsabsicht wegen der folgenden Veräußerung liegen nicht vor, so dass die bis zur Veräußerung anfallenden Aufwendungen berücksichtigungsfähig sind.

Die Installation der Regenschutzüberdachung an dem Gebäude (vgl. 2.1.2.) stellt grundsätzlich nachträgliche HK dar, weil sie erstmalig erfolgt (R 21.1 Abs. 2 EStR); R 21.1. Abs. 2 Satz 2 EStR sieht allerdings auf Antrag den sofortigen Werbungskostenabzug vor, wenn die Netto-Aufwendungen für die einzelne Baumaßnahme nicht mehr als 4.000 € beträgt; das ist hier der Fall:		./. 4.250 €

Eine Einbeziehung dieser Kosten in die AfA-BMG nach § 6 Abs. 1 Nr. 1a EStG erfolgt nicht (vgl. § 6 Abs. 1 Nr. 1a Satz 2 EStG).

- AfA gemäß § 9 Abs. 1 Nr. 7 i.V.m. § 7 Abs. 4 Nr. 2a EStG:

– aus dem unentgeltlich erworbenen Teil (60 %); vgl. Tz. 2.3.: (§ 11d EStDV)BMG der Erbengemeinschaft:	123.060 €	
davon von K		
unentgeltlich erworben:		
60 %	73.836 €	
× 2 %	1.477 €	
× 6/12	739 €	./. 739 €
– aus dem entgeltlich erworbenen Teil (40 %)		
Gebäude-AK	70.000 €	
(vgl. 2.3.)		
+ nachträgliche anschaffungsnahe HK		
(40 % von 48.900 €)	+ 19.560 €	
BMG	89.560 €	89.560 €
× 2 %	1.792 €	
× 6/12	896 €	./. 896 €
K's Einkünfte aus Vermietung und Verpachtung als Alleineigentümer		./.30.385 €
		15 P

K's überraschende Veräußerung des Mietwohngrundstücks (vgl. 2.1.6.) führt mit Vereinnahmung des Veräußerungserlöses am 31.12.2008 zu einem privaten Veräußerungsgeschäft i.S.d. § 2 Abs. 1 Nr. 7 i.V.m. § 22 Nr. 2 i.V.m. § 23 Abs. 1 Nr. 1 EStG, und zwar hinsichtlich des

- entgeltlich von M erworbenen Anteils (40 %),
- nicht jedoch hinsichtlich des im Wege der Gesamtrechtsnachfolge vom Vater und im Wege der vorweggenommenen Erbfolge von der Mutter M (Einzelrechtsnachfolge) unentgeltlich erworbenen Anteils (60 %), weil insoweit für die 10-jährige Fristberechnung der entgeltliche Erwerb durch K's Vater im Jahre 1991 maßgeblich ist und somit die 10 Jahre überschritten sind.

Gemäß Tz. 30, 31 des BMF-Schreibens vom 05.10.2000 (BStBl I, 1383) ergibt sich folgende Berechnung:

Einnahmen 2008: 40 % des Veräußerungserlöses in Höhe von 260.000 € =	104.000 €

Gegenzurechnen sind K's AK, allerdings gemäß § 23 Abs. 3 Satz 4 EStG nur in Höhe des im Zeitpunkt der Veräußerung noch vorhandenen Restwertes nach Abzug der bei der Ermittlung der Einkünfte aus Vermietung und Verpachtung in Anspruch genommenen AfA:

AK des Grund und Bodens (30 % von 100.000 €)		./.30.000 €
Gebäude-AK und anschaffungsnahe nachträgliche HK (vgl. 2.1.)	89.560 €	
./. AfA	896 €	
Restwert 31.12.2008	88.664 €	./. 88.664 €
Werbungskosten/Veräußerungskosten		0 €
Gewinn aus privatem Veräußerungsgeschäft (§ 23 EStG) (K)		./. 14.664 €

Dieser Verlust kann nur mit positiven Einkünften der gleichen Einkunftsart (§ 22 Nr. 2 i.V.m. § 23 EStG) ausgeglichen werden (§ 23 Abs. 3 Satz 8 und Satz 9 EStG); sie werden gesondert festgestellt und sind nach Maßgabe des § 10d EStG rück- bzw. vortragsfähig.

8 P

2.2. Ausschüttungen aus den im PV gehaltenen GmbH-Anteilen führen zu Einnahmen i.S.d. § 2 Abs. 1 Nr. 5 i.V.m. § 20 Abs. 1 Nr. 1 EStG, die dem Halbeinkünfteverfahren unterliegen und gemäß § 3 Nr. 40 Buchstabe d EStG zur Hälfte steuerfrei sind. Dabei ist die 2007 vereinnahmte Ausschüttung für 2006 noch dem Erblasser zuzurechnen.

2.2.1. Die am 14. Mai 2008 zugeflossene Ausschüttung ist der Erbengemeinschaft zuzurechnen (§ 11 Abs. 1 EStG):

40 % von 114.800 € =	45.920 €
./. steuerfrei 50 %	22.960 €
steuerpflichtige Einnahmen	22.960 €
K's Anteil ½	11.480 €
M's Anteil ½	11.480 €

Die am 15.12.2008 zugeflossene Ausschüttung ist K als Alleineigentümer der 40 %igen Anteile zuzurechnen:

40 % von 200.000 € =	80.000 €
steuerfrei 50 %	40.000 €
steuerpflichtige Einnahme (K)	40.000 €

2.2.2. Durch die Veräußerung der GmbH-Anteile erzielt K Einkünfte aus privatem Veräußerungsgeschäft gemäß § 2 Abs. 1 Nr.7 i.V.m. § 22 Nr. 2 i.V.m. § 23 Abs. 1 Nr. 2 EStG hinsichtlich der innerhalb von 1 Jahr vor der Veräußerung von M entgeltlich erworbenen Anteile (15,4 %). § 23 EStG ist gemäß § 23 Abs.2 EStG vorrangig vor § 17 EStG (vgl. 2.3). Allerdings erfolgt die Versteuerung erst 2009 mit Zufluss (§ 11 Abs. 1 EStG). Hinsichtlich der von K's Vater geerbten Anteile (50 %) und der von M unentgeltlich erworbenen Anteile (34,6 %) erzielt K Einkünfte aus § 2 Abs. 1 Nr. 2 i.V.m. § 15 Abs. 1 i.V.m. § 17 Abs. 1 EStG, weil die Voraussetzung „Beteiligung mit mindestens 1 % am Stammkapital innerhalb der letzten fünf Jahre vor der Veräußerung" erfüllt ist. Es ergibt sich folgende Berechnung (§ 17 EStG):

Veräußerungspreis (maßgeblich ist die Entstehung der Forderung und nicht der Zufluss):		1.600.000 €
davon 84,6 %		1.353.600 €
davon steuerfrei gemäß § 3 Nr. 40 Buchstabe c EStG:		
½		676.800 €
verbleiben		676.800 €
./. AK des Vaters:		
84,6 % von 1.000.000 € =	846.000 €	
davon nicht zu berücksichtigen gemäß § 3c Abs. 2 EStG: ½	./.423.000 €	
	423.000 €	./. 423.000 €
		253.800 €
Freibetrag § 17 Abs. 3 EStG (abgeschmolzen)		0
steuerpflichtiger Gewinn § 17 EStG (K)		<u>253.800 €</u>

Eine Tarifvergünstigung nach § 34 EStG entfällt (§ 34 Abs. 2 EStG).

10 P

2.3. Erbauseinandersetzung / Ausscheiden eines Miterben

Dadurch, dass K's Mutter als Miterbin aus der Erbengemeinschaft ausscheidet, wächst ihr Anteil dem verbleibenden K zivilrechtlich zu mit der Folge, dass K Alleineigentümer wird und ihm ab 01.07.2008 die Wirtschaftsgüter und die Einkünfte daraus zugerechnet werden (Tz. 7 und 48 des BMF-Schreibens vom 14.03.2006, BStBl I, 253). Die Anwachsung ist ein Unterfall der Veräußerung des Erbteils an den verbleibenden K. In diesem Falle ist allerdings gleichzeitig von einer teilentgeltlichen Vermögensübertragung im Rahmen der vorweggenommenen Erbfolge auszugehen, die zeitgleich mit der Beendigung der Erbengemeinschaft einhergeht, weil K's Mutter Vermögensgegenstände z.T. unentgeltlich im Generationenverbund unter Lebenden auf einen potenziellen Erben überträgt (Tz. 1 des BMF-Schreibens vom 13.01.1993, BStBl I, 80). Dabei führt das Gleichstellungsgeld an seine Halbschwester in Höhe von 300.000 € zu einem Veräußerungs- bzw. Anschaffungsgeschäft; die Ausgleichs- und Abstandszahlungen sind Entgelt und damit Veräußerungserlös bzw. AK (Tz. 7 des o.g. BMF-Schreibens). Schon zu Lebzeiten soll der Sohn zumindest teilweise unentgeltlich Vermögenswerte der Mutter übertragen bekommen.

Der vereinbarten und im notariellen Übertragungsvertrag dokumentierten Zuordnung des Teilentgelts auf das Mietwohngrundstück und die GmbH-Anteile ist zu folgen, auch wenn sie vomVerhältnis der Verkehrswerte abweicht (Tz. 42 des o.g. BMF-Schreibens), sofern dabei die AK eines WG dessen Verkehrswert nicht übersteigen (vgl. BMF-Schreiben 26.02.2006, BStBl I, 269).

Mietwohngrundstück

Damit hat K Anschaffungskosten für den Erwerb von M's halbem „Miteigentumsanteil" am Mietwohngrundstück in Höhe von 1/3 von 300.000 € = 100.000 €.

Der Verkehrswert des halben Miteigentumsanteil beträgt (vgl. Tz. 2.1.) am 01.07.2008 ½ von 250.000 € = 125.000 €.

Daher erwarb K insgesamt

- 50 % des Objektes als Erbe unentgeltlich
- 100/125 von 50 % des Objektes entgeltlich durch die Zahlung des Gleichstellungsgeldes: 40 %
- und schließlich 25/125 von 50 % des Objektes unentgeltlich von der Mutter im Rahmen der vorweggenommenen Erbfolge: 10 %

Das bedeutet, dass K zu 60 % die AfA-Liste der Rechtsvorgänger (Vater und Erbengemeinschaft) fortführt und in Höhe von 100.000 € neue AK hat. Davon entfallen 30 % auf den Grund und Boden, so dass K's neue AfA-BMG ab 01.07.2008 70.000 € beträgt (Trennungstheorie gem. Tz. 16 des o.g. BMF-Schreibens).

M hat den Veräußerungserlös auf der privaten Vermögensebene vereinnahmt; ein Fall eines privaten Veräußerungsgeschäfts i.S.d. § 2 Abs. 1 Nr. 7 i.V.m. § 22 Nr. 2 i.V.m. § 23 Abs. 1 Nr. 1 EStG liegt nicht vor, weil der Vater als Rechtsvorgänger das Objekt 1991 und damit vor über 10 Jahren bis zur Übertragung durch die Miterbin M erworben hatte. Der Vorgang ist demnach nicht steuerbar. **12 P**

GmbH-Anteile

K erwarb M's Hälfte der GmbH-Anteile für 2/3 des Gleichstellungsgeldes an seine Halbschwester:

2/3 von 300.000 € = 200.000 €

Der Verkehrswert (gemeine Wert) dieser Anteile (40 %-ige Beteiligung) beträgt ½ von 1.300.000 € = 650.000 €.

In Höhe des geerbten Anteils (50 %) und des unentgeltlich von M übertragenen Anteils (450.000 €/650.000 € für M's Hälfte = 69,2 %, das entspricht 34,6 % des Gesamtanteils; das Entgelt von 200.000 € entspricht demnach 200.000 €/1.300.000 € = 15,4 %) tritt K in die Rechtsstellung der Rechtsvorgänger. Insgesamt erwarb K die GmbH-Anteile also zu 84,6 % unentgeltlich und zu 15,4 % entgeltlich.

Der Lottogewinn stellt einen nicht steuerbaren Zufluss auf der privaten Vermögensebene dar. Die daraus resultierenden Guthabenzinsen stellen für K Einnahmen aus Kapitalvermögen dar i.S.d. § 2 Abs.1 Nr. 5 i.V.m. § 20 Abs. 1 Nr. 7 EStG dar; die Einkünfte aus Kapitalvermögen werden durch Überschuss der Einnahmen (§ 8 EStG) über die WK (§ 9 EStG) ermittelt (§ 2 Abs. 2 Nr. 2 EStG):

Einnahmen (K) 1.650 €

Ggf. einbehaltene und abgeführte Kapitalertragsteuer ist gemäß § 36 Abs. 2 Nr. 2 EStG auf die ESt anrechenbar.

7 P

3. Zusammenstellung:

		2008
Einkünfte gemäß § 15 i.V.m. § 17 EStG		253.800 €
§ 20 EStG:	1.650 €	
	+11.480 €	
	+ 40.000 €	
Einnahmen		53.130 €
WK-Pauschbetrag		
§ 9a Nr. 2 EStG	./. 51 €	
Sparerfreibetrag		
§ 20 Abs. 4 EStG	./. 750 €	
Einkünfte gemäß § 20 EStG	52.329 €	+ 52.329 €
Einkünfte gemäß § 21 EStG		
■ aus der Erbengemeinschaft:		+ 1.069 €
■ als Alleineigentümer		./. 30.385 €
Einkünfte gemäß § 22 EStG		0 €
Summe der Einkünfte		276.813 €
Sonderausgaben:		
§ 10 Abs.1 Nr. 4 EStG		./. 720 €
§ 10 Abs.1 Nr. 2, 3 EStG		./. 4.680 €
Einkommen / zu versteuerndes Einkommen		271.413 €
		8 P
Summe		**100 P**

Ertragsteuerrecht 2. Klausur

Bearbeitungszeit: 5 Zeitstunden (300 Minuten)
Vorschlag zur Zeiteinteilung:
Teil I: 130 Minuten, Teil II: 150 Minuten,
Teil III: 20 Minuten

Hilfsmittel: Gesetzestexte, Richtlinien, Hinweise und Erlasse, Grundgesetz, BGB, Taschenrechner

Die Klausur besteht aus drei Teilen, die unabhängig voneinander und in beliebiger Reihenfolge bearbeitet werden können. Bei Besteuerungswahlrechten wählen Sie die Lösung, die für den Steuerpflichtigen das geringste zu versteuernde Einkommen für 2008 bedeutet. Sofern nicht anders angegeben, gelten alle begünstigenden Anträge als gestellt, Belege als vorliegend und Nachweise als erbracht. Tarifbesonderheiten, Steuerermäßigungen und Steuerabzugsbeträge sind ggf. zu behandeln. Auf die Berechnung des festzusetzenden Solidaritätszuschlags ist nicht einzugehen. Auf umsatzsteuerliche Fragen ist nicht einzugehen. Begründen Sie Ihre Lösung unter Hinweis auf die einschlägigen Rechtsgrundlagen. Mögliche Änderungen der Vorjahre sind ohne Zahlenwerk zu erläutern.

Teil I

Sachverhalt

1. Persönliche Verhältnisse

1. Karl Lauer (K), geboren am 16.4.1964, wohnt zusammen mit seinem Sohn Bobby in Bremen. Er ist geschieden und allein erziehend und gehört keiner Religionsgemeinschaft an.

1.1. K's Sohn aus erster Ehe, Bobby, ist am 24.6.2002 geboren und in K's Wohnung gemeldet; für seine Betreuung fielen 2008 monatliche Kindergartengebühren in Höhe von 300 € an sowie weitere 400 € monatlich, die K an eine selbständig tätige Erzieherin zahlte, welche Bobby nachmittags in K's Wohnung beaufsichtigte. K erbrachte alle erforderlichen Nachweise für diese Zahlungen. Bobbys leibliche Mutter verstarb bei der Geburt ihres Sohnes. K vereinnahmte 2008 an Kindergeld 1.848 €.

1.2. An seine 2005 von ihm geschiedene zweite Ehefrau Elke (E) zahlte K vereinbarungsgemäß monatlichen Barunterhalt von 4.600 €; Elke hat die Anlage U unterschrieben.

1.3. An Vorsorgeaufwendungen kann K unstreitig 6.100 € absetzen.

2. Einkünfte

2.1. K ist Vorstandsvorsitzender der Bremischen Handels-AG; aus seiner elektronischen Lohnsteuerbescheinigung, die auch seine eTIN enthält, ergeben sich für 2008 folgende Daten:

Bruttoarbeitslohn	680.000 €
Lohnsteuer	276.800 €
Solidaritätszuschlag	15.224 €

2.1.1. Für die arbeitstäglichen Fahrten zwischen seiner Wohnung und seinem 16,9 km davon entfernt liegenden Penthouse-Büro im Tower der Bremischen Handels-AG nutzte er 2008 an 211 Tagen seinen privaten Pkw der Marke Maybach.

2.1.2. Auf seinem Gehaltskonto bei der Sparkasse Bremen fielen 2008 196 € Kontoführungsgebühren an; zudem wurde 2008 an 1%-igen Guthabenzinsen 2.870 € gutgeschrieben. Einen Freistellungsauftrag hatte K nicht erteilt.

2.2. K ist seit 2004 Eigentümer einer Eigentumswohnung in Bremen-Schwachhausen (Baujahr 1970, Grund und Boden Anteil 10 %); er hatte sie durch Kaufvertrag vom 10.4.2004 mit Wirkung zum 1.5.2004 aus Eigenmitteln für 100.000 € erworben. Am 1.5.2004 betrug die vom Veräußerer angesparte Instandhaltungsrücklage 4.600 €. K hatte 2000 € Notar- und Gerichtskosten sowie die Grunderwerbsteuer in zutreffender Höhe von 3.339 € zu tragen.

Er vermietet die Wohnung für monatlich 1.000 € Warmmiete. Aus der erhaltenen Miete zahlte K 2008 monatlich 200 € in die Instandhaltungsrücklage. Aufgrund einer größeren Dachsanierung hatte der Verwalter Handwerkerrechnungen am 1.7.2008 in Höhe von 24.000 € aus der Instandhaltungsrücklage gezahlt; auf K's Wohnung entfielen davon 3.000 €.

Die festverzinsliche Anlage der Instandhaltungsrücklage führte 2008 für K zu anteiligen Guthabenzinsen in Höhe von 680 € (nach Abzug der Abzugsteuern).

Durch notariellen Vertrag vom 16.11.2008 bestellte K an der Eigentumswohnung dem Fritz Meyer für (wegen erwarteter Mietzinssteigerungen) angemessene 60.000 € ein Nießbrauchsrecht mit Wirkung ab 1.12.2008 und mit einer Laufzeit von genau 60 Monaten. Den Betrag von 60.000 € vereinnahmte K am 24.12.2008 bar. Ab 1.12.2008 trat Meyer in den Mietvertrag mit K's bisherigem Mieter als Vermieter ein.

Die laufenden Hauskosten von monatlich 140 € (ohne das o.g. Wohngeld für die Instandhaltungsrücklage) zahlte bis November K, aber ab 1.12.2008 vereinbarungsgemäß Meyer.

3. Grundstück

3.1. K hatte zudem durch Kaufvertrag vom 6.2.2006 mit Wirkung zum 1.3.2006 ein Zweifamilienhaus mit zwei gleich großen und gleichwertigen Wohnungen in Bremen-Arbergen für 290.000 € aus Eigenmitteln erworben (Baujahr 1921, Grund und Boden-Anteil 25 %); Grunderwerbsteuer und Notar- und Gerichtsgebühren trug der Veräußerer; K hatte lediglich noch 3.000 € an den Makler als Immobilienmaklercourtage zu zahlen. Der Aufteilungsmaßstab gilt auch für den jeweils dazugehörigen Grund und Boden.

Seit dem 1.3.2006 wird das Objekt folgendermaßen genutzt:

Die eine Wohnung nutzt K zu eigenen Wohnzwecken. Die andere Wohnung vermietet er für 1.400 € monatliche Warmmiete.

3.2. Noch 2006 ließ K das Dach neu eindecken: 2006 gezahlte Gesamtkosten 40.000 €.

K hatte eine höchstmögliche Verteilung dieses Aufwands auf fünf Jahre beantragt und vom zuständigen Finanzamt gewährt bekommen, das allerdings die Einkommensteuer 2006 und 2007 vorläufig hinsichtlich der Höhe der Einkünfte aus Vermietung und Verpachtung veranlagt hat.

3.3. Im Februar 2008 ließ K für die vermietete Wohnung eine weitere bisher nicht vorhandene Haustür erstmals einbauen: Kosten 4.200 €. K hat alle Nachweiserfordernisse erfüllt.

3.4. Im März ließ K für das ganze Haus die Elektroinstallationen erneuern: Kosten 28.000 €, davon für Material 25.600 €. K hat alle Nachweiserfordernisse erfüllt.

3.5. Schornsteinfegergebühren entrichtete K am 1.2.2008 in Höhe von 206 €. Daneben fielen weitere laufende Hauskosten von monatlich 400 € an für Versicherungen, Grundsteuer u.ä.

3.6. Durch Kaufvertrag vom 13.12.2008 veräußerte K das Zweifamilienhaus entgegen seiner ursprünglichen Planung überraschend aufgrund eines für ihn interessanten Angebots mit Wirkung zum 1.1.2009 für 311.000 €; den Kaufpreis vereinnahmte K schon am 29.12.2008 durch Bankgutschrift. Notarkosten im Zusammenhang mit dem Verkauf zahlte K als Veräußerer am 5.1.2009: 5.200 €.

Aufgabe zu Teil I

Ermitteln Sie die Besteuerungsgrundlagen und das zu versteuernde Einkommen und die festzusetzende Einkommensteuer 2008 des K! Im Falle des Familienleistungsausgleichs unterstellen Sie, dass die Gewährung der Freibeträge für Kinder günstiger ist als das Kindergeld.

Teil II

Sachverhalt

Emil Lauer (E), ledig, ist Fleischermeister in Bremen.

1. Fleischerei

E hatte 2007 in Bremen eine Fleischerei auf Leibrentenbasis erworben und betreibt diese seitdem. Der Handelsbilanz-Gewinn 2008 beträgt 124.789 €. Das Wirtschaftsjahr entspricht dem Kalenderjahr.

Rente

1.1. Die monatlich vorschüssig an den Veräußerer zu entrichtende Rente beträgt 1.500 €, aufgrund des Wirksamwerdens einer Wertsicherungsklausel ab 1.7.2008 monatlich 1.800 €.

Die Rentenbarwerte entwickelten sich unstreitig folgendermaßen:

	Rente	Mehrbetrag aufgrund Wertsicherungsklausel
31.12.2007	110.000 €	---
01.07.2008	---	20.000 €
31.12.2008	104.000 €	19.400 €

Bislang wurden als einzige Rechtsfolge hieraus in der 2008er Gewinnermittlung von E die gezahlte Rentenbeträge in Höhe von insgesamt 19.800 € als Betriebsausgabe gebucht.

Mitte Januar 2009 kam die Neuigkeit, dass der Rentenberechtigte am 31.12.2008 überraschend verstorben sei und die Rente damit weggefallen sei.

Spende

1.2. E hatte 2008 vom betrieblichen Konto Spenden überwiesen und als Betriebsausgaben gebucht, und zwar 4.000 € an die FDP und 9.000 € an die Arbeiterwohlfahrt (AWO). Die Summe der Umsätze, Löhne und Gehälter beläuft sich 2008 auf 660.000 €.

Schulden

1.3. Für den Erwerb einer neuen Kühlanlage musste E am 1.2.2008 einen Kredit in Form eines Fälligkeitsdarlehens in Höhe von 40.000 € mit einer Laufzeit von 4 Jahren aufnehmen. Als Betriebsausgaben hatte er sowohl die 6%igen Zinsen (2.200 €) als auch das 3%-ige bei Darlehensauszahlung einbehaltene Disagio gebucht, welches eine Zinsbindung für die gesamte Laufzeit einbrachte.

GmbH-Beteiligung

1.4. In der Bilanz hatte E im Dezember 2007 eine 16%-ige Beteiligung an der Fleisch-GmbH zutreffend aktiviert, die ihm im Jahre 2008 für 2007 als Ausschüttung einen Betrag in Höhe von 2.600 € auf sein betriebliches Girokonto überwies. Die Buchhaltung buchte:

Bank	2.600 €
an Beteiligungserträge	2.600 €.

Im Mai 2008 fielen 58 € netto an Taxikosten für die Fahrt zur Gesellschafterversammlung der Fleisch-GmbH an, die E als BA buchen ließ.

Aktien

1.5. E erwarb aus betrieblichen Gründen am 31. Januar 2008 für 9.600 € 100 Aktien der Wurst-AG mit Sitz in Bremen und aktivierte die Aktien zutreffend in der Bilanz. Schon im Mai 2008 schüttete die AG 6 € Dividende pro Aktie aus. E erhielt die Ausschüttung netto auf sein privates Girokonto überwiesen, daher wurde bisher eine Buchung unterlassen. Die Depotgebühr von 60 € hatte E dagegen in voller Höhe als BA buchen lassen.

Gewerbesteuer-Rückstellung

1.6. E hatte bisher weder die von seinem privaten Girokonto geleisteten Gewerbesteuer-Vorauszahlungen für 2008 von insgesamt 16.000 € gewinnmindernd gebucht noch handelsrechtlich eine Rückstellung für die drohende Abschlusszahlung gebildet. Der Gewerbesteuer-Hebesatz in Bremen beträgt 440 v.H.

Das ihm gehörende Betriebsgrundstück (Geschäftsgrundstück), auf dem er seine Fleischerei betreibt, hat einen Einheitswert von 22.857 €.

2. Kommanditist

E ist seit Jahren an der Bremischen Grundstücksverwaltungs-GmbH & Co. KG (KG) als Kommanditist mit 20 % am Gewinn und Verlust und an den stillen Reserven beteiligt. Als einzige Komplementärin der KG, die seit Jahren hohe Gewinne erzielt aus ihrer rein vermögensverwaltenden Tätigkeit, ist die Bremische Grundstücks-GmbH beteiligt, welche auch ausschließlich zur alleinigen Geschäftsführung befugt ist. Der KG-Gewinn für 2008 beläuft sich auf 600.000 €. Dies entspricht den Feststellungen des Betriebsstättenfinanzamtes. Überwiesen bekam E am 31.12.2008 lediglich 40.000 €. Sein anteiliger Gewerbesteuermessbetrag aus dieser Beteiligung beträgt 0 €. E hat diese Beteiligung nicht in der Bilanz seiner Einzelfirma aktiviert.

Aufgabe zu Teil II

Was sind die ertragsteuerlichen Auswirkungen 2008 aus dem Sachverhalt für E, wie hoch ist E's Gewinn aus Gewerbebetrieb 2008 und wie hoch ist die Gewerbesteuernachzahlung für 2008 und die Einkommensteuerermäßigung gemäß § 35 EStG? Die unbeschränkte Steuerpflicht ist hier zu unterstellen, so dass Ausführungen dazu und zu den persönlichen Verhältnissen entbehrlich sind. Zu Tz. 2 sind Ausführungen zur gesonderten und einheitlichen Feststellung nur E betreffend erforderlich.

Teil III

Sachverhalt

A ist Kommanditist der am 1.5.2008 gegründeten gewerbliche tätigen A-KG mit Sitz in Bremen und hat seine Einlage i.H. v. 60.000 € sofort erbracht. Ferner hat er der A-KG am 1.7.2008 ein mit angemessenen 6 % zu verzinsendes Darlehen i.H. v. 80.000 € gewährt, das in der Gesellschaftsbilanz passiviert ist. Dieses Darlehnen ist gegenüber anderen Verbindlichkeiten nicht nachrangig, auch nicht im Falle der Insolvenz. Die Zinsen hat die A-KG als Aufwand gebucht und in voller Höhe auf das private Girokonto von A überwiesen. Für Entnahmen, Einlagen und Gutschriften bzw. Belastungen der Gewinn- oder Verlustanteile wird ein variables Kontokorrentkonto geführt, das zum 31.12.2008 vor Verlustzuweisung Forderungen des A i.H. v. 30.000 € ausweist. Nach dem Gesellschaftsvertrag ist das Kontokorrentkonto als Kapitalkonto II zu qualifizieren. Für A ergibt sich zum 31.12.2008 aus dem Gesellschaftsvermögen ein Verlustanteil i.H. v. 170.000 €.

Aufgabe zu Teil III

In welcher Höhe und aus welcher Einkunftsart kann A einen Verlust in der Einkommensteuerveranlagung 2008 berücksichtigt bekommen?

Lösung Teil I

1. Persönliche Verhältnisse

Als natürliche Person mit Wohnsitz in Bremen (§ 8 AO), also im Inland ist Karl Lauer (K) unbeschränkt einkommensteuerpflichtig i.S.d. § 1 Abs. 1 EStG; der unbeschränkten Steuerpflicht unterliegt grundsätzlich das Welteinkommen. Die ESt ist eine Jahressteuer (§ 2 Abs. 7 EStG). Veranlagungszeitraum ist gemäß § 25 Abs. 1 EStG das Kalenderjahr, hier 2008. Für den verwitweten bzw. geschiedenen K ist gemäß § 25 EStG eine Einzelveranlagung mit Anwendung der Grundtabelle i.S.d. § 32a Abs. 1 EStG durchzuführen, weil er seit 2002 verwitwet bzw. seit 2005 geschieden ist. Da K vor Beginn des Kalenderjahres 2008 nicht das 64. Lebensjahr vollendet hat, steht ihm der Altersentlastungsbetrag nicht zu. Da er keiner Religionsgemeinschaft angehört, entfällt ein Abzug von Kirchensteuern als Sonderausgaben, so dass ihm grundsätzlich der Sonderausgaben-Pauschbetrag gemäß § 10c Abs. 1 EStG in Höhe von 36 € zusteht, wenn er keine höheren anderen Sonderausgaben in diesem Sinne hat (vgl. aber Tz.1.2.). **3 P**

1.1. K's Sohn Bobby (B) ist ein steuerlich berücksichtigungsfähiges Kind i.S.d. § 63 i.V.m. § 32 Abs. 1 Nr. 1 EStG, weil es im 1. Grad mit ihm verwandt ist. Da B das 18. Lebensjahr noch nicht vollendet hat, ist er Kind im steuerlichen und Kindergeld-Sinne (§ 32 Abs. 3 EStG); die steuerliche Freistellung eines Einkommensbetrags in Höhe des Existenzminimums eines Kindes einschließlich der Bedarfe für Betreuung und Erziehung oder Ausbildung wird durch die Freibeträge für Kinder nach § 32 Abs. 6 EStG, hier 5.808 €, oder durch Kindergeld in Höhe von 12 × 154 € = 1.848 € gemäß § 66 EStG als Steuervergütung (Günstigerprüfung) gewährt. Angesichts der hohen Einkünfte K's, ist hier die Gewährung der Freibeträge für Kinder günstiger; in dem Fall ist das Kindergeld der tariflichen ESt hinzuzurechnen (§ 2 Abs. 6 Satz 3 EStG).

Bei den 2008 gezahlten Kindergartengebühren und den Zahlungen an die selbständig tätige Erzieherin handelt es sich um erwerbsbedingte Kinderbetreuungskosten i.S.d. § 4f EStG (§ 9c EStG gilt erst ab VZ 2009), weil K als Vorstandsvorsitzender erwerbstätig ist (vgl. Tz.2.1.) und allein erziehend; zudem hat Bobby das 14. Lebensjahr noch nicht vollendet.

Es fielen folgende Kosten an, die K in Höhe von 2/3, höchstens 4.000 €, wie WK bei seinen Einkünften aus nichtselbständiger Arbeit absetzen kann:

12 × 300 € =	3.600 €	
12 × 400 € =	4.800 €	
	8.400 €	
davon 2/3	5.600 €	
höchstens	4.000 €	4.000 €

Dieser Betrag ist ggf. neben dem Arbeitnehmerpauschbetrag zu gewähren. Ein Abzug nach § 35a EStG entfällt – auch für den den Höchstbetrag übersteigenden Betrag, weil § 4f EStG vorrangig ist (BMF vom 19.1.2007, Tz. 36).

Da K allein erziehend und allein stehend (vgl. BMF vom 29.10.2004, Tz.3) ist und ein Kind i.S.d. § 32 EStG zu seinem Haushalt gehört, steht ihm der Alleinerziehenden-Entlastungsbetrag gemäß § 24b EStG in Höhe von 1.308 € zu. **6 P**

1.2. Die Unterhaltszahlungen an seine 2005 von ihm geschiedene zweite Ehefrau gehören zu den als Sonderausgaben abzugsfähigen Aufwendungen i.S.d. § 10 Abs. 1 Nr. 1 EStG, weil die Unterhaltsempfängerin sich durch die Unterschriftsleistung auf der Anlage U mit der Versteuerung der vereinnahmten Unterhaltszahlungen nach § 22 Nr. 1a EStG einverstanden erklärt hatte. Der Sonderausgabenabzug ist auf 13.805 € beschränkt:

12 × 4.600 € = 55.200 €

höchstens 13.805 €

Dadurch ist der o.g. Sonderausgaben-Pauschbetrag überschritten und entfällt.

Der übersteigende Betrag ist gemäß § 12 Nr. 2 EStG nicht abzugsfähig, auch nicht als außergewöhnliche Belastung i.S.d. § 33a Abs. 1 EStG (H 33a.1 „Geschiedene oder dauernd getrennt lebende Ehegatten" EStH). **3 P**

1.3. Die Vorsorgeaufwendungen stellen Sonderausgaben i.S.d. § 10 Abs. 1 Nr. 2 und 3 EStG dar, die im Rahmen der Höchstbeträge des § 10 Abs. 3,4 und 4a EStG vom GdE abzugsfähig sind; hier unstreitig: 6.100 €. **1 P**

2. Einkünfte

2.1. Als Vorstandvorsitzender einer Aktiengesellschaft erzielt K Einkünfte aus nichtselbständiger Arbeit i.S.d. § 2 Abs. 1 Nr. 4 i.V.m. § 19 Abs. 1 EStG, die durch Überschuss der Einnahmen (§ 8 EStG) über die WK (§ 9 EStG) ermittelt werden; er ist Arbeitnehmer i.S.d. § 1 LStDV. Die vom Arbeitgeber einbehaltene und abgeführte Lohnsteuer ist nicht abzugsfähig (§ 12 Nr. 3 EStG), aber gemäß § 36 Abs. 2 Nr. 2 EStG auf die festgesetzte ESt anrechenbar.

Einnahmen: Bruttoarbeitslohn 680.000 €

2.1.1. Aufwendungen für Fahrten zwischen Wohnung und regelmäßiger Arbeitsstätte zählen zu den Werbungskosten, nachdem das Bundesverfassungsgericht am 9.12.2008 das Werkstorsprinzip des § 9 Abs. 2 EStG für verfassungswidrig erklärt hat, so dass zumindest bis zum VZ 2009 das 2006er Recht wieder gilt; es zählen nur die die vollen km.

Als WK sind somit abzugsfähig: 16 km × 211 Tage × 0,30 € =
./.1.013 €

Damit ist bereits der Arbeitnehmerpauschbetrag gemäß § 9a Nr.1a EStG überschritten und entfällt. **4 P**

2.1.2. Die Kontoführungsgebühren auf dem Gehaltskonto stellen grundsätzlich nicht abziehbare Kosten der privaten Lebensführung dar (§ 12 Nr. 1 EStG); nur soweit sie durch Gutschriften von Einnahmen aus dem Dienstverhältnis und durch berufliche veranlasste Überweisungen entstehen, sind sie WK (H 33 „Kontoführungsgebühren" LStH); im Allgemeinen kann pauschal ein Betrag von 16 € abgezogen werden: ./. 16 €

Einkünfte aus nichtselbständiger Arbeit (vor Anwendung des § 4f EStG) somit 678.971 €

Die Guthabenzinsen auf dem Girokonto gehören zu den Einkünften aus Kapitalvermögen gemäß § 2 Abs. 1 Nr. 5 i.V.m. § 20 Abs. 1 Nr. 7 EStG, die durch Überschuss der Einnahmen (§ 8 EStG) über die Werbungskosten (§ 9 EStG) ermittelt werden; trotz des fehlenden Freistellungsauftrags dürfte die Sparkasse keinen Zinsabschlag einbehalten haben, weil bei einer 1 %-igen Guthabenverzinsung auf Sichteinlagen gemäß § 43 Abs.1 Nr. 7 Buchstabe b Doppelbuchstabe bb EStG kein Zinsabschlag erhoben zu werden braucht.

Einnahmen 2.870 €

Auch hier stellen die Kontoführungsgebühren grundsätzlich nicht abziehbare Kosten der privaten Lebensführung dar.

Auch die anteilig auf K entfallenden Guthabenzinsen aus der vom Verwalter angelegten Instandhaltungsrücklage (vgl. Tz. 2.2.) stellen Einnahmen aus Kapitalvermögen (R 21.2 Abs. 2 EStR) i.S.d. § 20 Abs. 1 Nr. 7 EStG dar, allerdings brutto einschließlich der abgeführten 30%-igen Zinsabschlagsteuer (Kapitalertragertragsteuer nach § 43 Abs. 1 Nr. 7 i.V.m. § 43 a Abs. 1 Nr. 3 EStG) und des darauf zu berechnenden 5,5%-igen SolZ. Eine Zuordnung zu den Einnahmen aus Vermietung und Verpachtung nach der Subsidiaritätsklausel des § 20 Abs. 3 EStG i.V.m. § 21 EStG scheidet aus. Als nicht körperschaftsteuerpflichtiger Personenzusammenschluss darf die Wohnungseigentümergemeinschaft einen Freistellungsauftrag nicht erteilen, so dass die Kapitalerträge grundsätzlich dem Zinsabschlag unterliegen. Auch ein Verzicht auf den Zinsabschlag bei losen Personenzusammenschlüssen aus Vereinfachungsgründen entfällt, weil die Wohnungseigentümergemeinschaften ausdrücklich nicht als „loser Personenzusammenschluss" anzusehen sind (BMF vom 5.11.2002, BStBl. I S. 1346, Tz. 39-43).

Einnahmen: 680 € × 100/68,35 =	+ 994 €
Summe der Einnahmen	3.864 €
Werbungskosten; hier Pauschbetrag gemäß § 9a Nr. 2 EStG:	./. 51 €
Sparerfreibetrag gemäß § 20 Abs. 4 EStG	./. 750 €
Einkünfte aus Kapitalvermögen	**3.063 €**
	7 P

2.2. Aus der im Privatvermögen gehaltenen vermieteten Eigentumswohnung in Bremen-Schwachhausen erzielt K Einkünfte aus Vermietung und Verpachtung i.S.d. § 2 Abs. 1 Nr. 6 i.V.m. § 21 Abs. 1 EStG, die durch Überschuss der Einnahmen (§ 8 EStG) über die Werbungskosten (§ 9 Abs. 1 EStG) ermittelt werden.

Einnahmen: 11 × 1.000 € Warmmiete (bis November 2008 einschließlich)= 11.000 €

Auch das in 2008 vereinnahmte Entgelt für die Bestellung („Veräußerung") des Nießbrauchsrechts (Zuwendungsnießbrauch i.S.d. Tz. 37 des BMF-Schreibens vom 24.7.1998) stellt eine Einnahme aus Vermietung und Verpachtung dar; es wirkt wie eine vereinnahmte Mietvorauszahlung.

Eine Verteilung auf die Laufzeit des genau 5-jährigen Nießbrauchsrechts ist nicht möglich: Zum einen ist die Billigkeitsregelung in Tz. 29 des BMF-Schreibens vom 24.7.1998 durch die Gesetzesänderung des § 11 Abs. 1 Satz 3 EStG überholt, zum anderen sieht genau dieser § 11 Abs. 1 Satz 3 EStG optional nur dann eine Verteilung der Einnahmen vor, wenn für eine Nutzungsüberlassung von **über** 5 Jahren eine Einnahme im Voraus erzielt wurde. Das ist hier nicht der Fall: + 60.000 €

Summe der Einnahmen 71.000 €

Werbungskosten:

Die Einzahlung in die Instandhaltungsrücklage führt nicht sofort zum Werbungsabzug, sondern erst im Zeitpunkt der Verausgabung durch den Verwalter (H 21.2 „Werbungskosten" EStH); daher sind die in 2008 für die Dachsanierung gezahlten anteiligen 3.000 € WK: ./. 3.000 €

Die von K 2008 gezahlten laufenden Hauskosten stellen WK dar (§ 9 Abs. 1 EStG):

11 × 140 € (bis November 2008 einschließlich)= ./. 1.540 €

Abschreibung (§ 9 Abs. 1 Nr. 7 i.V.m. § 7 Abs. 4 Nr. 2a EStG)

Die AfA in Höhe von 2 % der Gebäudeanschaffungskosten ist für das ganze Jahr zu gewähren, weil K auch durch die entgeltliche Zuwendungsnießbrauchsbestellung Einnahmen aus Vermietung und Verpachtung erzielt. Da das Baujahr des Objekts 1970 ist, kommt nur die Gebäude-AfA nach § 7 Abs. 4 Nr. 2a EStG in Betracht. Auch die Anschaffungsnebenkosten, wie die Notar- und Gerichtskosten und die 3,5 %-ige Grunderwerbsteuer, zählen zur AfA-Bemessungsgrundlage, soweit sie nicht auf den nicht dem Wertverzehr unterliegenden Grund und Boden entfallen. Nicht dazu gehören allerdings die Teile des Kaufpreises, die auf den anteiligen Erwerb der vom Veräußerer angesparten Instandhaltungsrücklage entfallen (H 7.3 „Anschaffungskosten" EStH); diese sind auch nicht grunderwerbsteuerpflichtig (BFH-Urteil vom 9.10.1991 BStBl. 1992 II S. 152).

Danach ergibt sich folgende Berechnung:

Kaufpreis	100.000 €	
Instandhaltungsrücklage	./. 4.600 €	
AK des Grundstücks	95.400 €	
Notar- und Gerichtskosten	+ 2.000 €	
GESt 3,5 % von 95.400 €	+ 3.339 €	
Gesamt-AK des Grundstücks	100.739 €	
Grund und Boden 10 %	./.10.073 €	
Gebäude-AK	90.666 €	
× 2 % AfA	1.814 €	./. 1.814 €
Einkünfte aus Vermietung und Verpachtung		**64.646 €**
		9 P

3. Grundstück

Die zu eigenen Wohnzwecken selbst bewohnte Wohnung ist grundsätzlich steuerlich irrelevant. Allerdings kann K gemäß § 35a Abs. 2 EStG eine Steuerermäßigung für Handwerkerleistungen im Zusammenhang mit Erhaltungsaufwendungen im inländischen Haushalt geltend machen. Dabei sind das ganze Haus betreffende Aufwendungen nach dem Nutzflächenverhältnis (hier 50:50) aufzuteilen; nicht begünstigt sind allerdings Materialkosten. Aus den Tz. 3.4. und 3.5. ergeben sich Aufwendungen in diesem Sinne in Höhe von:

Schornsteinfegergebühren	206 € × ½ =	103 €
Erneuerung der Elektroinstallationen	2.400 € × ½ =	1.200 €
Summe der Aufwendungen (ohne Materialkosten)		1.303 €
davon 20 %		261€
höchstens 600 €		

3 P

3.1. Aus der vermieteten Wohnung des Zweifamilienhauses erzielt K Einkünfte aus Vermietung und Verpachtung i.S.d. § 2 Abs. 1 Nr. 6 i.V.m. § 21 Abs. 1 EStG, die durch Überschuss der Einnahmen (§ 8 EStG) über die Werbungskosten (§ 9 Abs. 1 EStG) ermittelt werden.

Einnahmen: 12 × 1.400 € =	16.800 €
Werbungskosten:	
Laufende Hauskosten (§ 9 Abs. 1 EStG) und Schornsteinfegergebühren	
(Tz. 3.5.) 206 € + 12 × 400 € = 5.006 €	
davon ½ =	./. 2.503 €
	2 P

3.2. Grundsätzlich sind Erhaltungsaufwendungen WK (§ 9 Abs. 1 EStG i.V.m. R 21.1 EStR). Ob allerdings Instandhaltungs- und Modernisierungsmaßnahmen zu sofort abzugsfähigen Erhaltungsaufwendungen führen, hängt davon ab, ob die Nettoinstandhaltungsaufwendungen der Maßnahmen in den ersten drei Jahren seit dem Erwerb 15 % der Gebäudeanschaffungskosten nicht übersteigen (§ 6 Abs. 1 Nr. 1a i.V.m. § 9 Abs. 5 Satz 2 EStG). Zu diesen sog. anschaffungsnahen Herstellungskosten zählen nicht jährlich üblicherweise anfallende Erhaltungsaufwendungen sowie Aufwendungen für Erweiterungen (wie für den Einbau der zusätzlichen Haustür). Anhaltspunkte für das Vorliegen von Anschaffungskosten gemäß § 255 HGB nach der sog. Standardhebungstheorie des BFH (vgl. BMF vom 18.7.2003) liegen nicht vor.

Bei der Prüfung der 15%-Grenze ist dabei nach dem Gesetzeswortlaut ausdrücklich auf das gesamte Gebäude abzustellen.

Danach ergibt sich folgende Berechnung:

Instandhaltungs- und Modernisierungskosten:		(Tz. 3.2.)	40.000 €
Sanierung der Elektroinstallation		(Tz. 3.4.)	28.000 €
Summe der Kosten			68.000 €
netto ohne Umsatzsteuer:	40.000 € × 100 / 116 =	34.482	
	28.000 € × 100 / 119 =	23.529	
		58.011	58.011 €

Ermittlung der Gebäudeanschaffungskosten:

Kaufpreis	290.000 €
Immobilienmaklercourtage	+ 3.000 €
Gesamtkaufpreis	293.000 €
Grund und Boden 25 %	./. 73.250 €
Gebäudeanschaffungskosten	219.750 €
× 15 %	32.963 €

Damit ist die 15%-Grenze des § 6 Abs. 1 Nr. 1a EStG (32.963 €) durch die Nettoinstandhaltungskosten (58.011 €) überschritten, so dass beide genannten Aufwendungen zu den anschaffungsnahen Herstellungskosten zählen und somit nur über die Gebäude-AfA geltend gemacht werden können.

Dass der Steuerpflichtige nach § 82b EStDV die Aufwendungen für die im Jahre 2006 durchgeführten Maßnahmen bereits 2 Jahre lang als WK geltend gemacht hatte und eine Verteilung nach § 82b EStDV vorgenommen wurde, obwohl offenbar schon 2006 allein durch die Dachsanierung die 15%-Grenze überschritten war, aber das Finanzamt sich über die Qualifizierung dieses Aufwands noch im Unklaren war, ist hierbei irrelevant. Soweit die Bescheide 2006 und 2007 vorläufig hinsichtlich der Einkünfte aus Vermietung und Verpachtung nach § 165 AO veranlagt wurden, ist eine Berichtigung durchzuführen. Eine weitere Verteilung nach § 82b EStDV scheidet aus.

Es ergibt sich folgende Berechnung der Gebäude-AfA nach § 9 Abs. 1 Nr. 7 i.V.m. § 7 Abs. 4 Nr. 2b EStG – Baujahr vor 1925 –:

Kaufpreis	290.000 €
Immobilienmaklercourtage	+ 3.000 €
Gesamtkaufpreis	293.000 €
Grund und Boden 25 %	./. 73.250 €
Gebäudeanschaffungskosten	219.750 €
selbst bewohnter Teil ½	./. 109.875 €
AK der vermieteten Wohnung	109.875 €
nachträgliche HK: 40.000 € × 1/2	+ 20.000 €
3.4. 28.000 € × 1/2	+ 14.000 €
AfA-BMG	143.875 €
× 2,5 % (für 12 Monate)	3.597 €

./. 3.597 €

Nach R 7.4 Abs. 9 Satz 3 EStR sind dabei nachträgliche HK so berücksichtigen, als wäre die Maßnahme zu Beginn des Jahres der Fertigstellung abgeschlossen worden.

3.3. Der erstmalige Einbau einer zusätzlichen Haustür führt grundsätzlich zu nachträglichen Herstellungskosten, weil bisher nicht Vorhandenes eingebaut wurde (Erweiterung); allerdings sieht R 21.1 Abs. 2 Satz 2 EStR bei Nettokosten ohne Umsatzsteuer von nicht mehr als 4.000 € pro Einzelbaumaßnahme aus Vereinfachungsgründen den sofortigen Abzug als WK vor; die Kosten belaufen sich netto auf: 4.200 € × 100 / 119 = 3.530 €;

daher ist der Abzug zulässig; die Haustür betrifft nur die vermietete Wohnung:	./. 4.200 €
Einkünfte aus Vermietung und Verpachtung:	6.500 €
	9 P

3.6. Durch die Veräußerung des Grundstücks innerhalb von 10 Jahren seit dem Erwerb erzielt K Einkünfte aus privatem Veräußerungsgeschäft (sonstige Einkünfte) i.S.d. § 2 Abs. 1 Nr. 7 i.V.m.

§ 22 Nr. 2 i.V.m. § 23 Abs. 1 Nr. 1 EStG, die durch Abzug der Veräußerungs- und Werbungskosten und Anschaffungskosten (nach Abzug der bei den Einkünften aus Vermietung und Verpachtung in Anspruch genommenen Abschreibungen) vom Veräußerungserlös nach § 23 Abs. 3 EStG ermittelt werden. Der auf den selbst genutzten Teil des Objektes entfallende Veräußerungsgewinn ist dagegen gemäß § 23 Abs. 1 Nr. 1 Satz 3 EStG steuerfrei. Nach H 23 „Werbungskosten" EStH sind dabei WK und Veräußerungskosten unabhängig von § 11 Abs. 2 EStG im Jahr des Zuflusses des Veräußerungserlöses, hier also in 2008, abzusetzen. Der Zufluss erfolgte mit Vereinnahmung auf dem Konto.

Danach ergibt sich folgende Berechnung:

Veräußerungserlös	311.000 €	
davon vermieteter Teil 1/2	155.500 €	155.500 €
Grund und Boden	73.250 €	
davon vermieteter Teil 1/2	36.625 €	./. 36.625 €
Gebäude-AK 2006	109.875 €	
nachtr. HK 2006	+ 20.000 €	
AfA – BMG 2006	129.875 €	
AfA 2006 2,5 % 10/12 ab 1.3.2006	./. 2.706 €	
AfA 2007 2,5 % 12/12	./. 3.247 €	
nachtr. HK 2008	+ 14.000 €	
AfA 2008 2,5 % 12/12	./. 3.597 €	
Restwert 31.12.2008	134.325 €	./. 134.325 €
WK / Veräußerungskosten	5.200 × ½	./. 2.600 €
Gewinn aus privatem Veräußerungsgeschäft		**./. 18.050 €**

Dieser Verlust ist gemäß § 23 Abs. 3 Satz 8 EStG nur mit Gewinnen aus der gleichen Einkunftsart (§ 23 EStG) zu verrechnen bzw. rück- bzw. vortragsfähig, wirkt sich aber auf das zvE 2008 nicht aus. **6 P**

4. Zusammenstellung:

§ 19 EStG: 678.971 € ./. 4.000 € (§ 4f EStG)	674.971 €
§ 20 EStG	+ 3.063 €
§ 21 EStG: 64.646 € + 6.500 €	+ 71.146 €
§ 22 EStG (Verlust)	0 €
Summe der Einkünfte	749.180 €
Altersentlastungsbetrag	---
Alleinerziehendenentlastungsbetrag	./. 1.308 €

Gesamtbetrag der Einkünfte	747.872 €
Sonderausgaben: 13.805 € + 6.100 €.	./. 19.905 €
außergewöhnliche Belastungen	-----
Einkommen	727.967 €
Kinderfreibeträge nach Günstigerprüfung	./. 5.808 €
zu versteuerndes Einkommen	**722.159 €**

Für K ist eine Einzelveranlagung mit Anwendung der Grundtabelle durchzuführen (§ 25 EStG i.V.m. § 32a Abs. 1 EStG). K's Einkommen unterliegt der „Reichensteuer" mit einem Spitzensteuersatz von 45 %, soweit es 250.000 € übersteigt.

tarifliche ESt:: 722.159 € × 45 % – 15.414 € =	309.557 €
Steuerermäßigungen: § 35a EStG	./. 262 €
Kindergeld	+ 1.848 €
festzusetzende ESt	**311.143 €**

3 P

Lösung Teil II

1. Fleischerei

Aus der Fleischerei erzielt E Einkünfte aus Gewerbebetrieb (§ 15 Abs. 1 Nr. 1 i.V.m. § 15 Abs. 2 EStG), die durch Betriebsvermögensvergleich (§ 4 Abs.1 i.V.m. § 5 EStG) ermittelt werden.

Gewinn bisher 124.789 €

Rente

1.1.Die Rentenverbindlichkeit war beim Erwerb passiviert, die erworbenen Wirtschaftsgüter waren mit den AK aktiviert worden (R 6.2 EStR). Aufwand ist nur der in den Rentenzahlungen enthaltene Zinsanteil, nicht der durch Verringerung des Barwerts errechenbare Tilgungsanteil. Ebenfalls BA stellt die wegen der Wertsicherungsklausel erforderliche Nachpassivierung des Rentenerhöhungsbetrages dar. Durch den Wegfall der Rentenverpflichtung ergibt sich eine Gewinnerhöhung im Zeitpunkt des Wegfalls, also des Todes des Rentenberechtigten (H 4.2 Abs.15 „Fortfall der Rentenverpflichtung" EStH).

Daraus ergeben sich folgende Korrekturen des Gewinns:

Nachpassivierung wegen Wirksamwerdens der Wertsicherungsklausel	./. 20.000
Tilgungsanteil der bisherigen Rente	+ 6.000
Tilgungsanteil des Erhöhungsbetrages	+ 600
Wegfall der Rentenverpflichtungen	+ 123.400

4 P

Spenden

1.2. Die AWO-Spende ist nicht betrieblich veranlasst (§ 4 Abs. 4 EStG), sondern eine Privatentnahme und lediglich als Sonderausgabe nach

§ 10 b Abs. 1 EStG

(9.000 €) zu berücksichtigen: + 9.000

Der Höchstbetrag von 20 % des GdE dürfte nicht überschritten sein.

Die Zuwendung an die politische Partei (FDP) führt ebenfalls zu einer

Privatentnahme: + 4.000

Stattdessen ist nach § 34g EStG eine Steuerermäßigung für Parteispenden von 50 % von 4.000 € = 2.000 €, höchstens 825 € zu gewähren, während der übersteigende Teil von 2.350 €, höchstens 1.650 € zu einer Sonderausgabe nach § 10b Abs. 2 EStG führt. Damit ist auch der Sonderausgaben-Pauschbetrag nach § 10c Abs. 1 EStG in Höhe von 36 € überschritten und entfällt.

Schulden

1.3. Die betrieblich veranlassten Schuldzinsen stellen Betriebsausgaben dar

(§ 4 Abs. 4 EStG), während das Disagio auf die Laufzeit der Zinsbindung

(H 6.10 (Damnum) EStH) zu verteilen ist.

37/48 von 3 % von 40.000 € = + 925

GmbH-Beteiligung

1.4. Die zutreffend aktivierte GmbH-Beteiligung stellt notwendiges oder gewillkürtes BV dar.

Die Buchung der Ausschüttung war unzutreffend, weil die abgeführte Kapitalertragsteuer und der SolZ zu den Betriebseinnahmen zählen:

$$2.600,00 \times \frac{100}{78,9} = 3.295,32$$

Der HB-Gewinn erhöht sich um 3.295,32 ./. 2.600,00 = + 695,32

Außerbilanziell ist nach dem HEV nach § 3 Nr. 40 Buchstabe d EStG die

Hälfte des Gewinnanteils als steuerfrei zu kürzen:

½ von 3.295,32 ./. 1.647,66

Gleichzeitig ist außerbilanziell die Hälfte der mit der Ausschüttung

zusammenhängenden Betriebsausgaben nach § 3 c Abs. 2 EStG dem

Gewinn hinzuzurechnen:

½ von 58,00 + 29

9 P

Aktien

1.5. Die Dividende stellt eine BE dar, weil die in der Bilanz aktivierten Aktien Betriebsvermögen darstellen:	
100 × 6,00 = 600	+ 600
Nach dem HEV nach § 3 Nr. 40 Buchstabe d EStG ist die Hälfte der Dividende außerbilanziell vom Gewinn zu kürzen.	./. 300
Die Depotgebühr ist außerbilanziell zur Hälfte nach § 3c Abs. 2 EStG dem Gewinn wieder hinzuzurechnen:	
½ von 60,00	+ 30

Gewerbesteuer

1.6. Die Gewerbesteuer ist ab EZ 2008 keine Betriebsausgabe mehr; handelsrechtlich stellt sie einen Aufwand dar, muss aber einkommensteuerrechtlich als nichtabziehbare Betriebsausgabe gemäß § 4 Abs. 5b EStG außerbilanziell dem steuerlichen Gewinn wieder hinzugerechnet werden.

Da hier bislang noch keine Gewinnminderung durch die Gewerbesteuer 2008 erfolgte, kann eine Korrektur unterbleiben.

Danach beträgt der einkommensteuerliche in die Anlage G einzutragende Gewinn:		248.120

Berechnung der Gewerbesteuernachzahlung für 2008:

Die Fleischerei stellt einen gewerbesteuerpflichtigen Gewerbebetrieb i.S.d. § 2 Abs. 1 GewStG dar. Steuerschuldner ist gemäß § 5 Abs. 1 GewStG E.

Gewinn aus Gewerbebetrieb (§ 7 GewStG)		248.120
Zu berücksichtigen sind die Hinzurechnungen nach § 8 GewStG und die Kürzungen nach § 9 GewStG:		
- § 8 Nr. 1 Buchstabe a GewStG: Entgelte für Schulden:		
Zinsen: 6 % von 40.000 × 11/12 =	2.200	
Disagio: 3 % von 40.000 × 11/48 =	275 (Abschn. 46 GewStR)	
	2.475	2.475

- § 8 Nr. 1b GewStG i.V.m.
Abschn. 49 Abs. 1, 3 GewStR

Rentenaufwand:	19.800		
	./. 6.000		
	./. 600		
	13.200	+ 13.200	

Der Wegfall der Rentenverbindlichkeit berührt die Hinzurechnung nicht (Abschn. 49 Abs. 3 Satz 2 GewStR), ebenso berührt die Nachpassivierung aufgrund des Wirksamwerdens der Wertsicherungsklausel die Hinzurechnung nicht (Abschn. 49 Abs. 3 Satz 3 GewStR).

Summe der Finanzierungsanteile i.S.d. § 8 Nr. 1 GewStG	15.675	
abzüglich Freibetrag von maximal 100.000 €:	./. 15.675	0

- § 9 Nr. 2a GewStG findet bei der Dividende aus den Aktien (1.5.) keine Anwendung (keine Beteiligung zu mindestens 15% am Grundkapital zu Beginn des EZ); aber nach § 8 Nr. 5 GewStG ist die steuerfreie Ausschüttung nach Saldierung mit den nicht abziehbaren BA, die mit der Ausschüttung zusammenhängen, dem Gewinn hinzuzurechnen:

	600,00		
× 1/2		300,00	
	60,00		
× 1/2		./. 30,00	
		270,00	+ 270

11 P

- § 9 Nr. 1 GewStG: 1,2 % des Einheitswerts des im BV befindlichen Grundbesitzes; bei EW ist nach § 121a BewG eine Korrektur vorzunehmen:

22.857 € × 140 % × 1,2 % = ./. 384

- Nach § 9 Nr. 2a GewStG ist die im steuerlichen Gewinn (§ 7 GewStG) enthaltene Ausschüttung aus der zutreffend aktivierten GmbH-Beteiligung im BV (nach Saldierung mit damit zusammenhängenden und abzugsfähigen Betriebsausgaben) zu kürzen, weil der Gewerbetreibende zu Beginn der EZ zu mindestens 15 % am Stammkapital der GmbH beteiligt war.

	3.295,32		
× ½		1.647,66	
	58,00		
× ½		./. 29,00	
		1.618,66	gerundet: ./. 1619

- § 9 Nr. 5 GewStG: Für aus betrieblichen Mitteln geleistete Spenden (ohne Parteispenden – nicht im § 9 Nr. 5 GewStG enthalten) sieht § 9 Nr. 5 GewStG eine Kürzung vor – der Höchstbetrag (20 % des Gewinns) wird

nicht überschritten: AWO – Spende		./. 9.000
vorläufiger Gewerbeertrag:		237.387
gerundet (§ 11 GewStG)		237.300
Freibetrag (§ 11 GewStG)		./. 24.500
verbleibender Betrag		212.800
× 3,5 % (Steuermesszahl) = Steuermessbetrag		7.448
× 440 % Hebesatz = GewSt		32.771
./. Vorauszahlungen		16.000
nachzubuchende Rückstellung in der Handelsbilanz (= Nachzahlung für 2008)		16.771
		======
§ 35 EStG: Ermäßigungsbetrag 2008:	7.448 × 3,8 =	28.303 €
		======
		9 P

2. Kommanditist

Aus seiner Beteiligung an der rein vermögensverwaltenden GmbH & Co. KG erzielt E Einkünfte als Mitunternehmer i.S.d. § 15 Abs. 1 Nr. 2 EStG, weil die typische vermögensverwaltende GmbH & Co. KG (wie diese) durch die gewerbliche Prägung nach § 15 Abs. 3 Nr. 2 EStG einen Gewerbebetrieb darstellt. Die Beteiligung befindet sich nicht im BV der Fleischerei. Unabhängig von tatsächlichen Zahlungen sind nach den §§ 179, 180 AO festgestellte Gewinne von den Beteiligten zeitkongruent zu versteuern:

Gewinnanteil 2008 (§ 15 Abs. 1 Nr. 2 EStG)	
20 % von 600.000 € =	120.000 €
zuzüglich Gewinn aus Gewerbebetrieb (Fleischerei, Tz. 1)	248.120 €
	=========
E' s Gewinn i.S.d. § 15 EStG 2008 beläuft sich damit insgesamt auf:	**368.120 €.**
	=========
	4 P

Lösung Teil III

Die A-KG ist eine Personengesellschaft, deren Gesellschafter als Mitunternehmer anzusehen sind; sie tragen Mitunternehmerrisiko und entfalten Mitunternehmerinitiative (H 15.8 EStH). Die Mitunternehmerschaft erzielt Einkünfte aus Gewerbebetrieb i.S.d. § 15 Abs.3 Nr.1 EStG aus originär gewerblicher Tätigkeit, die durch Betriebsvermögensvergleich (§ 4 Abs. 1 und § 5 EStG) ermittelt und im Rahmen der gesonderten und einheitlichen Gewinnfeststellung (§§ 179, 180 AO) festgestellt und den Gesellschaftern zugerechnet werden. Der steuerliche Gesamtgewinn der PG setzt sich zusammen aus dem Saldo der Ergebnisse der Gesamthandsbilanz und aller Ergänzungs- und Sonderbilanzen. Die Mitunternehmer haben ihre Gewinnanteile nach § 15 Abs. 1 Nr. 2 EStG zu versteuern. Dazu gehören auch Vergütungen, die der Mitunternehmer erhält aus der Vermietung ihm allein gehörender Wirtschaftsgüter an seine PG, aus der Überlassung von Darlehen an seine PG und für eine Tätigkeit im Dienste der Gesellschaft. Die betreffenden Wirtschaftsgüter stellen Sonderbetriebsvermögen dar, damit zusammenhängende Aufwendungen sind Sonderbetriebsausgaben. Auch für das SBV gilt der Betriebsvermögensvergleich (H 5.1.EStH). In der Praxis sind aus Vereinfachungsgründen auch außerbilanzielle, von der Handelsbilanz ausgehende steuerliche Gewinnkorrekturen anzutreffen. Beim haftungsbeschränkten Kommanditisten A sind die Verlustausgleichsbeschränkungen des § 15a EStG zu beachten.

Neben dem Beteiligungskonto (Kapitalkonto I), das die Pflichteinlage des A ausweist, zählt auch das sich auf gesellschaftsrechtlicher Basis entwickelnde Kapitalkonto II zum steuerlichen Kapitalkonto dazu. Das auf schuldrechtlicher Basis gewährte Darlehen, welches kein kapitalersetzendes Darlehen ist, hat zwar Eigenkapitalcharakter i.S.d. § 15 Abs. 1 Nr. 2 EStG, jedoch Fremdkapitalcharakter i.S.d. § 15a Abs. 1 EStG. Daher zählt es nicht zum steuerlichen Kapitalkonto des A dazu, sondern zum Bereich des Sonderbetriebsvermögens (vgl. BMF vom 30.5.1997, BStBl. I 627).

Daraus ergibt sich folgendes Verlustausgleichsvolumen I:

Kapitalkonto I	60.000 €
Kapitalkonto II	30.000 €
	90.000 €
	=======

Somit kann von dem Verlustanteil aus dem Gesamthandsbereich ein Betrag von 90.000 € ausgeglichen bzw. abgezogen werden, weil der darüber hinausgehende Verlustanteil zu einem negativen Kapitalkonto führt. Der übersteigende Betrag von 80.000 € wird als verrechenbarer Verlust festgestellt (§ 15a Abs. 2 EStG).

Der Gewinn aus der Sonderbilanz des A im Zusammenhang mit dem hingegebenen Gesellschafterdarlehen („Zinsen“) gehört zum Gewinnanteil des A für 2008 dazu; er ist nicht mit dem nur verrechenbaren Verlust zu saldieren (H 15a „Saldierung“ EStH):

6 % von 80.000 € × 6/12 = 2.400 €

Insgesamt hat A somit einen Verlustanteil gemäß § 15 Abs. 1 Nr. 2 EStG in Höhe von ./. 87.600 € in der Einkommensteuerveranlagung 2008 anzusetzen. **8 P**

Summe **100**

Umsatzsteuer 1. Klausur

Bearbeitungszeit: 5 Zeitstunden
(siehe auch Vorschläge zur Zeiteinteilung
in den Einzelsachverhalten)

Hilfsmittel: Gesetzestexte, Richtlinien und Erlasse, Taschenrechner

I. Allgemeine Hinweise

1. Alle angesprochenen Unternehmer versteuern ihre Umsätze nach den allgemeinen Vorschriften des UStG und nach vereinbarten Entgelten. Sie geben monatlich Voranmeldungen ab. Im innergemeinschaftlichen Waren- und Dienstleistungsverkehr verwenden sie die USt-IdNr. ihres Heimatlandes.
2. Liefer- und Erwerbsschwellen gelten als überschritten, soweit sich aus dem Sachverhalt nichts anderes ergibt.
3. Erforderliche Belege und Aufzeichnungen sind vorhanden. Rechnungen und Belege sind ordnungsgemäß, soweit aus dem Sachverhalt nichts anderes ersichtlich ist.
4. Gemischt genutzte Wirtschaftsgüter werden insgesamt dem Unternehmen zugeordnet, außer im Einzelsachverhalt ergeben sich abweichende Angaben.
5. Die Bemessungsgrundlage für ggf. steuerfreie Umsätze ist anzugeben.
6. Auf die Anwendung von § 19 UStG wurde ggf. verzichtet.

II. Aufgabe

Beurteilen Sie die nachstehenden Sachverhalte des Kalenderjahres 2008 umsatzsteuerrechtlich hinsichtlich der natürlichen Personen Anton Engel (AE), Birgit Engel (BE) und der Anton Engel GmbH (E-GmbH).

Zur Unternehmereigenschaft und ggf. zum Rahmen des Unternehmens des AE, der BE und der E-GmbH ist jeweils Stellung zu nehmen. Eine weitere Klausureinleitung zur Besteuerungsform und zum Besteuerungsverfahren ist <u>nicht</u> zu fertigen.

Andere Unternehmer sind nicht zu prüfen. Die Einzelfälle 1 – 12 können in beliebiger Reihenfolge gelöst werden.

Allgemeines und Sachverhalt (Zeitvorschlag ca. 10 Minuten)

Anton Engel (AE) hält 60 % der Beteiligungsanteile an der E-GmbH mit Sitz im Osten der Stadt Bremen. Ferner ist er alleiniger Geschäftsführer und erhält ein Geschäftsführergehalt in Höhe von 11.900 € monatlich. Die E-GmbH betreibt einen Groß- und Versandhandel für Kinderspielzeug und hat sich insbesondere auf den Handel mit Eisenbahnspielzeug spezialisiert.

AE bekommt ferner als Gesellschafter-Geschäftsführer einen betrieblichen Pkw überlassen (Hinweis Fall 11). AE verkauft seine Anteile an der E-GmbH zum 31.12.2008 (Hinweis Fall 12).

Die betrieblichen Räume der E-GmbH sind von der Ehefrau Birgit Engel (BE), die mit 40 % an der E-GmbH beteiligt ist, mit längerfristigem Mietvertrag angemietet (Hinweis Fall 1).

Fall 1 (Zeitvorschlag ca. 45 Minuten)

Zwischen Birgit Engel (BE) und der E-GmbH wurde folgender Mietvertrag vereinbart:

St-Nr. 73-123-45678 Vertrag 01/07

Mietvertrag

Birgit Engel, wohnhaft Beim Sattelhof 1, 28309 Bremen, vermietet ab dem 1. Juli 2007 an die Anton Engel GmbH, vertreten durch Anton Engel, wohnhaft Beim Sattelhof 1, 28309 Bremen, die Betriebsräume im Witwe-Bolte-Weg 13, 28329 Bremen zum Mietpreis von 6.000 € plus gesetzliche USt (z. Zt. 1.140 €).

Die Miete ist jeweils zum Monatsbeginn fällig.

Bremen, den 1.7.2007

(Birgit Engel) (Anton Engel)

Die betrieblichen Räume wurden Ende 2005 erbaut (Baukosten 1 Million € netto zzgl. 160.000 € USt) und ab dem 1. Januar 2006 zunächst an die Stadtgemeinde Bremen vermietet (Nutzung durch das Jugendamt). Seit dem 1. Juli 2007 wird das Grundstück insgesamt an die E-GmbH vermietet (siehe Mietvertrag).

10 % der Nutzfläche im Erdgeschoss, die die E-GmbH bislang nicht benötigte, die jedoch in Zukunft bei Bedarf als zusätzliches Büro zur Verfügung stehen soll, werden seit diesem Zeitpunkt von der E-GmbH an den Versicherungsvertreter Hugo Klein (Generalrepräsentant und Bezirksdirektor der Allianzversicherung AG laut Leuchtreklame im Eingangsbereich) für 800 € Miete monatlich zzgl. gesondert ausgewiesener USt mit einer festgelegten Mindestmietdauer von 5 Jahren als Büroräume untervermietet.

Fall 2 (Zeitvorschlag ca. 20 Minuten)

Die E-GmbH schließt am 3. Jan. 2008 einen Liefervertrag mit der Roussel S. A. in Dijon (Frankreich) über die Lieferung von Spielzeugeisenbahnteilen über € 185.000 netto ab.

Die E-GmbH hat sich die französische Identifikations-Nr. ihrer regelversteuernden Vertragspartnerin mitteilen lassen. Vertragsgemäß bringt ein Auslieferungsfahrer der E-GmbH die Spielzeugeisenbahnteile mit einem firmeneigenen LKW am 6. Februar 2008 nach Dijon und übergibt diese vor Ort.

Der Buchhalter der E-GmbH (Herr Manfred Ohnesorge) hat noch im Februar 2008 eine Rechnung in Höhe von 185.000 € netto zuzüglich 35.150 € USt erteilt.

Der Überweisungsbetrag der Roussel S. A. beträgt jedoch lediglich 185.000 €, da der französische Buchhalterkollege Jacques LaRouge mittels FAX mitteilt, dass er die Rechnung handschriftlich auf diese Summe korrigiert habe.

Fall 3 (Zeitvorschlag ca. 10 Minuten)

Der bayerische Unternehmer Lothar Mattlaus (München) ordert 3.000 Päckchen Duplo-Eisenbahnstartersets für Kleinkinder bei der E-GmbH. Die Auslieferung der Sets erfolgt per Eisenbahnfracht (im Auftrag der E-GmbH) im Januar 2008 direkt an den gewerblichen Abnehmer des Unternehmers Mattlaus in Bern (Schweiz).

Die E-GmbH berechnet laut Ausgangsrechnung vom 15. Januar 2008 16.000 €.

Fall 4 (Zeitvorschlag ca. 20 Minuten)

Die E-GmbH veräußert im März 2008 einen Posten Bahnübergänge mit Bahnwärterhäuschen aus Plastik an die Fabian Faber KG in Verden zum Verkaufpreis von zunächst 30.000 € netto.

Die Faber KG zahlt per Scheck im selben Monat eine Anzahlung von 14.280 € an und erhält eine ordnungsgemäße Vorauszahlungsrechnung.

Auf Weisung der Fabian Faber KG liefert die E-GmbH den Posten im April 2008 mit einem eigenen Lkw direkt an den dänischen gewerblichen Abnehmer der Faber KG nach Kopenhagen (Dänemark) aus und berechnet für erhöhte Frachtkosten zusätzlich 3.000 € netto.

Aufgrund einer Mängelrüge der Fabian KG im Mai 2008 einigen sich die E-GmbH und die Fabian KG, die in Dänemark keinen innergemeinschaftlichen Erwerb erklärte, auf einen Preisnachlass von 15 % auf Preis und Nebenkosten.

Fall 5 (Zeitvorschlag ca. 35 Minuten)

Die E-GmbH erwirbt von dem Unternehmer Nötzli (Bern/Schweiz) einen Posten von 10.000 Spielzeuganhängern mit dem Aufdruck „Total" mit der Standardspurweite für Märklin Spielzeugeisenbahnen zur Lieferkondition unverzollt und unversteuert, „frei ab Werk Schweiz".

Die E-GmbH beauftragt ein Speditionsunternehmen aus der Schweiz mit der Abholung der Ware aus der Schweiz und der direkten Auslieferung an die Fa. Toy-Us in Bremen (Lieferkondition „frei Haus Bremen").

Beim deutschen Zoll wird am 17. November 2008 eine Einfuhrumsatzsteuer im Namen der E-GmbH in Höhe von 2.500 € entrichtet. In der Bemessungsgrundlage für die Einfuhr sind die Transportkosten enthalten. Die E-GmbH erteilt der Fa. Toy-Us im Dezember 2008 eine Rechnung in Höhe von 30.000 € netto zzgl. USt.

Das Speditionsunternehmen aus der Schweiz berechnet der E-GmbH umgerechnet 7.000 € ohne USt für den Transport, der im November 2008 durchgeführt und von der E-GmbH durch Überweisung bezahlt wird. Hinsichtlich der Transportleistung des Speditionsunternehmens aus der Schweiz wendet die E-GmbH den Übergang der Steuerschuld nach § 13b UStG an.

Hinweis:

Die E-GmbH weist nach, dass sie die Spielzeuganhänger als Lieferer versendet.

Fall 6 (Zeitvorschlag ca. 20 Minuten)

Die E-GmbH bekommt einen größeren Lieferauftrag der Play-Toy AG mit Sitz in Hamburg über 6.000 Packungen von Spielzeugeisenbahnsets, bestehend aus einem Gleisoval, einem Netzteil, einer Lokomotive und drei Güterwagen.

Nach Eingang des oben genannten Lieferauftrags beauftragt die E-GmbH unter Verwendung ihrer deutschen USt-IdNr. den französischen Unternehmer René Pabu aus Sarrebourg (Frankreich), die bei der E-GmbH bestellten Sets zu fertigen.

Pabu läßt die Sets nach Rücksprache mit der E-GmbH im Monat Juli 2008 direkt per Eisenbahnfracht zur Play-Toy AG mit Sitz in Hamburg befördern. Pabu trägt das Transportrisiko und berechnet für seine Leistungen im selben Monat 480.000 € netto.

Die E-GmbH erteilt der Play-Toy AG Ende August 2008 eine ordnungsgemäße Rechnung über insgesamt 714.000 € brutto.

Fall 7 (Zeitvorschlag ca. 35 Minuten)

Die E-GmbH erwirbt von einem belgischen Importeur einen größeren Posten Eisenbahnschienen der Marke „Elch-Trans" zum Kaufpreis von 100.000 € netto.Die Schienen hat der belgische Importeur von dem schwedischen Herstellerwerk geordert und darum gebeten, dass die Ware direkt an die E-GmbH nach Bremen per Lkw ausgeliefert werden.

Das Herstellerwerk befördert die Schienen im Dezember 2008 mit eigenem Lkw direkt nach Bremen.

Der belgische Importeur erteilt der E-GmbH eine ordnungsgemäße Rechnung ohne USt-Ausweis und weist auf ein gemeinschaftliches Dreiecksgeschäft hin.

Fall 8 (Zeitvorschlag ca. 25 Minuten)

Die E-GmbH beschafft im Juli 2008 1.000 Pakete mit Druckmeldern und elektrischen Bahnschranken einschließlich Dekorationsfiguren.

Die Pakete werden im Juli 2008 von der Spiel & Spaß GmbH in Oldenburg mit der Postenbezeichnung KO 05/2008 zur Verfügung gestellt und von dieser in das Lager der E-GmbH gebracht.

Die Spiel & Spaß GmbH erklärt sich damit einverstanden, dass der Verkauf im Namen der E-GmbH und die Abrechnungen durch die E-GmbH erfolgen.

Am Silvestertag 2008 geht folgendes Schreiben der E-GmbH bei der Spiel & Spaß GmbH ein:

Anton Engel GmbH	Bremen, den 30.12.2008
Witwe-Bolte Weg 13	Gutschrift 9/2008
28329 Bremen	Id-Nr. DE yyyyyyyyy
Id-Nr. DE xxxxxxxxx	Spiel & Spaß GmbH

Spiel & Spaß GmbH

Theodor-Fontane-Str. 3

26131 Oldenburg

Gemäß unserer Vereinbarung wurden von dem Posten KO 05/2008 folgende Erlöse durch Verkauf erzielt:

Juli	2008	2.000 €
August	2008	3.000 €
September	2008	3.000 €
Oktober	2008	5.000 €
November	2008	8.000 €
Dezember	2008	9.000 €
(500 Stück)		30.000 €
abzüglich vereinbarter Provisionsanteil 30 %		9.000 €
Gutschrift		21.000 €
zuzüglich 19 % Umsatzsteuer		3.990 € USt
		24.990 €

Hinweis:
Von dem Posten KO 05/2008 sind z. Zt. noch 400 Stück auf Lager. Gemäß heutiger Absprache erfolgt die Abrechnung von 100 Stück noch nicht, weil diese Entgelte aus einer Sonderbestellung noch nicht im Dezember 2008 vereinnahmt wurden.

Anton Engel
– Geschäftsführer –

Fall 9 (Zeitvorschlag ca. 10 Minuten)

Die E-GmbH befindet sich seit der zweiten Jahreshälfte 2008 in einem kleinen Liquidationsengpass und nimmt daher ein Geschäftsdarlehen in Höhe von 300.000 € bei der Deutsche Bank auf. Diese besteht auf eine Sicherungsübereignung mehrerer Lastkraftwagen der E-GmbH, die auch im Juli 2008 erfolgt. Die Fahrzeugbriefe werden bei der Deutschen Bank hinterlegt. Die Deutsche Bank berechnet monatlich 2.300 € Zinsen zuzüglich 437 € USt.

Fall 10 (Zeitvorschlag ca. 45 Minuten)

Die E-GmbH liefert im Oktober 2008 die Einzelteile für eine komplette Luxuseisenbahn (ohne Aufbau) an einen dänischen Pensionär (ehemaliger Bahnhofsvorsteher aus Aarhus) für dessen private Sammlung.

Die E-GmbH liefert die hochwertigen Eisenbahnteile mit eigenem Auslieferungsfahrzeug in Aarhus aus und berechnet umgerechnet 8.000 € für diese Leistung. Aus der Einkaufsrechnung ihres Vorlieferanten zieht sich die E-GmbH im November 2008 Vorsteuern in Höhe von 800 € ab.

Die E-GmbH hat bei der Erteilung des o. g. Lieferauftrags ferner den getrennten Auftrag des Rentners erhalten, im eigenen Namen seltene Sammlerstücke von Kleinnachbauten aller Dampflokomotiven der Bauserie AdV 73 zu beschaffen.

Die E-GmbH kann die erforderlichen Lokomotiven bei unterschiedlichen Lieferanten ordern. Nach Eingang der kompletten Sammlung schickt die E-GmbH die Fracht per UPS im Nov. 2008 nach Aarhus und berechnet hierfür umgerechnet 7.000 €. Aus den Einkaufsrechnungen der Lieferanten zieht sich die E-GmbH im Voranmeldungszeitraum Oktober 2008 Vorsteuern in Höhe von 640 € ab.

Der Pensionär hatte ursprünglich beabsichtigt, den (hobbygerechten) Umbau seiner Villa in Aarhus durch eine dänische Spezialfirma ausführen zu lassen. Da die von ihm beauftragte dänische Spezialfirma den Termin infolge anderer Aufträge trotz vorheriger Zusage nicht einhalten konnte, beauftragt der Pensionär auf Anraten des AE im November 2008 die E-GmbH noch mit der Ausführung von reinen Montagearbeiten an bereits vorhandenen Bauteilen vor Ort, die noch im November 2008 beendet werden und von der E-GmbH mit umgerechnet 3.000 € abgerechnet werden.

Ferner benötigt der Pensionär entgegen seinen ersten Berechnungen noch einen kleinen Teil weiterer Schienen, Weichen und Zubehör, die er im Dezember 2008 mit seinem Pkw und dem mitgebrachten Anhänger bei der E-GmbH abholt. Er zahlt hierfür 1.800 € in bar.

Hinweis:

280.000 DKK entsprechen umgerechnet ca. 37.600 €.
Die E-GmbH rechnet nicht mit weiteren Folgeaufträgen nichtgewerblicher Auftraggeber aus Dänemark (Vorjahresumsatz Null).

Die Lieferungen an gewerbliche Abnehmer in Dänemark betragen in 2008 180.000 €.

Fall 11 (Zeitvorschlag ca. 15 Minuten)

Die E-GmbH bestellt im Dezember 2007 einen PKW-Kombi zum Kaufpreis von 30.000 € zuzüglich USt, der überwiegend betrieblich genutzt wird (Listenpreis 41.650 €). Die Eingangsrechnung geht am 7. Januar 2008 bei der E-GmbH bei Auslieferung des Fahrzeugs ein. Das Fahrzeug wird neben der betrieblichen Nutzung der E-GmbH ansonsten von AE für Privatfahrten genutzt.

Die E-GmbH führt kein Fahrtenbuch bezüglich der Nutzung dieses Fahrzeugs. Ein gesondert vereinbartes Entgelt wurde nicht gezahlt.

Fall 12 (Zeitvorschlag ca. 10 Minuten)

Mit Wirkung vom 31.12. 2008 veräußert AE seine 60 % der Anteile an der E-GmbH an die Hinz & Kunz GmbH in Delmenhorst zum Kaufpreis von 10 Millionen €.

Der von AE beauftragte Notar Dr. Tunichtgut übersandte der E-GmbH noch im Dezember 2008 seine Rechnung über 60.000 € zuzüglich 11.400 € USt.

Lösungsvorschlag

Die E-GmbH und Birgit Engel (BE) sind Unternehmer i. S. d. § 2 Abs. 1 UStG, weil sie eine gewerbliche oder berufliche Tätigkeit selbständig ausüben.

Das Unternehmen der E-GmbH umfasst den Groß- und Einzelhandel für Kinderspielzeug und die Vermietungsumsätze an Hugo Klein. Die unternehmerische Tätigkeit der BE besteht in der Vermietung der betrieblichen Räume an die E-GmbH. Anton Engel (AE) wird weder durch seine Eigenschaft als Nur-Gesellschafter, noch durch seine nichtselbständige Geschäftsführertätigkeit der E-GmbH oder durch die Veräußerung seiner E-GmbH-Anteile zum Unternehmer gemäß § 2 UStG.

Fall 1

a) Vermietung des Büros seitens der E-GmbH an Hugo Klein

Die E-GmbH erbringt an Hugo Klein steuerbare und steuerfreie monatliche Vermietungen gem. §§ 1 Abs. 1 Nr. 1, 3 Abs. 9, 3a Abs. 2 Nr.1a, 4 Nr. 12a, 13 Abs. 1 Nr. 1a S. 2 UStG (Ort Bremen).

BMG 952 €, VAZ Jan. – Dez. Eine Option zur Steuerpflicht ist gem. § 9 Abs. 2 UStG nicht zulässig, weil der Mieter Klein nicht zum Vorsteuerabzug gem. §§ 4 Nr.11, 15 Abs. 2 Nr. 1 UStG berechtigt ist.

Die ausgewiesene USt wird gem. §§ 13 Abs.1 Nr. 3, 14 c Abs. 1 UStG monatlich in Höhe von 152 € (VAZ Jan. - Dez.) geschuldet. Eine Rechnungsberichtigung ist möglich.

b) Vorsteuerabzug der E-GmbH aus der Anmietung von BE

Die E-GmbH erfüllt die grundsätzlichen Voraussetzungen zum Vorsteuerabzug gemäß § 15 Abs. 1 Nr. 1 UStG. Zum einen ist BE als Vermieterin Unternehmerin gemäß § 2, zum anderen liegt durch den Dauermietvertrag, der alle notwendigen Angaben nach § 14 Abs. 4 UStG enthält, eine grundsätzlich ordnungsgemäße Rechnung gem. § 14 Abs. 1 UStG vor.

Da allerdings hinsichtlich der 10 % Nutzungsfläche (Versicherungsbüro) die USt nicht nach allgemeinen Grundsätzen geschuldet wird (mangels ordnungsgemäßer Option, § 14c UStG reicht nicht aus), scheidet insoweit der Vorsteuerabzug aus. Hinsichtlich der eigenbetrieblichen Nutzung ist der Vorsteuerabzug entweder nicht ausgeschlossen oder nach § 15 Abs. 3 Nr. 1 UStG wieder zugelassen. 9/10 von 1.140 € = 1.026 € VoSt, VAZ Jan. – Dez.

c) Vermietung des Grundstücks von BE an die E-GmbH

BE erbringt an die E-GmbH steuerbare und grundsätzlich steuerfreie monatliche Vermietungen gem. §§ 1 Abs. 1 Nr.1, 3a Abs. 2 Nr. 1a, 3 Abs. 9, 4 Nr. 12a, 13 Abs. 1 Nr. 1a S. 2 UStG (Ort Bremen).

Die ausgeübte Option zur Steuerpflicht ist gemäß § 9 Abs. 1 UStG zwar zunächst möglich (Mieterin ist die E-GmbH als Unternehmerin), jedoch ist eine steuerpflichtige Vermietung nach § 9 Abs. 2 UStG nur insoweit zulässig, wie die E-GmbH als Mieterin das Grundstück ausschließlich für Umsätze verwendet, die den Vorsteuersteuerabzug nicht ausschließen (nicht jedoch steuerfreie Vermietung an Hugo Klein).

BMG 5.400 €, USt 1.026 €, VAZ Jan. – Dez.

Die zu hoch ausgewiesene USt in Höhe von 114 € wird monatlich gem. §§ 13 Abs.1 Nr. 3, 14 c Abs. 1 UStG (VAZ Jan. – Dez.) geschuldet. Eine Rechnungsberichtigung ist möglich.

d) Vorsteuerberichtigung § 15a UStG

Infolge der steuerpflichtigen Vermietung zu c) ist für ein Kalenderjahr eine Änderung der Verhältnisse innerhalb des 10-jährigen Berichtigungszeitraums 1.1.2006 – 31.12.2015)

(2006 ist das Kalenderjahr der erstmaligen Verwendung mit Vorsteuerausschluss, da steuerfreie Vermietung ohne Optionsmöglichkeit an die Stadtgemeinde Bremen

2008 anteilige steuerpflichtige Vermietung (9/10) an die E-GmbH)

gemäß § 15a Abs. 1 und 5 UStG eingetreten. Die Berichtigung zugunsten der BE ist in Höhe von 1/10 von 160.000 € = 16.000 €, davon 9/10 = 14.400 € durchzuführen. Die Berichtigungen erfolgen nach § 44 Abs. 4 UStDV bereits in den monatlichen Voranmeldungen Jan. bis Dez. 2008 anteilig mit jeweils 1.200 €.

Fall 2

a) Verkauf der Spielzeugeisenbahnteile

Die E-GmbH erbringt eine nach §§ 1 Abs. 1 Nr. 1, 3 Abs. 6 UStG steuerbare Beförderungslieferung mit Lieferort in Bremen.

Die Beförderungslieferung in das übrige Gemeinschaftsgebiet (Frankreich) ist im Rahmen des so genannten gewerblicher innergemeinschaftlicher Warenverkehrs nach §§ 4 Nr. 1b, 6a Abs. 1 UStG steuerfrei, da der Käufer Unternehmer ist und der Umsatz in Frankreich der Erwerbsbesteuerung unterliegt. Der Umsatz ist in Höhe von 185.000 € in der Voranmeldung Febr. zu erfassen, die E-GmbH hat eine besondere Rechnung zu erteilen und den Umsatz in der ZM für das 1. Quartal gem. §§ 10 Abs. 1, 14a Abs. 3, 18a Abs. 5, 18b S. 2 UStG zu erklären.

b) unzutreffende Rechnungserteilung mit USt-Ausweis

Infolge der unzutreffend gesondert ausgewiesenen USt in Höhe von 35.150 € schuldet die E-GmbH diese Steuer gemäß § 14c Abs. 1 UStG mit Ablauf des Voranmeldungszeitraum Febr. gem. § 13 Abs. 1 Nr. 3 UStG. Eine grundsätzlich zulässige Rechnungsberichtigung gemäß § 14c Abs. 1 S. 2 UStG ist nicht wirksam erfolgt (Korrektur durch E-GmbH, A 190c Abs. 6 UStR).

Fall 3

Bei der Lieferung der E-GmbH an Mattlaus handelt es sich um eine steuerbare Reihenversendungslieferung gemäß §§ 1 Abs. 1 Nr.1, 3 Abs. 1, 3 Abs. 6 S. 1 und 5 UStG mit Lieferort in Bremen.

Die Warenbewegung ist der Lieferung der E-GmbH an Mattlaus (so genannte warenbewegte Lieferung) und nicht der Lieferung des Mattlaus an dessen Abnehmer in der Schweiz (hier ruhende Lieferung) zuzuordnen, weil die E-GmbH den Frachtauftrag erteilt.

Als Folge dieser Zuordnung der Warenbewegung sind die Steuerbefreiungsvorschriften §§ 4 Nr. 1a, 6 Abs.1 UStG erfüllt, weil der Warenweg in das Drittland (hier Schweiz) führt und die E-GmbH als leistende Unternehmerin eine Versendungslieferung infolge ihres Beförderungsauftrags erbringt. Ein ausländischer Abnehmer ist entbehrlich.

BMG 16.000 €, VAZ Jan.

Fall 4

Die E-GmbH erbringt an die Fabian Faber KG eine steuerbare Reihenbeförderungslieferung gemäß §§ 1 Abs. 1 Nr. 1, 3 Abs. 1, § 3 Abs. 6 S. 1 und 5 UStG mit dem Lieferort in Bremen. Die Beförderung (Warenbewegung) ist der E-GmbH zuzuordnen, da sie diese mit eigenem Lkw ausführt. Als Folge dieser Zuordnung der Warenbewegung sind die Steuerbefreiungsvorschriften §§ 4 Nr. 1b, 6a Abs.1 UStG zu prüfen, weil der Warenweg in das übrige Gemeinschaftsgebiet (Dänemark) führt.

Wesentliche Voraussetzung für die Steuerbefreiung in Deutschland ist jedoch, dass der Erwerb in einem <u>anderen</u> Mitgliedstaat der Erwerbsbesteuerung unterliegt.

Diese Voraussetzung ist laut Sachverhaltsvorgabe nicht gegeben, weil die deutsche Abnehmerin der E-GmbH (hier Faber KG) mit ihrer deutschen USt-IdNr. bestellte (3d S. 2 UStG) und der Nachweis der Versteuerung in Dänemark nicht erbracht werden kann. Die Lieferung daher steuerpflichtig.

Die zusätzliche Berechnung der Frachtkosten teilt als unselbständige Nebenleistung das o. g. Schicksal der Hauptleistung.

Die Bemessungsgrundlage gem. § 10 Abs. 1 UStG beträgt 33.000 € und die USt 6.270 €. Die Steuer entsteht grundsätzlich mit Ablauf des VAZ April nach Soll gem. § 13 Abs. 1 Nr. 1a S. 1 UStG. Infolge der im Vormonat geleisteten Anzahlung entsteht die Steuer insoweit bereits mit Ablauf des VAZ März gem. § 13 Abs. 1 Nr. 1a S. 4 UStG.

BMG 12.000 €, USt 2.280 €, VAZ März BMG 21.000 €, USt 3.990 €, VAZ April

Im VAZ Mai ist infolge der Kaufpreisminderung gem. § 17 Abs. 1 S. 1 u. 7 UStG eine Minderung der Bemessungsgrundlage eingetreten. BMG ./. 4.950 €, USt ./. 940,50 €, VAZ Mai

Fall 5

<u>a) Lieferung E-GmbH an Fa. Toy-Us</u>

Gemäß § 3 Abs. 6 S. 5 UStG handelt es sich um folgendes Reihengeschäft: Lieferung Nötzli an die E-GmbH und Lieferung E-GmbH an die Fa. Toy-Us. Da die Spielzeuganhänger durch den ersten Abnehmer versendet werden, ist die erfolgte Warenbewegung gemäß § 3 Abs. 6 S. 6 2. Halbsatz der E-GmbH zuzuordnen (Folge der Lieferkondition „frei ab Werk" im Verhältnis Nötzli/E-GmbH und

„frei Haus Bremen" im Verhältnis E-GmbH/Fa. Toy-Us, Nachweis laut Aufgabenhinweis erbracht). Es handelt sich um die warenbewegte Lieferung gemäß § 3 Abs. 6 S. 1 UStG und nicht um eine ruhende Lieferung nach § 3 Abs.7 S. 2 Nr. 2 UStG.

Der Lieferort befindet sich grundsätzlich dort, wo die Versendung durch den beauftragten Spediteur beginnt (Schweiz). Abweichend bestimmt § 3 Abs. 8 UStG jedoch, dass der Ort der Lieferung als in Deutschland gelegen gilt, weil die Versendungslieferung vom Drittland nach Deutschland erfolgt und die E-GmbH als Leistungsgeberin Schuldner der EUSt ist.

Die Lieferung ist steuerbar und mangels Steuerbefreiung steuerpflichtig gemäß § 1 Abs. 1 Nr. 1 UStG.

BMG 30.000 €, USt 5.700 €, VAZ November

b) Einfuhr, Vorsteuerabzug aus der Einfuhr

Da die Spielzeuganhänger aus dem Drittland Schweiz in das Inland gelangen, liegt eine Einfuhr gemäß § 1 Abs. 1 Nr. 4 UStG im VAZ November vor.

Im selben Monat ist die EUSt als Vorsteuer gemäß § 15 Abs. 1 Nr. 2 UStG in Höhe von 2.500 € abzugsfähig, weil die Gegenstände für die E-GmbH eingeführt werden.

c) Prüfung Übergang der Steuerschuld nach § 13b UStG aus dem Leistungsbezug des Spediteurs aus der Schweiz

Es ist zu prüfen, ob eine Steuerschuld eines ausländischen Unternehmers für einen steuerpflichtigen Umsatz gem. § 13b UStG auf die E-GmbH übergeht.

Es handelt es sich bei dem Spediteur um einen im Ausland ansässigen Unternehmer gem. § 13b Abs. 4 UStG. Dieser bewirkt seine sonstige Leistung gem. §§ 3 Abs. 9, 3b Abs. 1 UStG dort, wo die Beförderung bewirkt wird (Strecke).

Hinsichtlich der Strecke im Ausland liegt kein Übergang der Steuerschuld nach § 13b UStG mangels Steuerbarkeit vor.

Zwar fällt gemäß § 3b Abs. 1 UStG der inländische Streckenanteil unter das deutsche Umsatzsteuergesetz, jedoch liegt eine Steuerbefreiung nach § 4 Nr. 3a UStG (Beförderung von Einfuhrgegenständen) vor. Ein Übergang der Steuerschuld nach § 13b UStG scheidet daher aus. Die rechtliche Würdigung der E-GmbH ist unzutreffend.

Fall 6

a) Lieferung E-GmbH an Play-Toy in Hamburg

Gemäß § 3 Abs. 6 S. 5 UStG handelt es sich um ein Reihengeschäft, da Pabu an die E-GmbH und E-GmbH an die Fa. Play-Toy liefert.

Da Pabu als erster Lieferer der Bahn den Transportauftrag gibt und das Transport-risiko für den direkten Warenweg trägt, ist die Warenbewegung ihm und nicht der E-GmbH zuzuordnen. Aus Sicht der E-GmbH handelt es sich um eine ruhende Lieferung nach § 3 Abs. 7 S. 2 Nr. 2 UStG mit Lieferort in Hamburg. Diese ist steuerbar gemäß § 1 Abs. 1 Nr. 1 UStG und mangels Steuerbefreiung steuerpflichtig.

BMG 600.000 €, USt 114.000 €, VAZ Juli

b) innergemeinschaftlicher Erwerb durch E-GmbH

Es handelt sich um einen steuerbaren und steuerpflichtigen innergemeinschaftlichen Erwerb gem. §§ 1 Abs. 1 Nr. 5, 1a Abs. 1, 3d S. 1 UStG, da die Spielzeugeisenbahnsets gegen Entgelt im Rahmen des gewerblichen Warenverkehrs durch eine Versendungslieferung aus Frankreich nach Deutschland gelangen.

Die Bemessungsgrundlage nach § 10 Abs. 1 UStG beträgt 480.000 € und die Höhe der Erwerbsteuer 91.200 € (VAZ Juli gem. § 13 Abs. 1 Nr. 6 UStG). Die Erwerbsteuer ist gem. § 15 Abs. 1 Nr. 3 UStG im selben VAZ als Vorsteuer abzugsfähig.

Fall 7

Es handelt sich um ein Reihengeschäft: Lieferung des Herstellerwerks in Schweden an den belgischen Importeur und Lieferung des belgischen Importeurs an die E-GmbH (§ 3 Abs. 6 S. 5 UStG). Laut Aufgabenstellung erbringt das Herstellerwerk in Schweden als erster Lieferer mit eigenem Lkw eine Beförderungslieferung an den belgischen Importeur, d. h. die erfolgte Warenbewegung ist zwingend dem ersten Lieferer in der Reihe zuzuordnen.

Mangels zugeordneter Warenbewegung ist die Lieferung des nachfolgenden Abnehmers (belgischer Importeur an E-GmbH) lediglich eine so genannte ruhende Lieferung gemäß § 3 Abs. 7 Nr. 2 UStG.

Aus der Sicht der E-GmbH ist zu prüfen, ob die E-GmbH einen innergemeinschaftlichen Erwerb aus dem Einkauf tätigt und ob die Steuerschuld des belgischen Importeurs aus der Lieferung an die E-GmbH im Rahmen eines Dreiecksgeschäftes gemäß § 25b UStG auf die E-GmbH übergeht.

a) innergemeinschaftlicher Erwerb der E-GmbH

Da die Zuordnung der Warenbewegung nicht an den Lieferanten der E-GmbH (hier belgischer Importeur) erfolgt, scheidet mangels Warenbewegung ein innergemeinschaftlichen Erwerb gem. §§ 1 Abs. 1 Nr. 5, 1a Abs. 1, 3d S. 1 UStG aus.

b) Dreiecksgeschäft

Es liegt ein innergemeinschaftliches Dreiecksgeschäft gemäß § 25b Abs. 1 Nr. 1 UStG

vor, weil drei Unternehmer über denselben Liefergegenstand Umsatzgeschäfte abschließen und die Eisenbahnschienen unmittelbar vom ersten Lieferer (Herstellerwerk in Schweden) an den letzten Abnehmer (E-GmbH) gelangen.

Die beteiligten Unternehmer sind in drei verschiedenen Mitgliedstaaten (Schweden, Belgien und Deutschland) für Zwecke der Umsatzsteuer gem. § 25b Abs. 1 Nr. 2 UStG erfasst. Die Liefergegenstände gelangen aus dem Gebiet eines Mitgliedstaates (Schweden) in das Gebiet eines anderen Mitgliedstaates (Deutschland) und die Beförderung erfolgt durch den ersten Lieferer (§ 25b Abs. 1 Nr. 3 u. 4 UStG).

Die Steuerschuld für die Lieferung an den letzten Abnehmer (Lieferung des belgischen Importeurs an die E-GmbH) wird gemäß § 25b Absatz 2 UStG von der E-GmbH geschuldet, wenn die nachfolgenden Voraussetzungen erfüllt sind:

1.	Der Lieferung ist ein innergemeinschaftlicher Erwerb vorausge-gangen.	Es ist zu prüfen, ob bei dem belgischen Importeur ein innergemeinschaftlicher Erwerb vorlag. Da der Warenweg der Lieferung des Herstellerwerks an den Importeur zuzuordnen ist (s.o.), liegt diese Voraussetzung vor.
2.	Der erste Abnehmer ist in dem Mitgliedstaat, in dem die Beförderung oder Versendung endet, nicht ansässig. Er verwendet gegenüber dem ersten Lieferer und dem letzten Abnehmer dieselbe USt-IdNr., die ihm von einem anderen Mitgliedstaat erteilt worden ist als dem, in dem die Beförderung oder Versendung beginnt oder endet.	Da der belgische Importeur in Deutschland nicht ansässig ist und laut Aufgabenstellung seine belgische USt-IdNr. verwendet, liegt diese Voraussetzung vor.
3.	Der erste Abnehmer erteilt dem letzten Abnehmer eine Rechnung im Sinne des § 14a Abs. 7 UStG, in der die Steuer nicht gesondert ausgewiesen ist.	Der belgische Importeur hat der E-GmbH zutreffend eine Rechnung ohne gesondert ausgewiesene USt erteilt und auf das Dreiecksgeschäft hingewiesen.
4.	Der letzte Abnehmer verwendet eine USt-IdNr. des Mitgliedstaates, in dem die Beförderung oder Versendung endet.	Die E-GmbH hat laut Aufgaben-stellung ihre deutsche USt-Id.Nr. verwendet. Da die Beförderung des ersten Lieferers auch in Deutschland endet, liegt auch diese Voraussetzung vor.

Rechtsfolge: Ein innergemeinschaftliches Reihengeschäft ist demnach gegeben.

Gemäß § 25b Abs. 4 UStG gilt die Gegenleistung in Höhe von 100.000 € als Entgelt. Die Steuerschuldnerschaft der hierauf entfallenden Umsatzsteuer in Höhe von 19.000 € geht im VAZ Dezember auf die E-GmbH über.

Die E-GmbH ist als letzte Abnehmerin gemäß §§ 15, 25b Abs. 5 UStG berechtigt, die von ihr geschuldete USt im VAZ Dezember als Vorsteuer abzuziehen.

Ferner hat die E-GmbH ihre Aufzeichnungspflichten nach § 25b Abs. 6 UStG zu erfüllen.

Fall 8

Es handelt sich um ein Verkaufskommissionsgeschäft gemäß § 3 Abs. 3 UStG, da die Spiel & Spaß GmbH (Kommittentin) der E-GmbH (Kommissionärin) Liefergegen-stände zur Verfügung stellt, die diese im eigenen Namen für fremde Rechnung veräußert. Die E-GmbH gilt als Abnehmerin der Spiel & Spaß GmbH.

Hinsichtlich der <u>600</u> bereits verkauften Pakete (Sollversteuerung, einschließlich der 100 Pakete) werden steuerbare und steuerpflichtige Lieferungen der E-GmbH an ihre Abnehmer erbracht (§§ 1 Abs. 1 Nr. 1, 3 Abs. 1, 6 UStG).

Als Bemessungsgrundlage nach § 10 Abs. 1 UStG ist das Entgelt in Höhe von 36.000 € anzusetzen (nicht die Provision). Die Umsatzsteuer in Höhe von 6.840 € entsteht jeweils mit Ausführung der Lieferungen.

BMG	2.000 €, USt	380 €,	VAZ Juli
BMG	3.000 €, USt	570 €,	VAZ August
BMG	3.000 €, USt	570 €,	VAZ September
BMG	5.000 €, USt	950 €,	VAZ Oktober
BMG	8.000 €, USt	1.520 €,	VAZ November
BMG	15.000 €, USt	2.850 €,	VAZ Dezember (Sollversteuerung)

Das Schreiben ist eine ordnungsgemäße Gutschrift gemäß § 14 Abs. 1, 2 u. 4 UStG, da die E-GmbH über eine steuerpflichtige Lieferungen abrechnet, die <u>an</u> sie ausgeführt werden.

Die Spiel & Spaß GmbH ist als Empfängerin der Gutschrift mit der Gutschrifterteilung (Abrechnung) einverstanden. Die Gutschrift wird der Kommittentin ordnungsgemäß zugeleitet.

Die in der Gutschrift ausgewiesene USt berechtigt die E-GmbH gemäß § 15 Abs. 1 Nr. 1 UStG zum Vorsteuerabzug in Höhe von 3.990 € im VAZ Dez., da nur insoweit eine Gutschrift vorliegt.

Fall 9

Die Sicherungsübereignung mehrerer Lastkraftwagen seitens der E-GmbH stellt keinen Liefertatbestand im Sinne des § 3 Abs. 1 UStG dar, weil es sich wirtschaftlich nicht um einen endgültigen Übergang der Verfügungsmacht handelt (A 24 Abs. 2 S. 5 UStR).

Die Sicherungsübertragung ist nicht steuerbar gemäß § 1 Abs. 1 Nr. 1 UStG.

Aus den Rechnungen der Deutschen Bank ergibt sich eine monatliche Vorsteuer in Höhe von 437 € gem. § 15 Abs. 1 Nr.1 UStG (sofern Ausschluss § 15 Abs.2 Nr. 1, Wiederzulassung § 15 Abs. 3 Nr. 1a UStG).

Fall 10

<u>a) Lieferungen der Luxuseisenbahn und der Sammlerstücke</u>

Die Lieferorte der Beförderungslieferung (Luxuseisenbahn) und der Versendungslieferung (Sammlerstücke) befinden sich grundsätzlich in Bremen gemäß § 3 Abs. 6 S. 1 UStG. Es ist zu prüfen, ob sich eine abweichende Regelung aus § 3c UStG ergibt.

Die Lieferorte bestimmen sich nicht abweichend nach § 3c Abs. 1 UStG, weil es sich zwar um einen Abnehmer ohne Erwerbsbesteuerung handelt (§ 3c Abs. 2 UStG = Privatperson), jedoch die dänische Lieferschwelle nach § 3c Abs. 3 UStG in Höhe von 280.000 DKK € weder im laufenden noch im vorangegangenen Kalenderjahr überschritten wird (2007 lediglich 15.000 € und Vorjahr Null).

Es ist zu beachten, dass die erfolgten Lieferungen im so genannten gewerblichen Warenverkehr insoweit unbeachtlich sind (d. h. sie führen nicht zum Überschreiten der Lieferschwelle). Auch die spätere Montage in Dänemark führt zu keinem anderen Ergebnis, da sonstige Leistungen insoweit unbeachtlich sind. Es sind ferner jeweils Teilleistungen gemäß § 13 Abs. 1 Nr. 1a Sätze 2 u. 3 UStG anzunehmen, da getrennte Entgelte vereinbart werden.

Die Lieferungen unterliegen der deutschen Steuerbarkeit nach § 1 Abs. 1 Nr. 1 UStG.

Sie sind mangels Erwerbsbesteuerung des Abnehmers gem. §§ 4 Nr. 1b, 6a Abs. 1 Nr. 3 UStG zum Regelsteuersatz steuerpflichtig. Die Bemessungsgrundlagen sind gemäß § 10 Abs. 1 UStG durch Herausrechnung zu ermitteln.

BMG 6.722,69, USt 1.277,31 €, VAZ Okt.,

BMG 5.882,35, USt 1.117,65 €, VAZ Nov.

b) Abholung des weiteren Zubehörs

Die E-GmbH erbringt an den Rentner eine steuerbare Beförderungslieferung nach § 3 Abs. 6 UStG mit Lieferort in Bremen. § 3c UStG ist nicht einschlägig, weil der Abnehmer und nicht die E-GmbH befördert.

Die Lieferung ist gem. § 1 Abs. 1 Nr.1 UStG steuerbar und mangels Erwerbsbesteuerung des Abnehmers gem. §§ 4 Nr. 1b, 6a Abs. 1 Nr. 3 UStG zum Regelsteuersatz steuerpflichtig.

Die Bemessungsgrundlage ist durch Herausrechnung gem. § 10 Abs. 1 UStG zu ermitteln.

BMG 1.512,61, USt 287,39 €, VAZ Dezember

c) Aufbauarbeiten (Montage)

Die sonstige Leistung ist gemäß §§ 1 Abs. 1 Nr. 1, 3a Abs. 2 Nr. 3c UStG nicht steuerbar, weil sich der Leistungsort in Dänemark befindet.

d) Vorsteuerabzug aus dem Einkauf der Luxuseisenbahn und der Sammlerstücke

Der vorgenommene Vorsteuerabzug der E-GmbH bleibt unberührt, weil die Lieferungen zu a) und b) im Inland steuerpflichtig sind. Ferner bleibt der Abzug hinsichtlich der Montage und des Verkaufs des Zubehörs unberührt, weil diese Umsätze im Inland steuerpflichtig wären (§ 15 Abs. 2 Nr. 2 UStG).

Fall 11

Die E-GmbH bewirkt nach der Verwaltungsauffassung eine steuerbare und steuerpflichtige entgeltliche sonstige Leistung gemäß §§ 1 Abs. 1 Nr. 1, 3 Abs. 9 UStG, da die nicht durch Barlohn abgegoltene Arbeitsleistung des AE an die E-GmbH als tauschähnlicher Umsatz nach § 3 Abs. 12 S. 2 UStG gewertet wird (BMF-Schreiben vom 27.8.2004, A 12 Abs. 18 UStR).

Gemäß § 10 Abs. 2 UStG ist als Bemessungsgrundlage grundsätzlich der gemeine Wert der nicht durch den Barlohn abgegoltenen Arbeitsleistung anzusetzen.

Die Verwaltung bejaht die Entgeltlichkeit der Fahrzeugüberlassung und leitet mangels eines greifbaren Wertes der Arbeitsleistung aus Vereinfachungsgründen die Bemessungsgrundlage vom ertragsteuerlichen Wertansatz ab (so genannte 1 -%- Regelung).

Als Folge der Entgeltlichkeit entfällt der Abschlag von 20 % für die nicht mit Vorsteuern belasteten Kosten.

Bruttolistenpreis neu abger.	41.600 €
hiervon 1 %	416 € (gilt als Bruttowert)
Herausrechnung	BMG 349,58 €, USt 66,42 € (VAZ Jan. - Dez.)

Die Steuer entsteht monatlich mit Ablauf der Voranmeldungszeiträume Januar bis Dezember 2008.

b) Vorsteuerabzug

Der Vorsteuerabzug bleibt unberührt. Aus dem Kauf des Fahrzeugs ist der Vorsteuerzug gemäß § 15 Abs. 1 Nr. 1 UStG im Monat Januar 2008 bei Rechnungseingang in Höhe von 5.700 € abzugsfähig.

Fall 12

Der Verkauf der GmbH-Anteile durch AE ist mangels Unternehmereigenschaft des AE nicht steuerbar gemäß § 1 Abs. 1 Nr. 1 UStG.

Ein Vorsteuerabzug der E-GmbH aus der sonstigen Leistung des Notars scheidet gemäß § 15 Abs. 1 Nr. 1 UStG bereits dadurch aus, weil nicht die E-GmbH, sondern AE Leistungsempfänger des Notars ist.

	Punkteschema	Soll
Vor-spann	Unternehmereigenschaft E-GmbH und BE Umfang E-GmbH: Groß- u. Einzelhandel und Vermietungsumsätze Umfang BE: Vermietungsumsätze, Negativabgrenzung AE	3
Fall 1		
a)	Vermietung der E-GmbH an Hugo Klein stb u. stfr. Vermietungsleistung § 4 Nr.12a, BMG 952 €, VAZ Jan.-Dez. Option unzulässig § 9 (2) mit Begr. §§ 4 Nr.11, 15 (2) Nr.1, §§ 13 (1) Nr.3, 14c (1) 152 €, VAZ Jan. – Dez.	3
b)	VoSt-Abzug der E-GmbH aus der Anmietung von BE Vorauss. § 15 (1) Nr.1 geprüft (Vermieterin Unternehmer, Mietvertrag gilt als ordnungsgemäße Rechnung § 14 (1,4), jedoch nur soweit gesetzlich geschuldet 9/10 von 1.140 € = 1.026 €, VAZ Jan.- Dez.	4
c)	Vermietung von BE an die E-GmbH grd. stb u. stfr. Vermietungsleistung § 4 Nr.12a, § 9 (1) geprüft, § 9 (2) nur Teiloption möglich hinsichtlich der betrieblich genutzten Räume der E-GmbH möglich, nicht jedoch bzl. Versicherungsbüroräume, BMG 5.400 €, USt 1.026 €, VAZ Jan.- Dez. §§ 13 (1) Nr.3, 14c (1) 114 €, VAZ Jan. – Dez.	3
d)	VoSt-Berichtigung § 15a (1,5) Änderung § 15a eingetreten mit Begründung, Berechnung 1/10 = 16.000 €, davon 9/10 = 14.400 €, Berichtigung § 44 (4) UStDV bereits in den monatlichen VA Jan. – Dez. mit jeweils 1.200 €	5
Fall 2		
a)	Verkauf der Spielzeugeisenbahnteile Bef.lief, Ort Bremen § 3 (6), stb u. stfr. innergem. Lief. §§ 4 Nr.1b, 6a mit Begr., BMG 185.000 €, VAZ Febr § 18b S.2, bes. Rechn. § 14a, ZM 1. Q. § 18a	3
b)	unzutreffender USt-Ausweis 35.150 € § 14c (1), VAZ Febr. § 13 (1) Nr.3, Rechnungskorrektur nach A 190c (6) UStR mangelhaft, Begr.	4

Fall 3		
	stb Reihenvers.lief. mit Lieferort in Bremen § 3 (6), Zuordnung der Warenbewegung E-GmbH mit Begr., stfr. Ausfuhr §§ 4 Nr.1a, 6 (1) mit Begr., BMG 16.000 €, VAZ Jan.	4
Fall 4		
	stb Reihenbef.lief. mit Lieferort in Bremen § 3 (6), Zuordnung der Warenbewegung, Prüfung und schlüssige Verneinung §§ 4 Nr.1b, 6a = stpfl., Frachtkosten unselbst. Nebenleistung, BMG 33.000 €, USt 6.270 €, Mindest-Ist § 13 (1) Nr.1a S. 4 BMG 12.000 €, USt 2.280 € im VAZ März, BMG 21.000 €, USt 3.990 € im VAZ April	5
	Kaufpreisminderung § 17 (1) S. 1 u. 7 BMG ./. 4.950 €, USt ./. 940,50 €, VAZ Mai	2
Fall 5		
a)	Lieferung E-GmbH an Fa. Toy-Us Reihenvers.lief. mit Lieferort in Deutschland (Problematisierung § 3 (6) S.6 2. Halbsatz mit Zuordnung der Warenbewegung, Verlagerung § 3 (8) in das Inland mit Begr.), stb u. stpfl., BMG 30.000 €, USt 5.700 €, VAZ Nov.	6
b)	Einfuhr § 1 (1) Nr.4, VoSt-Abzug § 15 (1) Nr.2, VAZ November	2
c)	Übergang der Steuerschuld nach § 13b geprüft und verneint (Auft. der Strecke § 3b (1), Streckenanteil im Ausland nicht stb, Inlandsstreckenanteil zwar stb, aber stfr. § 4 Nr.3a)	4
Fall 6		
a)	Reihenvers.lief § 3 (6) S.5, zwingend ruhende Lieferung § 3 (7) S.2 Nr.2 mit Lieferort in Hamburg, stb und stpfl., BMG 600.000 €, USt 114.000 €, VAZ Juli	4
b)	Einkauf von Pabu (Spielzeugeisenbahnsets) stb und stpfl. Erwerb §§ 1 (1) Nr.5, 1a (1), 3d, BMG 480.000 €, USt 91.200 €, VAZ Juli § 13 (1) Nr.6 u. § 15 (1) Nr.3 VoSt 91.200 €, VAZ Juli	3

Fall 7		
a)	kein i.g. Erwerb mit schlüssiger Begründung (Reihengeschäft § 3 (6) S.5, Bezug aus ruhender Lieferung, Negativabgrenzung § 1a (1) mit Begr.)	3
b)	Dreiecksgeschäft § 25b, Vorauss. § 25b (1) geprüft, Übergang der Steuerschuld § 25b (1,2) systematisch geprüft, § 25b (4) Gegenleistung von 100.000 € gilt als Entgelt, Rf: Übergang der Steuerschuld in Höhe von 19.000 €, VAZ Dez., zeitgleich VoSt-Abzug § 25b (5), (Aufzeichnungspflichten § 25b (6))	8
Fall 8		
	Verkaufskommission § 3 (3) mit Begründung, stb und stpfl. Lieferung von 600 Paketen, BMG 36.000 €, USt 6.840 € (Provision bildet nicht die BMG.), Entstehung nach Soll BMG 2.000 €, USt 380 €, VAZ Juli BMG 3.000 €, USt 570 €, VAZ August BMG 3.000 €, USt 570 €, VAZ September BMG 5.000 €, USt 950 €, VAZ Oktober BMG 8.000 €, USt 1.520 €, VAZ November BMG 15.000 €, USt 2.850 €, VAZ Dezember (nach Soll mit Begr.)	5
	Gutschrift § 14 (1,2,4) geprüft und bejaht, VoSt-Abzug § 15 (1) Nr.1 i.H.v. 3.990 €, VAZ Dez.	3
Fall 9		
	Sicherungsübereignung kein Leistungsaustausch mit Begr., § 15 (1) Nr.1 VoSt-Abzug monatlich 437 €, VAZ Jan. – Dez	2
Fall 10		
a)	Bef./Vers.lieferung der Luxuseisenbahn/ Sammlerstücke Lieferort § 3 (6) S.1 Bremen, § 3c (1) geprüft, § 3c (2) Abnehmer ohne Erwerbsbesteuerung bejaht, Lieferschwelle § 3c (3) unterschritten = keine Anwendung § 3c, gewerblicher Warenverkehr und spätere Montage unbeachtlich, stb und stpfl. mangels Erwerbsbesteuerung des Abnehmers, Herausrechnung BMG 6.722,69 €, USt 1.277,31 €, VAZ Okt. BMG 5.882,35 €, USt 1.117,65 €, VAZ Nov.	8

b)	Abholung des weiteren Zubehörs stb Beförderungslief. mit Lieferort in Bremen, mangels Erwerbsbesteuerung des Abnehmers stpfl., BMG 1.512,61 €, USt 287,39 €, VAZ Dezember	3
c)	Aufbauarbeiten (Montage) nicht stb §§ 1 (1) Nr.1, 3a (2) 3c, Leistungsort Dänemark	2
d)	VoSt-Abzug bleibt unberührt, mit Begründung	1
Fall 11		
a)	Privatfahrten stb und stpfl. entgeltliche sonstige L., tauschähnlicher Umsatz, Ort § 3a (1), BMG 1-%-Regelung, kein Abzug vorsteuerunbelasteter Kosten, Bruttolistenpreis neu abger. 41.600 € hiervon 1 % 416 € (gilt als Bruttowert) Herausrechnung VAZ Jan. – Dez. BMG 349,58, USt 66,42 €	6
b)	§ 15 (1) Nr.1 VoSt-Abzug 5.700 € VAZ Jan. mit Rechnungseingang	1
Fall 12		
	Verkauf der GmbH-Anteile nicht stb mit Begründung, kein VoSt-Abzug mit Begründung	3

Summe Soll	100

Umsatzsteuer 2. Klausur

Bearbeitungszeit:	5 Zeitstunden (siehe auch Vorschläge zur Zeiteinteilung in den Einzelsachverhalten)
Hilfsmittel:	Gesetzestexte, Richtlinien und Erlasse, Taschenrechner

Allgemeine Hinweise

1. Alle Unternehmer versteuern ihre Umsätze nach den allgemeinen Vorschriften des UStG und nach vereinbarten Entgelten. Sie geben monatlich Voranmeldungen ab. Im innergemeinschaftlichen Waren- und Dienstleistungsverkehr verwenden sie die USt-IdNr. ihres Heimatlandes.

2. Liefer- und Erwerbsschwellen gelten als überschritten, soweit sich aus dem Sachverhalt nichts anderes ergibt.

3. Erforderliche Belege und Aufzeichnungen sind vorhanden. Rechnungen und Belege sind ordnungsgemäß, soweit aus dem Sachverhalt nichts anderes ersichtlich ist. Die §§ 19 und 20 UStG sowie § 1a Abs.1 Nr. 3b und Abs.3 UStG finden keine Anwendung.

4. Gemischt genutzte Wirtschaftsgüter werden insgesamt dem Unternehmen zugeordnet, außer im Einzelsachverhalt ergeben sich abweichende Angaben.

5. Sofern ein steuerbarer und steuerpflichtiger Umsatz vorliegt, gehen Sie - soweit möglich - jeweils auf die Bemessungsgrundlage, die Höhe der USt und auch auf den Zeitpunkt der Steuerentstehung ein. Bei steuerfreien Umsätzen sind der VAZ und die Bemessungsgrundlage zu benennen.

6. Auf Fragen einer Option nach § 9 UStG ist nur einzugehen, wenn ein Sachverhalt – z. B. durch Ausweis von USt in Verträgen oder Abrechnungen – erkennen lässt, dass die Beteiligten auf eine Steuerbefreiung verzichten wollen.

Teil 1

Sachverhalt:

Die Baumann KG (KG) betreibt in Bremen in der Vahrer Str. 13 ein Autohaus als Familienunternehmen. Sie verfügt über ein eigenes Filialnetz mit Verkaufs-, Werkstatt- und Lagerstandorten im norddeutschen Raum (u.a. in Hamburg, Bremerhaven, Flensburg, Rostock). Komplementär der KG mit einem Gesellschaftsanteil von 70 % ist Frank Baumann (FB). Seine Frau Kathy (KB), eine ansonsten in Bremen freiberuflich tätige Steuerberaterin und der gemeinsame minderjährige Sohn Lars Baumann (LB) sind mit Kommanditanteilen von je 15 % beteiligt. Die Gewinnverteilung erfolgt grundsätzlich im Verhältnis der Beteiligungsanteile.

Im Jahr 2008 ergaben sich u.a. folgende Geschäftsvorfälle:

1. Steuerberatung und Geschäftsführung

Für die Geschäftsabschlüsse der KG im Juni hatte KB im Juli 2008 für Steuerberatungsleistungen nach der Steuerberatergebührenordnung 4.000 € zzgl. 760 € USt in Rechnung gestellt. Die Bezahlung erfolgte seitens der KG erst im August 2008.

FB erhielt für seine Geschäftsführung laut Gesellschaftsvertrag (erfüllt die Mindestvoraussetzungen des § 14 UStG) eine monatliche Geschäftsführervergütung als Festbetrag i.H.v. 3.570 € und eine monatliche Haftungsentschädigung i.H.v. 2.380 € überwiesen, die handelsrechtlich in Nettohöhe als Aufwand der KG verbucht wurden. Neben dieser Vergütung erhält FB – abhängig vom Geschäftsergebnis der KG – einen Vorabgewinn i.H.v. 120.000 € für das Kalenderjahr 2008.

Hinsichtlich LB bleibt es bei der o.g. Gewinnverteilungsabrede.

Aufgabenstellung zu 1:

Welche umsatzsteuerlichen Folgen ergeben sich für FB, KB, LB und die KG aufgrund des allgemeinen Sachverhalts und unter 1.? Gehen Sie auch auf die grundsätzliche Unternehmereigenschaft der Beteiligten und mögliche Vorsteuerabzüge ein.
Zeitvorgabe: 30 Minuten

2. Audi A 6

Da die KG ein neues Firmenfahrzeug benötigte, bestellte sie am 03.12.2007 bei der Audi AG in Ingolstadt ein Sondermodell des Audi A 6 zum Preis von 48.000 € zuzüglich 19 % Umsatzsteuer i.H.v. 9.120 € (Kundenlistenpreis 65.450 €). Bei dem Vertragsschluss wurde eine Anzahlung in Höhe von 5 % des Kaufpreises fällig, die die KG sofort nach der Faxbestätigung im Dezember 2007 überwies. Die Audi AG Ingolstadt erteilte noch im Dezember 2007 eine ordnungsgemäße Rechnung. Wegen Lieferschwierigkeiten des Herstellers konnte der Pkw entgegen der ursprünglichen Planung erst am 01. Februar 2008 übergeben und genutzt werden. Die nachfolgende Schlussrechnung vom 01.02.2008 beglich die KG eine Woche später.

Audi AG Ingolstadt
Ettinger Str. 10
85045 Ingolstadt
DE 1111 5368

Ingolstadt, den 01.02.08
Rechn.-Nr. 191/08,
G-Ku-Nr. 3566

Baumann KG
Vahrer Str. 13
28205 Bremen

heutige Lief. A 6 „Diego“	48.000 €
zzgl. 19 % USt laut AGB	9.120 €
	57.120 €
Vorauszahlung	2.856 €
sofort fällig	**54.264 €**

Clemens Krause
Geschäftskundenvertrieb

Der Audi A 6 wurde von FB zu einem geschätzten Drittel für Privatfahrten genutzt. Eine Glaubhaftmachung anhand von Aufzeichnungen über einen Dreimonatszeitraum liegt vor. Ein Fahrtenbuch wurde nicht geführt.

Aufgabenstellung zu 2.:

Welche Folgen ergeben sich für die KG im Jahre 2008?
Zeitvorgabe: 30 Minuten

3.1. Vermietung des Grundstücks Vahrer Str. 13

Eine Filiale des Autohandels befindet sich in Bremen, Vahrer Str. 13. Eigentümer des viergeschossigen Gebäudes ist Hannes Baumann (HB), der Vater von FB. Das Gebäude Vahrer Str. 13 (Nutzfläche je Etage 250 qm) wurde im August 2005 fertig gestellt und ab September 2005 vermietet. Die Herstellungskosten beliefen sich auf umgerechnet 2 Mio. € zuzüglich 16 % Umsatzsteuer i.H.v. 320.000 €.

Seit dem 01.09.2005 wurde das Gebäude ohne Mieterwechsel wie folgt genutzt, wobei HB – soweit möglich – auf Steuerbefreiungen verzichtet und die Umsatzsteuer zusätzlich in Rechnung gestellt hatte:

EG:

Das EG wurde an die KG vermietet, die in den Räumen ihre Hauptfiliale betreibt. Die Nettomiete beträgt seit dem 01.01.2008 2.950 € zuzüglich 250 € Nebenkosten.

1. OG:

Eine Büroeinheit (100 qm) ist vermietet an den Rechtsanwalt Norbert Advokat (NA), der in den Räumen seine Anwaltskanzlei betreibt. Die Nettomiete beträgt seit 01.01.2008 monatlich 1.200 € zuzüglich 100 € Nebenkosten.

Die andere Büroeinheit (150 qm) wird an den Versicherungs- und Immobilienmakler Günter Kaiser (GK) vermietet. Die Umsätze als Versicherungsvertreter belaufen sich auf ca. 20 % des Gesamtumsatzes. Die Nettomiete beträgt seit 01.01.2008 ebenfalls monatlich 1.800 € zuzüglich 150 € Nebenkosten. Zum 01.07.2008 stellte Kaiser seine Versicherungsmaklertätigkeit bei der Versicherung Hamburg-Mannheimer endgültig ein. Seinen Vermieter hatte er von der Aufgabe seiner Versicherungsmaklertätigkeit rechtzeitig in Kenntnis gesetzt.

2. OG:

Vermietet an den Orthopäden und Facharzt für Sportverletzungen Dr. Hans Wohlfahrt (HW), der in den Räumen seine Praxis betreibt. Die monatliche Nettomiete für die Räumlichkeiten beträgt seit dem 01.01.2008 2.500 € einschließlich Nebenkosten. HW ist auch schriftstellerisch tätig. Er gibt ein Buch zur Vermeidung von Sportverletzungen durch Einnahme von Nahrungsergänzungsmittel heraus. Die Honorareinnahmen aus seiner schriftstellerischen Tätigkeit und dem Verkauf der genannten Nahrungsergänzungsmittel beliefen sich seit Jahren auf ca. 50.000 € bis 60.000 € pro Jahr. Einen Raum in seiner Arztpraxis (50 qm) nutzt HW – was HB auch bekannt ist – ausschließlich für diese Tätigkeit. Die Miete für diesen Raum beläuft sich anteilig auf 500 €.

3. OG:

Im 3. OG befinden sich zwei Wohnungen. Die kleine Wohnung (50 qm) ist seit dem 01.01.2008 für monatlich 400 € einschließlich Nebenkosten an den Rentner Erwin Lindemann (EL) vermietet. Die größere Wohnung (200 qm) hatte HB seinem Sohn FB für 1.600 € einschließlich Nebenkosten vermietet, obwohl sich die vorsteuerbelasteten monatlichen Kosten lediglich auf anteilig 5.000 € (einschl. AfA) beliefen.

Die zweite Jahreshälfte nutzte FB seine Wohnung als Eigentümer (s. auch 3.3).

3.2. Reparaturarbeiten des Grundstücks Vahrer Str.13

HB hatte Anfang des Jahres 2008 folgende Reparaturarbeiten durchführen lassen:

a) Dacharbeiten

Ende Februar 2008 musste HB nach einem heftigen Sturm das Dach neu eindecken lassen. Die Dachdeckerfirma berechnete HB für die Arbeiten 13.700 € zzgl. 2.603 € USt. HB beglich die Rechnung im Februar 2008 jedoch lediglich in Höhe von 4.303 €. Den Rest i.H.v. 12.000 € wickelte seine Gebäudeversicherung direkt mit der Dachdeckerfirma ab.

b) Bodenbelag 1. OG

Im März 2008 hatte HB nur den Fliesenboden der Büroeinheit des Rechtsanwalts renovieren lassen. Um künftig störende Trittschallgeräusche zu vermeiden, wurde ein Laminatboden mit Trittschalldämmung verlegt. Die Verlegefirma stellte noch im selben Monat den Nettobetrag von 3.000 € zuzüglich 19 % Umsatzsteuer i.H.v. 570 € in Rechnung. HB überwies den Rechnungsbetrag nach Abzug von 2 % Skonto noch im März 2008.

c) Anstrich der Frontfassade

Anfang März 2008 ließ HB die Frontfassade von einem Malerbetrieb streichen, der im selben Monat 2.000 € zzgl. 380 € USt berechnete.

3.3. Übertragung des Grundstücks Vahrer Str. 13

Am 30.06.2008 (Übergang Nutzen und Lasten 01.07.2008) übertrug HB das Grundstück Vahrer Str. 13 im Wege der vorweggenommenen Erbfolge auf seinen Sohn FB und genoss fortan seinen Altersruhestand. Die an FB adressierte Notarrechnung vom 15.08.2008 in Höhe von 5.000 € zuzüglich 950 € USt beglich FB am 25.08.2008.

Aufgabenstellung zu 3.1 – 3.3:

Welche Folgen ergeben sich für HB, FB und die KG im Jahr 2008?
Zeitvorgabe: 120 Minuten

4. Ausweitung der Geschäftstätigkeiten auch auf dem dänischen Automarkt

Am 1. Oktober 2008 wurde die Baumann Automobiler A/S (vergleichbar mit deutscher Kapitalgesellschaft) gegründet. Der Sitz befindet sich in Havnegade 4, 8000 Aarhus in Dänemark. Die Beteiligungsverhältnisse entsprechen denen der deutschen KG. Geschäftsführer der A/S ist FB.

a) Abbau Lagerfahrzeuge der Filialen Hamburg und Bremerhaven

Um das attraktive Einkaufsrabattsystem des Ingolstätter Herstellers Audi nutzen zu können, hatte FB eine große Abnahmemenge von Neufahrzeugen für die KG geordert. Zwanzig dieser Fahrzeuge (Einkaufspreise gesamt 700.000 €) lässt FB im September 2008 von den Filialen in Hamburg und Bremerhaven zur Geschäftseröffnung nach Aarhus überführen und weist die Buchhaltung an, der Baumann Automobiler A/S noch im selben Monat eine Rechnung über 700.000 € zu erteilen.

b) Erwerb neuer Fahrzeuge des Herstellers Volvo

Aufgrund der großen Nachfrage der Kunden wurde das Fahrzeugangebot in Dänemark auch auf Fahrzeuge des schwedischen Herstellers Volvo ausgedehnt. Bereits im August 2008 bestellte die KG dreißig Neufahrzeuge in Schweden. Mit dem Transport beauftragte die KG die Spedition Gunnar Karlsson (GK) aus Vaxjo (Schweden). GK übernahm die Fahrzeuge am 20.10.2008 in Göteborg (Schweden) und lieferte die Fahrzeuge in Aarhus in Dänemark aus. Die Rechnung des Herstellers Volvo von umgerechnet 750.000 € ging der KG am 02.11.2008 zu. GK, der erstmalig für die KG tätig wurde, stellte am 05.11.2008 eine Rechnung über 18.000 € zzgl. 3.420 € für den Transport in Rechnung, die bis zum Jahresende 2008 noch nicht beglichen wurde. Die KG stellte der A/S im November 768.000 € in Rechnung.

Aufgabenstellung zu 4.:

Welche Folgen ergeben sich für die KG und die Baumann Automobiler A/S nach deutschem und dänischem Recht? Bei der Darstellung der Rechtsfolgen in Dänemark sind das deutsche Recht analog anzuwenden und lediglich die dortigen Umsatzarten (ohne weitere Prüfungen) anzugeben.
Zeitvorgabe: 70 Minuten

Teil 2

Der Ingenieur Peter Paracelsus (PP) betrieb in Bremen – Nord in der Turnerstr. 27 eine Ausstattungsfirma für Arztpraxen und Krankenhäuser.

Aufgrund der angespannten Markt- und Wirtschaftslage veräußerte PP seinen Geschäftsbetrieb am 31.12.2008 an die marktbeherrschende Asklepio AG in Hamburg. Laut Veräußerungsvertrag wurden ein Firmenfahrzeug (Borgward Isabella Coupé) und ein Notebook (Siemens EKW 47-11) nicht übertragen. Den Veräußerungserlös von 400.000 € legte PP in Wertpapieren an und widmete sich fortan seiner neuen Tätigkeit als ehrenamtlicher Jugendleiter des Sportvereins ATSV Bremen – Sebaldsbrück. Auf Aufwandsentschädigungen seitens des Vereins hatte PP grundsätzlich verzichtet.

Das Notebook hatte PP am 01.07.2008 zum Kaufpreis von 1.500 € zzgl. USt erworben und ausschließlich unternehmerisch genutzt. Seit der Geschäftsaufgabe nutzt PP das Notebook als Jugendleiter. Vom Verein erhielt PP für seine Sachspende eine in der Höhe angemessene Spendenbescheinigung über 800 €, die dem TW am 31.12.2008 entspricht.

Das Borgward Isabella Coupé – Baujahr 1962 – hatte PP von seinem Großvater geerbt und seinerzeit bei der Geschäftsgründung in sein Unternehmens eingebracht. Das Fahrzeug, das als dekoratives Geschäftsfahrzeug für Kundenbesuche genutzt wurde (unstrittig), überführte PP in sein Privatvermögen. Das Liebhaberfahrzeug hatte am 31.12.2008 einen TW von 30.000 € (laut Gutachter).

Anfang August 2008 ließ PP den Oldtimer von einem Fachbetrieb veredeln. Es wurde ein moderner Motor (Entgelt 5.000 €) eingebaut. Ferner ließ PP kleine Lackierarbeiten (Entgelt 500 €) ausführen und die Felgen des Fahrzeugs verchromen (Entgelt 800 €). Der Wert des Motors am 31.12.2008 ist mit 4.000 € anzunehmen.

PP hatte unter Berufung auf die Differenzbesteuerung keine Versteuerung vorgenommen und sich aus allen vorliegenden Rechnungen die Vorsteuern gezogen.

Aufgabenstellung:

Welche Folgen ergeben sich für PP im Jahr 2008?
Zeitvorgabe: 50 Minuten

Punkteschema und Lösungsvorschlag

	Soll
Teil 1	
1. Steuerberatung und Geschäftsführung	
LB: LB ist als Nur-Gesellschafter kein Unternehmer nach § 2.	1
KB: Unternehmerin durch selbständige Tätigkeit als Steuerberaterin § 2, Beratungsleistung § 3 (9) KB an KG, gegen Sonderentgelt, Ort § 3a (3) S.1, (4) Nr.3 Bremen, stb, stpfl., BMG 4.000 €, USt 760 €, VAZ Juni § 13 (1) Nr.1a S.1 (Soll)	2
FB: Unternehmer § 2 durch selbst. Geschäftsführertätigkeit gegenüber KG, Haftungsentschädigung gilt als unselbständige Nebenleistung zur Geschäftsfüh-rungs-, leistung, 120.000 € Vorabgewinn nimmt nicht am Leistungsaustausch teil, sonst. L. § 3 (9) FB an KG, Ort § 3a (1) Bremen, stb, stpfl., BMG 5.000 €, USt 950 €, VAZ Jan. – Dez. als Teilleistung § 13 (1) Nr.1a S.1-3	4
KG: Unternehmerin als Personengesellschaft § 2, VoSt § 15 (1) Nr.1 aus Leistung KB 760 € VAZ Juli (Rechnungseingang), VoSt § 15 (1) Nr.1 aus Leistung FB 950 € VAZ Jan. – Dez.	3
2. Audi A 6	
Privatfahrten: Unentgeltliche Wertabgabe der KG, § 3 (9a) Nr.1, Ort § 3f Bremen, stb, stpfl., BMG § 10 (4) Nr.2 Ausgaben, soweit Berechtigung zum VoSt-Abzug, hilfsweise 1-%-Regelung (Vorauss. nach Neuregelung ab 2006 erfüllt), Listenpreis 65.450 €, Abrundung 65.400 €, 1 % = grundsätzlich 654 € (Vorauss. erfüllt), jedoch abzüglich Pauschalabschlag 130,80 € (20 % für vorsteuerunbelastete Ausgaben), BMG = 523,20 € (gilt als Nettobetrag), USt 99,41 €, VAZ Febr. – Dez. § 13 (1) Nr.2	5

Prüfung VoSt-Abzug der KG: § 15 (1) Nr.1 lediglich Rest 9.120 € ./. 456 € = 8.664 €, VAZ Febr. Die Anzahlung führte bereits zu einem VoSt-Abzug i.H.v. 456 € im Dez. 2007. Insoweit ist der VoSt-Abzug aus der Schlussrechnung in 2008 zu kürzen. Die zu hoch ausgewiesene USt in der Schlussrechnung (Abschlagsrechnung wurde nicht abgesetzt) ist aus Sicht der KG als ordnungsgemäße Eingangsrechnung anzuerkennen, Vorauss. des § 14 (1,4) erfüllt	4
3.1 Vermietung des Grundstücks Vahrer Str. 13 (HB bis 30.6, FB ab 1.7.)	
HB ist als Vermieter Unternehmer gem. § 2, FB Erweiterung seines Unternehmens zu 1., sonst. L. § 3 (9), monatliche Teilleistungen § 13 (1) Nr.1a S.2,3, Ort § 3a (2) Nr.1a Bremen, stb u. grds. stfr. gem. § 4 Nr.12a	2
EG: Option § 9 (1,2) zulässig u. ausgeübt, BMG einschl. Nebenleistung 3.200 €, 608 € USt, VAZ Jan. – Dez. § 13 (1) Nr.1a S.2-3 und VoSt-Abzug der KG § 15 (1) Nr.1 i.H.v. 608 €, VAZ Jan. – Dez.	2
1. OG: <u>a) Büroeinheit NA</u> Option § 9 (1,2) zulässig u. ausgeübt, BMG einschl. Nebenleistung 1.300 €, 247 € USt, VAZ Jan. – Dez. <u>b) Büroeinheit GK</u> Option § 9 (1,2) bis 30.6.2008 unzulässig infolge der stfr. Umsätze des Mieters als Versicherungsmakler § 4 Nr.11 (5-%-Grenze überschritten), ab 1.7.2008 Option zulässig (Ausschluss Versicherungstätigkeit entfallen), BMG 1.950 € stfr. VAZ Jan. – Juni, BMG 1.950 €. 370,50 € USt, VAZ Juli – Dez.	5
2. OG: Aufteilung zwecks Option aufgrund vorhandener räumlicher Trennung möglich, Option § 9 (1,2) unzulässig hinsichtlich der anteiligen stfr. Umsätze des Mieters als Arzt § 4 Nr.14, zulässig hinsichtlich des gesonderten Raumes, BMG 2.000 € stfr. VAZ Jan. – Dez., BMG 500 €, 95 € USt, VAZ Jan. – Dez.	3

3. OG: a) Wohnung EL Option § 9 (1) unzulässig, BMG 400 €, VAZ Jan. – Dez., b) Wohnung FB bis 30.6.2008: Option § 9 (1) unzulässig, BMG 1.600 €, VAZ Jan. – Juni, ab 01.07.2008: Unentgeltliche Wertgabe § 3 (9a) Nr.1, Ort § 3f Bremen, stb u. stpfl., BMG § 10 (4) Nr.2 Ausgaben 5.000 €, USt 950 €, VAZ Juli – Dez. § 13 (1) Nr.2	6
3.2 Prüfung VoSt-Abzug aus Reparaturarbeiten (HB) Voraus. VoSt-Anzug § 15 (1) Nr.1 grds. jeweils erfüllt, Ausschlussgründe hinsichtlich stfr. Vermietung § 15 (2) Nr.1, a) Dacharbeiten VoSt-Aufteilung § 15 (4) entsprechend der Verwendungsabsicht im ersten Halbjahr, EG (KG) 250 qm, 1. OG nur 100 qm Kanzlei (NA), 2. OG nur 50 qm Raum (HW), somit 400 qm von 1000 qm = 40 % von 2.603 € = 1.041,20 €, VAZ Febr., Versicherungszahlung = echter Schadenersatz A 3 (1) UStR, keine Minderung VoSt b) Bodenfliesen 1. Etage direkte Zuordnung (Kanzlei (NA), stpfl. Vermietung), keine Ausschlussgründe, Minderung des VoSt-Abzugs aufgrund Skonto, 558,60 € VoSt, VAZ März c) Anstrich Fassade VoSt-Aufteilung § 15 (4) wie a) 40 % von 380 € = 152 €, VAZ März	5
3.3 Übertragung des Grundstücks Vahrer Str. 13 nicht steuerbare Geschäftsveräußerung im Ganzen § 1 (1a), Vermietung des Grundstücks stellte das gesamte Unternehmen des HB dar, FB wird Einzelrechtsnachfolger § 1a S.3	2
Prüfung des VoSt-Abzugs des FB aus der Notarrechnung VoSt-Abzug § 15 (1) Nr.1, Ausschlussgründe hinsichtlich stfr. Vermietung § 15 (2) Nr.1, Aufteilung § 15 (4) entsprechend der geplanten Verwendung des zweiten Halbjahres, Berechnung des abzugsfähigen Teils: EG = 250 qm, 1. OG 100 qm (NA) und 150 qm (GK) = 250 qm, 2. OG gesonderter Raum (NA) abzugsfähig = 50 qm, 3. OG Wohnung (FB) = 200 qm, Aufteilungsverhältnis rechnerisch 750 qm von 1.000 qm = 75 %, 75 % von 950 € = 712,50 €, VAZ Aug. (Rechnungseingang)	2

<table>
<tr><td>

Berichtigung des VoSt-Abzugs § 15a für das Gebäude Vahrer Str. 13

Berichtigungszeiträume des § 15a gehen von HB auf FB über,
10 jähriger Berichtigungszeitraum: 1. Sept. 2005 bis 31. Aug. 2015,
Aufteilungsverhältnis <u>40 % in 2005</u> (entspricht Berechnung 1. Jahreshälfte 2008),
Aufteilungsverhältnis in 2008 zunächst im ersten Halbjahr unverändert,
im zweiten Halbjahr Änderung infolge der erweiterten Optionsmöglichkeit für das 1. OG (GK) und der stpfl. unentgeltlichen Wertabgabe (Wohnung FB)
Berechnung des abzugsfähigen Teils:
EG (KG) = 250 qm,
1. OG 100 qm (NA) und 150 qm zu 6/12 zeitanteilig abzugsfähig = 175 qm,
2. OG gesonderter Raum (NA) abzugsfähig = 50 qm,
3. OG Wohnung (FB) 200 qm zeitanteilig 6/12 abzugsfähig = 100 qm

Aufteilungsverhältnis rechnerisch 575 qm von 1.000 qm = <u>57,5 % für Kj 2008,</u>
Diff. 17,5 % von 1/10 von 320.000 € = 5.600 € Erstattung,
(§ 44 (1-3) UStDV ohne Anwendung), USt-Jahreserklärung 2008 § 44 (4) UStDV

</td><td>6</td></tr>
<tr><td>

Berichtigung des VoSt-Abzugs § 15a für die Reparaturarbeiten Vahrer Str. 13

<u>Dacharbeiten und Anstrich Fassade</u>

Die Arbeiten wurden innerhalb eines 6-Monatszeitraums durchgeführt. Sie sind als eine Maßnahme i.S.d. 15a (3) anzusehen.
Die Bagatellgrenzen des § 44 (1,2,3) UStDV sind überschritten (keine Einzelprüfung).
Berechnung des abzugsfähigen Teils:
einheitlicher Zeitraum 1.3.2008 – 28.2.2018 § 45 UStDV (10/120 in 2008),
März – Juni = 40 %, Juli – Dez. 75 % (EG 250 qm, 1. OG 250 qm, 2. OG 50 qm, 3. OG 200 qm = 750 qm von 1.000 qm),
4 Monate 40 %, 6 Monate 75 %, rechnerischer Mittelwert: 61 %,
Änderung der Verhältnisse somit 21 %,
10/120 von 2.983 € (2.603 € Dacharbeiten + 380 € Fassadenarbeiten) = 248,58 €,
hiervon 21 % = 52,20 €, USt-Jahreserklärung 2008 gem. §§ 44 (4) UStDV

<u>Bodenfliesenarbeiten 1. OG (NA)</u>
Die Bodenfliesenarbeiten im 1. OG gelten als gesonderte Maßnahme (hier auch ohne Berichtigung § 15a, keine Nutzungsänderung), da diese nicht das gesamte Objekt betreffen, sondern direkt der stpfl. Vermietung an NA zuzuordnen sind.

</td><td>6</td></tr>
<tr><td>

4. Ausweitung der Geschäftstätigkeiten auch auf den dänischen Markt

<u>Grundsätzliches zur Organschaft:</u>

Die dänische Kapitalgesellschaft A/S ist organisatorisch (FB ist jeweils Geschäftsführer), finanziell (identische Beteiligungsverhältnisse) und wirtschaftlich (A/S veräußert Fahrzeuge der KG) in die deutsche KG gem. § 2 (2) S.1 eingegliedert. Die Wirkungen der Organschaft sind nach § 2 (2) S.2 auf das Inland beschränkt.

</td><td>5</td></tr>
</table>

<u>a) Abbau der Lagerfahrzeuge der Filialen Hamburg und Bremerhaven</u> Zwischen der KG und A/S liegen Lieferungen nach § 3 (1,6) vor. Es handelt sich nicht um reine Innenumsätze bzw. fiktive Lieferungen nach § 3 (1a), da es als Folge der Beschränkung zu einem Leistungsaustausch kommt. <u>Folgen in Deutschland (FB):</u> Lieferort Hamburg/Bremerhaven § 3 (6), stb u. stfr. i.g. Lief. §§ 4 Nr.1b, 6a (1) mit Begr., BMG § 10 (1) 700.000 €, VAZ Sept. § 18b, besondere Rechnung nach § 14a (3), Erfassung in der ZM 3. Q § 18a (5) <u>Folgen in Dänemark</u> (A/S ist in Dänemark als Unternehmer zu erfassen) i.g. Erwerb §§ 1 (1) Nr.5, 1a (1), 3d analog	6
<u>b) Erwerb neuer Fahrzeuge des Herstellers Volvo</u> Zwischen Volvo (Schweden), der KG und der A/S liegt ein Reihengeschäft gem. § 3 (6) S.5,6 vor. Die KG tritt als sog. mittlerer Unternehmer als „Lieferer" auf, da sie GK beauftragt hatte. Die Warenbewegung ist der KG zuzuordnen. Die Lieferung von Volvo an die KG ist demnach eine ruhende Lieferung nach § 3 (7) S.2 Nr.1. Folgen: kein Dreiecksgeschäft § 25b (A 25b (5) S.3 UStR), kein i.g. Erwerb der KG aus Kauf von Volvo (Schweden), da Einkauf ruhende Lieferung <u>Lieferungen KG an A/S</u> Versendungslieferungen § 3 (1,6) am Übergabeort Volvo an GK in Göteborg (Schweden), nicht steuerbar § 1 (1) Nr.1 A/S in Dänemark (dänisches Recht) i.g. Erwerb §§ 1 (1) Nr.5, 1a, 3d analog	6
<u>Übergang der Steuerschuld GK/KG § 13b</u> Die KG erhält eine sonstige Leistung § 3 (9) des ausländischen Leistungsgebers GK. Der Ort der Beförderungsleistung befindet sich nach § 3b (3) S.2 infolge der Verwendung der deutschen USt-Id-Nr. bei der Auftragserteilung im Inland. Der Umsatz ist stb u. stpfl., die Steuer geht gem. § 13b (1) Nr.1, (2,4) auf die KG über. BMG 18.000 €, 3.420 €, VAZ Nov., § 13b (1) S.1 VoSt 3.420 € im VAZ Nov. § 15 (1) Nr.4 (fehlerhafte Rechnung irrelevant), VoSt § 15 (1) Nr.1 aus der Rechnung des GK (mit ges. USt-Ausweis erteilt) entfällt, da die Steuer nach allgemeinen Grundsätzen von GK nicht gesetzlich geschuldet wird.	6

Teil 2	
Geschäftsveräußerung im Ganzen Nichtsteuerbarkeit § 1 (1a), Rückbehalt Borgward und Notebook irrevant, da keine wesentlichen Bestandteile	4
Notebook Unentgeltliche Wertabgabe § 3 (1b) Nr.1, Vorauss. § 3 (1b) S.2 erfüllt, da Berechtigung zum VoSt-Abzug beim Kauf, § 3f Bremen, stb u. stpfl., BMG § 10 (4) Nr.1 800 €, 152 € USt, VAZ Dez. § 13 (1) Nr.2, kein Fall § 15a (8), da Entnahme stpfl., VoSt-Abzug § 15 (1) Nr.1 aus Kauf bleibt unberührt	4
Borgward Isabella Coupé Unentgeltliche Wertabgabe § 3 (1b) Nr.1 grds. erfüllt, jedoch § 3 (1b) S.2 nicht erfüllt, da kein VoSt-Abzug hinsichtlich des Pkw, jedoch Berechtigung zum VoSt-Abzug hinsichtlich des Bestandteils Motor, (Lackierungsarbeiten und Verchromungsarbeiten irrelevant, da Dienstleistungen), Entnahmegegenstand nur Motor (dauerhafte Werterhöhung liegt vor), BMG § 10 (4) Nr.1 Zeitwert Motor 4.000 €, 760 € USt, VAZ Dez. § 13 (1) Nr.2, Differenzbesteuerung § 25a entfällt, da PP keine Wiederverkäufer i.S.d. § 25a ist. VoSt-Abzugsberechtigung § 15 (1) Nr.1 950 € (Motor), 95 € (Lackierarbeiten), 152 € (Verchromungsarbeiten), VAZ August	5
VoSt-Berichtigung § 15a (3) Die Lackierarbeiten und Verchromungsarbeiten wurden zwar im Rahmen einer Maßnahme bezogen (Motor scheidet aus, da Erfassung als Wertabgabe), jedoch sind die Bagatellgrenzen i.H. 1.000 € (hier 95 € + 152 € = 247 €) des § 44 (1) UStDV nicht überschritten. Eine VoSt-Berichtung entfällt.	1
Zwischensumme:	95
Aufbau, Darstellung	5
Summe	100

Bilanzsteuerrecht und Außenprüfung 1. Klausur (Peter Sauber)

Rechtsstand: 2008

Bearbeitungszeit: 5 Zeitstunden

Vorschlag zur Zeiteinteilung:

1. Einzelsachverhalt etwa 50 Minuten;
2. Einzelsachverhalt etwa 90 Minuten;
3. Einzelsachverhalt etwa 50 Minuten;
4. Einzelsachverhalt etwa 65 Minuten;
5. Einzelsachverhalt etwa 45 Minuten.

Hilfsmittel: Aktuelle Steuergesetze und aktuelle Wirtschaftsgesetze, Einkommensteuer-Handbuch, Taschenrechner

Anlagen: 5 Vordrucke zur MuW-Rechnung

Abkürzungen:

AK	Anschaffungskosten
AO	Abgabenordnung
AfA	Absetzung für Abnutzung
Bp.	Betriebsprüfung
BpStB	Betriebsprüfer-Steuerbilanz
bzw.	beziehungsweise
€	Euro
EWB	Einzelwertberichtigung
FStB	Firmen-Steuerbilanz
GmbH	Gesellschaft mit beschränkter Haftung
GrESt	Grunderwerbsteuer
GuV	Gewinn- und Verlust (-Rechnung)
HK	Herstellungskosten
KLR	Kosten- und Leistungsrechnung
LuL.	Lieferungen und Leistungen
MuW	Mehr- und Weniger (-Rechnung)
ND	Nutzungsdauer (Betriebsgewöhnliche Nutzungsdauer)
PZ	Prüfungszeitraum
StB	Steuerbilanz(en)
Tz.	Textziffer
USt	Umsatzsteuer

I. Allgemeine Angaben

Der Einzelkaufmann Peter Sauber (**PS**) betreibt in Bremen in der „Industriestraße 1 – 3" auf eigenem Grundstück die Produktion von Reinigungsgeräten für die Industrie und für Endverbraucher. Auf dem benachbarten Grundstück „Zur Käufergasse 9" verkauft **PS** seit März des Jahres 12 die für Endverbraucher produzierten Geräte auch im Rahmen eines Einzelhandels.

Die Gewinnermittlung erfolgt nach § 5 Absatz l EStG. **PS** wünscht in jedem Jahr einen möglichst niedrigen Gewinn. Die Voraussetzungen für Bilanzänderungen (§ 4 Absatz 2 Satz 2 EStG) liegen vor. Die Voraussetzungen des § 7g EStG liegen nicht vor. Das Kalenderjahr und das Wirtschaftsjahr stimmen überein.

PS ist zum Vorsteuerabzug berechtigt. Er versteuert seine Umsätze nach vereinbarten Entgelten (hier zutreffend in allen Jahren) mit dem Steuersatz von 19 %. Die Rechnungen und die übrigen Belege sind nicht zu beanstanden. Erforderliche Freistellungsbescheinigungen nach § 48b EStG liegen **PS** vor. Auf § 13b UStG ist nicht einzugehen.

Die Veranlagungen für die Wirtschaftsjahre 11 bis 13 sind nach § 164 AO unter dem Vorbehalt der Nachprüfung durchgeführt worden. Seine StB hat **PS** jeweils **Ende März** des Folgejahres aufgestellt. Bei **PS** ist im Sommer 14 eine Bp. für die Jahre 11 bis 13 erfolgt. Der Betriebsprüfer hat dabei die unter III. angegebenen Sachverhalte festgestellt.

II. Aufgaben

1. Überprüfen Sie die unter ***III.*** aufgeführten Sachverhalte auf die steuerlich richtige Behandlung. Soweit erforderlich, sind die Bilanzposten sowie die Entnahmen und Einlagen zu berichtigen. Dabei sind die Wertansätze für die BpStB, ausgehend von den Werten in der von **PS** erstellten FStB nach folgendem Muster zu entwickeln. Bei der Position USt sind nur die Änderungen von USt oder Vorsteuer bei den einzelnen Tz. zu nennen.

Bilanzposten	**FStB**	**BpStB**	**Gewinnänderung**
01.01.11 oder Zugang 11 …			
Entwicklung …..			
31.12.11			
…..			
31.12.12			
…..			
31.12.13			

Die Werte sind unter Angabe der genauen Gesetzes- und Verwaltungsvorschriften zu begründen. Dabei ist gegebenenfalls auch auf die Vorschriften des Handelsrechts einzugehen. Soweit es möglich ist, möchte **PS** in der Handelsbilanz und in der StB einheitliche Beträge ansetzen. Zum Verständnis erforderliche Berechnungen sind darzustellen.

Die Gewinnänderungen sind in der MuW-Rechnung in der Anlage nach der Bilanzposten-Methode darzustellen und in die Anlage mit der entsprechenden Tz. des Sachverhalts einzutragen. Dabei ist für jeden Sachverhalt die sich ergebende Gesamtauswirkung darzustellen. Das gilt auch für etwaige Veränderungen der USt, die bei der Position Umsatzsteuerschuld (= USt) darzustellen sind.

Nennen Sie zum ersten Einzelsachverhalt die Buchungssätze, die **PS** aufgrund der vom Finanzamt vorgenommenen Änderungen des Jahres 10 als Folge im Jahr 11 hätte vornehmen müssen. Weitere Buchungssätze brauchen nicht genannt zu werden.

2. Änderungen der Gewerbesteuer für die Jahre 11 bis 13 sind nicht zu berücksichtigen.
3. Beträge sind auf volle € zu Gunsten von **PS** zu runden.
4. **Für die Jahre 11 – 13 ist die Rechtslage für 2008 anzuwenden.**

III. Einzelsachverhalte

1. Veranlagung des Jahres 10

Von dem erklärten Gewinn ist das Finanzamt bei der bestandskräftig gewordenen Veranlagung für das Jahr 10 in folgenden Punkten abgewichen:

a) Zum 31. Dezember 10 hatte **PS** eine Ansparrücklage in Höhe von 10.000 € gebildet, weil er im Sommer des Jahres 12 eine Produktionsmaschine für Spezialschläuche von Industriestaubsaugern herstellen wollte. Die HK sollten voraussichtlich 25.000 € betragen.

PS musste sich jedoch vom Finanzamt sagen lassen, dass er die Größenmerkmale des § 7g EStG zur Bildung dieser Rücklage nicht erfüllt. Außerdem sei § 7g EStG neu geregelt worden. Ein Investitionsabzugsbetrag könne von **PS** aber auch nicht in Anspruch genommen werden. Im Einvernehmen mit **PS** hat das Finanzamt den Gewinn 10 entsprechend erhöht.

Diese Änderung hat **PS** in seinen Buchführungen und Bilanzen der Folgejahre nicht richtig berücksichtigt. Die Ansparrücklage hat er im Jahr 12 wie unter **Tz. 5** geschildert aufgelöst.

b) Im Januar 10 hatte **PS** mit der Firma Tiptop Wartungen GmbH einen Vertrag über die ab Februar 10 monatliche Wartung von Maschinen seines Anlagevermögens abgeschlossen. Nach dem über 36 Monate Laufzeit abgeschlossenen Vertrag hat **PS** den für die Grundwartung vereinbarten Einmalbetrag in Höhe von 12.852 € einschließlich 19 % USt im Voraus zu zahlen. **PS** hatte den Gesamtbetrag bei der Bezahlung Ende Januar 10 als Aufwand gebucht.

Das Finanzamt die zutreffenden Folgerungen gezogen und im Einvernehmen mit **PS** den Gewinn des Jahres 10 entsprechend geändert. Die insoweit vom Finanzamt im Jahr 11 erstattete USt (Vorsteuer) hat **PS** im Jahr 11 als Betriebseinnahme erfasst (Buchung: Bank an Ertrag). Änderungen hat **PS** in seinen Buchführungen und Bilanzen der Folgejahre im Übrigen nicht vorgenommen.

c) Die erwartete Erstattung der Gewerbesteuer für das Jahr 10 hatte **PS** in seinem Jahresabschluss zum 31.12.10 mit 4.000 € aktiviert. Vom Finanzamt wurde diese Position nach Rücksprache und im Einvernehmen mit **PS** um 3.600 € auf 400 € reduziert. **PS** hat den Betrag von 4.000 € in seinen Buchführungen und in den Jahresabschlüssen der Folgejahre nicht geändert.

Der Gewerbesteuerbescheid für das Jahr 10 (Rechtslage / Gewerbesteuer **2007**) erging im Jahr 11 und die Erstattung in Höhe von 420 € wurde mit der Einkommensteuernachzahlung für dieses Jahr verrechnet. **PS** hat daher keine Buchungen vorgenommen.

2. Grundstück Zur Käufergasse 9

Durch Kaufvertrag vom 10. Januar 11 erwarb **PS** das unbebaute Grundstück „Zur Käufergasse 9", um dort ein Gebäude für seinen geplanten Einzelhandel zu errichten. Der Übergang von Nutzen und Lasten erfolgte entsprechend dem Vertrag am 1. März 11. Der Kaufpreis in Höhe von 150.000 €, der einem Fremdvergleich Stand hält, wurde nach dem Kaufvertrag von **PS** im März 11 gezahlt. PS überwies 100.000 € von seinem betrieblichen Bankkonto und 50.000 € von seinem privaten Bankkonto an den Verkäufer.

Die Notarkosten (900 € zuzüglich 19 % USt), die Kosten der Eintragung in das Grundbuch (300 €) und die GrESt (5.250 €) bezahlte **PS** ebenfalls von seinem betrieblichen Bankkonto.

PS buchte den gesamten Vorgang im Jahr 11 wie folgt:

Grund und Boden	100.000 €	an	Bank	100.000 €.
Sonstige betriebliche Aufwendungen	6.450 €			
Vorsteuer	171 €	an	Bank	6.621 €.

Im Mai 11 erhielt **PS** aufgrund seines Bauantrages die Genehmigung zur Errichtung eines zweigeschossigen Gebäudes und beauftragte den Bauunternehmer Bernd Baum, Bremerhaven, mit der schlüsselfertigen Herstellung. Die Kosten im Zusammenhang mit der Bauplanung und dem Bauantrag in Höhe von 3.000 € hat **PS** im Jahr 11 als „Sonstige betriebliche Aufwendungen" gebucht. Die berechnete USt auf einige dieser Kosten in Höhe von 300 € hat er in voller Höhe als Vorsteuer gebucht.

Im Januar 12 entschloss sich **PS** im Einvernehmen mit dem Bauunternehmer zu einer durch die Baugenehmigung gedeckten Änderung der Bauplanung im Obergeschoss. Anstelle der bisher nur geplanten Büroetage für seine eigenen betrieblichen Zwecke errichtete er dort nun nur noch zwei Büroräume und eine Wohnung.

Diese Wohnung vermietete **PS** ab Fertigstellung im März 12 an Heinz Hartmann, der als Hausmeister und Wachmann im Betrieb von **PS** beschäftigt ist. Heinz Hartmann kann von der Wohnung aus auch das gesamte Betriebsgelände der Industriestrasse überblicken und somit Eindringlinge womöglich frühzeitig erkennen und Vandalismus, wie er in der Silvesternacht des Jahres 11 vorgekommen ist (siehe dazu **Tz. 4**), verhindern.

Die Nutzfläche des Ladengeschäfts im Erdgeschoss und der beiden eigenbetrieblich genutzten Büroräume im Obergeschoss beträgt zusammen 270 m^2, die Wohnung von Hartmann hat 90 m^2 Wohnfläche (= Nutzfläche). Die Bauarbeiten entfallen auf die gesamte Wohn- und Nutzfläche gleichmäßig.

Vom Grund und Boden Zur Käufergasse 9 entfallen 2/3 auf eine Parkfläche für das Ladengeschäft (siehe **Tz. 3**) und auf dem restlichen Drittel steht das Gebäude.

Die Rechnungen von Bernd Baum vom August 11 und vom Dezember 11 (vereinbarte Abschlagszahlungen) und die Schlussrechnung vom März 12 (über denselben Betrag) buchte **PS** bei der Bezahlung im Monat der Rechnungserteilung jeweils wie folgt:

Gebäude	100.000 €			
Vorsteuer	19.000 €	an	Bank	119.000 €.

Die AfA für das massive Gebäude buchte **PS** mit 3 % im Jahr 11 nur für die geleisteten Abschlagszahlungen von 200.000 € und ab dem Jahr 12 für die gesamten HK von 300.000 €:

11 = AfA Gebäude	6.000 €	an	Gebäude	6.000 €.
12 und 13 = AfA Gebäude	9.000 €	an	Gebäude	9.000 €.

Die laufenden Grundstückskosten und die darauf (zum Teil) berechnete USt hat **PS** in richtiger Höhe als Aufwand bzw. Vorsteuer gebucht.

3. Straßenpflasterung und Parkfläche Zur Käufergasse 9

In der Straße „Zur Käufergasse" befinden sich bereits seit einigen Jahren Einzelhandelsgeschäfte. Zur Steigerung der Attraktivität hat die Stadt Bremen im August des Jahres 11 aufgrund einer entsprechenden Gemeindesatzung beschlossen, den bisherigen Asphaltbelag der Straße durch eine bunt gemusterte Pflasterung zu ersetzen und den bisherigen Gehweg abzusenken und in die Pflasterung einzubeziehen. Nach Fertigstellung dieser Maßnahme, voraussichtlich im Frühjahr 12, sollte Kraftfahrzeugen eine Zufahrt zu den Parkplätzen der Geschäfte nur noch im Schritttempo erlaubt sein.

Im September 11 erhielten die Grundstückseigentümer entsprechende Schreiben der Stadt, in denen auch auf die Baukostenbeiträge der Eigentümer hingewiesen wurde. **PS** muss bei Fertigstellung der Baumaßnahme nach der Angabe in diesem Schreiben mit einem Beitragsbescheid über 17.850 € rechnen.

Die Bauausführung erfolgte tatsächlich im Februar und März 12. In Abstimmung mit dieser Baumaßnahme ließ **PS** von dem Bauunternehmer Bernd Baum einen Kundenparkplatz auf dem Grundstück „Zur Käufergasse 9" anlegen. Die Zufahrten zu den einzelnen Parkplätzen wurden dabei mit dem gleichen Muster wie bei der öffentlichen Straße gepflastert.

Die Fertigstellung der Straßenpflasterung und des Kundenparkplatzes erfolgten zeitgleich am 30. März 12.

Der Bescheid der Stadt über den angekündigten Betrag von 17.850 € und die Rechnung für den Kundenparkplatz von Bernd Baum über insgesamt 35.700 € gingen bei PS am 25. April 12 ein und wurden bei der Bezahlung am 30. April 12 wie folgt gebucht:

Außenanlagen	45.000 €			
Vorsteuer	8.550 €	an	Bank (2 Überweisungen)	53.550 €.

Die Pflasterungen werden voraussichtlich eine ND von 15 Jahren haben. **PS** buchte zum 31.12.12 und zum 31.12.13 jeweils:

Außenanlagen	3.000 €	an	AfA	3.000 €.

4. Vandalismus: Zerstörung einer Lagerhalle

Am Silvesterabend des Jahres 11 drangen Unbekannte in das umzäunte Betriebsgelände in der Industriestraße ein. In einer an diesem Abend leer stehenden Lagerhalle hantierten sie offensichtlich mit Feuerwerkskörpern. Dabei kam es zu einem Brand, der die Halle erheblich beschädigte, obwohl es der Feuerwehr gelang, den Brand noch vor Mitternacht zu löschen.

Die erst im Januar 10 fertig gestellte Halle mit HK in Höhe von 110.000 € wird unter Berücksichtigung einer zutreffenden ND von 20 Jahren linear abgeschrieben. Nach dem Brand wurde durch ein Gutachten festgestellt, dass der Wert nur noch 30.000 € beträgt. Die Versicherung entschädigte **PS** daraufhin mit 80.000 €. Der Versicherungsanspruch für den Schaden an der Halle besteht auch der Höhe nach unstrittig seit dem 31.12.11, 23:30 Uhr. Die Bezahlung erfolgte im Dezember 12 auf ein privates Bankkonto von **PS**.

Die erforderliche Reparatur war von **PS** zwar sofort beabsichtigt, die entsprechenden Arbeiten konnte der im Jahr 12 beauftragte Bauunternehmer Bernd Baum aber erst im April 13 durchführen. Die ND der Halle hat sich durch die Ereignisse nicht verändert.

In diesem Zusammenhang erfolgten im PZ bisher (nur) diese Buchungen:

31.12.11				
AfA Lagerhalle	5.500 €	an	Lagerhalle	5.500 €.
31.12.12				
AfA Lagerhalle	5.500 €	an	Lagerhalle	5.500 €.
April 13				
Reparaturkosten	60.000 €			
Vorsteuer	11.400 €	an	Bank	71.400 €.
31.12.13				
AfA Lagerhalle	5.500 €	an	Lagerhalle	5.500 €.

Nach Durchführung der Reparatur war der Schaden vollständig beseitigt. Der Teilwert der Halle betrug danach im gesamten Jahr 13 unstreitig 85.000 €.

5. Herstellung einer Spezialmaschine und Auflösung der Ansparrücklage

Im Juli 12 hat **PS** durch eigene Arbeitnehmer eine Produktionsmaschine für Spezialschläuche von Industriestaubsaugern hergestellt. Die entsprechende Absicht zur Herstellung dieser Maschine hatte er bereits bei der Erstellung des Jahresabschlusses für das Jahr 10 (vgl. **Tz. 1a**).

Die ND der Maschine beträgt 10 Jahre.

Die HK ermittelte **PS** aus den nicht zu beanstandenden Zahlen seines internen Rechnungswesens wie folgt:

Materialverbrauch	(1)	5.000 €
Fertigungslöhne (eigene Arbeitnehmer)	(2)	6.000 €
Ingenieurleistung Theodorakis Technikos*	(3)	2.000 €
Fertigungslohn **PS** (kalkulatorisch)	(4)	1.000 €
Materialgemeinkosten (Zuschlagsatz 80 %)	(5)	4.000 €
Fertigungsgemeinkosten (Zuschlagsatz 150 %)	(6)	13.500 €
Wertverzehr des zur Herstellung eingesetzten Anlagevermögens	(7)	500 €
Allgemeine Verwaltungskosten	(8)	1.500 €
Summe		33.500 €

* Der selbstständige Ingenieur Theodorakis Technikos aus Hamburg hat **PS** im Juli 12 eine Rechnung über seine Vorschläge zur Konstruktion der Produktionsmaschine ausgestellt.

Die bei der Herstellung entstandenen Aufwendungen hat **PS** zutreffend gebucht. Die von Theodorakis Technikos berechnete Umsatzsteuer hat er als Vorsteuer geltend gemacht.

Da **PS** einen möglichst niedrigen zu versteuernden Gewinn wünscht, hat er lediglich die Fertigungslöhne und die Ingenieurleistung (Positionen 2 bis 4) aktiviert.

Im Zusammenhang mit der Aktivierung der Produktionsmaschine nahm **PS** folgende Buchungen per 31.12.12 vor:

Produktionsmaschine	9.000 €	an	Aktivierte Eigenleistungen	9.000 €.
Ansparrücklage	10.000 €	an	Produktionsmaschine Sonstige betriebliche Erträge	8.999 € 1.001 €.

Anlage, Blatt 1

Sachverhalt 1

Mehr- und Weniger-Rechnung-Bilanzposten-Methode

	11		12		13	
	+	./.	+	./.	+	./.
Summen						
Übertrag						
Ergebnis						

Mehr- und Weniger-Rechnung – GuV-Methode (nur zur Kontrolle)

	11		12		13	
	+	./.	+	./.	+	./.
Summen						
Übertrag						
Ergebnis						

Anlage, Blatt 2

Sachverhalt 2

Mehr- und Weniger-Rechnung-Bilanzposten-Methode

	11		12		13	
	+	./.	+	./.	+	./.
Summen						
Übertrag						
Ergebnis						

Mehr- und Weniger-Rechnung – GuV-Methode (nur zur Kontrolle)

	11		12		13	
	+	./.	+	./.	+	./.
Summen						
Übertrag						
Ergebnis						

Anlage, Blatt 3

Sachverhalt 3

Mehr- und Weniger-Rechnung-Bilanzposten-Methode

	11		12		13	
	+	./.	+	./.	+	./.
Summen						
Übertrag						
Ergebnis						

Mehr- und Weniger-Rechnung – GuV-Methode (nur zur Kontrolle)

	11		12		13	
	+	./.	+	./.	+	./.
Summen						
Übertrag						
Ergebnis						

Anlage, Blatt 4

Sachverhalt 4

Mehr- und Weniger-Rechnung-Bilanzposten-Methode

	11		12		13	
	+	./.	+	./.	+	./.
Summen						
Übertrag						
Ergebnis						

Mehr- und Weniger-Rechnung – GuV-Methode (nur zur Kontrolle)

	11		12		13	
	+	./.	+	./.	+	./.
Summen						
Übertrag						
Ergebnis						

Anlage, Blatt 5

Sachverhalt 5

Mehr- und Weniger-Rechnung-Bilanzposten-Methode

	11		12		13	
	+	./.	+	./.	+	./.
Summen						
Übertrag						
Ergebnis						

Mehr- und Weniger-Rechnung – GuV-Methode (nur zur Kontrolle)

	11		12		13	
	+	./.	+	./.	+	./.
Summen						
Übertrag						
Ergebnis						

Lösungsvorschlag

Erläuterungen: *Beträge in €; Zitate aus EStH 2007* *Punkte*

1. Veranlagung des Jahres 10

Aufgrund der Berichtigungen des Jahres 10 durch das Finanzamt, die außerhalb der Buchführung von PS erfolgt sind, ist der Bilanzenzusammenhang durchbrochen worden.

Zur erforderlichen Kapitalanpassung aufgrund der Änderungen durch das Finanzamt für das Jahr 10 hätte PS folgende erfolgsneutrale Buchungen in seiner Buchführung 11 vornehmen müssen: 1

a) Ansparrücklage	10.000 an	Eigenkapital	10.000.	1
b) ARAP	7.500 an	Eigenkapital	7.500.	1
c) Eigenkapital	3.600 an	GewSt-Erstattungsanspruch	3.600.	1

Zu a) Der Bilanzposten Ansparrücklage ist **unter 5.** dargestellt.

Zu b) Das Finanzamt hat im Jahr 10 nur einen Aufwand von 3.300 € (11 × 300 €) anerkannt und zum 31.12.10 einen aktiven Rechnungsabgrenzungsposten (§ 250 Abs. 1 Satz 1 HGB, § 5 Abs. 5 Satz 1 Nr. 1 EStG) in Höhe von 7.500 € (Aufwand nach dem Stichtag für 25 Monate Restlaufzeit × 300 €) gesehen. 2

Die Vorsteuer hat das Finanzamt im Jahr 10 in voller Höhe (2.052 €) als abzugsfähig behandelt, weil eine Rechnung vorlag und die Zahlung geleistet worden ist (vgl. § 15 Abs. 1 Nr. 1 UStG). 1

ARAP	FStB	BpStB	Gewinnänderung	
01.01.11	--	7.500	+ 7.500 Vorjahr // – 7.500	
Wartungskosten 11	--	– 3.600		
31.12.11	--	3.900	+ 3.900 // – 3.900	
Wartungskosten 12	--	– 3.600		
31.12.12	--	300	+ 300 // – 300	
Wartungskosten 13	--	– 300		
31.12.13	--	--	--	1

USt	FStB	BpStB	Gewinnänderung	
01.01.11	--	– 2.052	+ 2.052 Vorjahr // – 2.052	
Veränderung 11	--	+ 2.052		
31.12.11	--	--	--	1

Zu c) Ein sich ergebender Erstattungsanspruch der Gewerbesteuer ist gemäß R 4.9 Abs. 2 Satz 3 EStR 2005 (gültig bis 2007 = Rechtslage im Jahr 10) als Forderung in der Bilanz zu aktivieren. Diese Forderung ist im Jahr 11 aufgrund der Verrechnung mit der (privaten) Einkommensteuer als Entnahme (§ 4 Abs. 1 Satz 2 EStG) auszubuchen. Das Finanzamt hatte den GewSt-Aufwand des Jahres 10 um 3.600 € erhöht und den Gewinn entsprechend verringert.

Im Jahr 11 ist auch der weitere Erstattungsbetrag von 20 € als (periodenfremder) Ertrag und als Entnahme zu buchen. Aufgrund der bisher nicht erfassten Entnahme erhöht sich der Gewinn 11 für sich betrachtet um 420 €. § 4 Abs. 5b EStG gilt noch nicht (§ 52 Abs. 12 Satz 7 EStG). 3

GewSt-Erstattungsanspruch (Sonstige Forderung)	FStB	BpStB	Gewinnänderung	
01.01.11	4.000	400	– 3.600 Vorjahr //	
			+ 3.600	
Forderungseingang 11	--	– 400		
31.12.11	4.000	--	– 4.000 //	
			+ 4.000	
31.12.12	4.000	--	– 4.000 //	
			+ 4.000	
= 31.12.13	4.000	--	– 4.000 //	1
Anlage MuW-Rechnung				3

16

2. Grundstück Zur Käufergasse 9

Mit Wirkung vom 1. März 11 ist Peter Sauber (PS) wirtschaftlicher Eigentümer (§ 39 Abs. 2 Nr. 1 AO) des erworbenen Grund und Bodens geworden, weil an diesem Tag der Übergang von Nutzen und Lasten erfolgt. Auf das Datum des Vertragsabschlusses oder den Tag der Eintragung ins Grundbuch (an diesem Tag wird PS zivilrechtlicher Eigentümer) kommt es für die steuerrechtliche Zurechnung nicht an. 1

Da PS das Grundstück eigenbetrieblich nutzen möchte, handelt es sich in vollem Umfang um notwendiges Betriebsvermögen (§ 246 HGB, R 4.2 Abs. 7 Satz 1 EStR, H 4.2 Abs. 7 „Zeitpunkt der erstmaligen Zugehörigkeit zum Betriebsvermögen“ EStH). 1

Der Grund und Boden ist ein Wirtschaftsgut des nicht abnutzbaren Anlagevermögens (R 6.1 Abs. 1 Satz 6 EStR) und beim Erwerb mit den Anschaffungskosten (vgl. § 255 Abs. 1 HGB) zu bewerten (§ 253 Abs. 1 HGB, § 6 Abs. 1 Nr. 2 EStG). 2

Die Anschaffungskosten betragen:

Kaufpreis	150.000 €	
Notarkosten (ohne abziehbare Vorsteuer, vgl. § 9b EStG)	900 €	
Eintragung in das Grundbuch	300 €	
GrESt	5.250 €	
Summe	156.450 €	1

Die Bezahlung eines Teilbetrags von 50.000 € von einem privaten Bankkonto ist eine Einlage (§ 4 Abs. 1 Satz 7 EStG). 1

Im Jahr 11 entstehen PS Herstellungskosten eines Gebäudes. Da PS die Absicht hat, das gesamte Gebäude eigenbetrieblich zu nutzen, sind die im Jahr 11 geleisteten Zahlungen unter den Sachanlagen (§ 266 Abs. 2 A II 4 HGB; geleistete Anzahlungen und Anlagen im 1
Bau) zu aktivieren.

Die im Jahr 11 berechnete und gezahlte Vorsteuer ist zunächst (Voranmeldungen 11) abzugsfähig (§ 15 Abs. 1 Satz 2 UStG).

Anmerkung: Bernd Baum (Bremerhaven) ist im Inland ansässig, so dass § 13b Abs. 1 Satz 1 Nr. 1 UStG nicht zutrifft. § 13b Abs. 1 Nr. 4 UStG trifft wegen § 13b Abs. 2 Satz 4 UStG nicht zu, da PS kein Bauunternehmer ist.

Die bis zum 31.12.11 (zunächst) zu aktivierenden Herstellungskosten betragen:

Bauplanungskosten und Bauantrag	3.000 €
Abschlagszahlungen vom August und Dezember	200.000 €
Summe (vorläufig)	203.000 €

Die Bauplanungskosten gehören trotz der späteren Änderung der Bauplanung in vollem Umfang zu den Herstellungskosten, da das hergestellte Gebäude den beabsichtigten Zweck offenbar erfüllt (H 6.4 „Bauplanungskosten" EStH). Diese Kosten sind im Verhältnis der späteren Nutzung auf den Laden und die Büros einerseits und die Wohnung andererseits aufzuteilen *Alternative: Zuordnung nur auf Laden und Büroräume bei entsprechender Begründung.* *1*

Allerdings wird das Gebäude ab Fertigstellung zu 90/360 = 25 % (siehe auch nachstehend) zu Wohnzwecken vermietet. Diese Vermietung ist umsatzsteuerfrei nach § 4 Nr.12a UStG. Eine Möglichkeit auf den Verzicht auf Steuerbefreiung besteht nicht (vgl. § 9 UStG). Damit tritt ein Ausschluss vom Vorsteuerabzug ein (§ 15 Abs. 2 Satz 1 Nr. 1 UStG). *1*

Die bereits geltend gemachten Vorsteuerbeträge des Jahres 11 sind zu berichtigen (Änderung nach § 164 Abs. 2 AO). Die (nunmehr) nicht abziehbaren Vorsteuerbeträge können im Wege einer sachgerechten Schätzung ermittelt werden (§ 15 Abs. 4 Satz 2 UStG). *1*

Eine sachgerechte Schätzung kann in diesem Fall mangels anderer Angaben (nur) nach dem Verhältnis der Nutzflächen erfolgen. Somit sind 25 % der berechneten Vorsteuerbeträge nicht abzugsfähig. Diese Vorsteuerbeträge gehören zu den Herstellungskosten der Wohnung (§ 9b EStG). Damit sind 25 % von 38.300 € = 9.575 € im Jahr 11 als Vorsteuer nicht abzugsfähig. *1*

Anmerkung zum Vorsteuerabzug: Ein Fall von § 15a UStG liegt mangels Nutzungsänderung nicht vor. Eine Nutzung erfolgt erst ab März 12.

Damit betragen die zutreffend bis zum 31.12.11 zu aktivierenden Herstellungskosten:

Bauplanungskosten und Bauantrag	3.075 €	
(davon 75 € nicht abziehbare Vorsteuer, 225 € Vorsteuer bleiben abziehbar)	209.500 €	
Abschlagszahlungen vom August und Dezember (davon 9.500 € nicht abziehbare Vorsteuer)		
Summe	212.575 €	1

Im März 12 sind weitere Herstellungskosten (einschließlich 4.750 € nicht abziehbarer Vorsteuer) in Höhe von 104.750 € gezahlt worden, so dass die gesamten Herstellungskosten des Gebäudes **317.325 €** betragen. 1

Das Gebäude wird ab März 12 in vollem Umfang eigenbetrieblich genutzt und gehört zum notwendigen Betriebsvermögen. Das gilt auch für die an den Arbeitnehmer vermietete Wohnung, weil für diese Vermietung betriebliche Gründe maßgebend sind (vgl. H 4.2 Abs. 7 „Vermietung an Arbeitnehmer" EStH). 1

Das Gebäude ist ein Wirtschaftsgut des abnutzbaren Anlagevermögens (R 6.1 Abs. 1 Satz 5 EStR), das nach § 253 Abs. 2 HGB, § 6 Abs. 1 Nr. 1 EStG mit den Herstellungskosten abzüglich AfA zu bewerten ist. Zum eigenbetrieblich genutzten Gebäude gehört auch die vermietete Wohnung (vgl. R 4.2 Abs. 4 Sätze 1 und 2 EStR). 2

Anmerkung: Da das Gebäude unterschiedlich abzuschreiben ist, kann auch die Aussage akzeptiert werden, dass es sich um zwei Wirtschaftsgüter handelt. Eine getrennte Bilanzierung ist m. E. zulässig. In der folgenden Lösung wird von einem Bilanzposten ausgegangen.

Das Gebäude ist nach § 7 Abs. 4 Satz 1 Nr. 1 EStG mit jährlich 3 % abzuschreiben. Der Wohnzwecken dienende Teil kann aber nur nach § 7 Abs. 4 Satz 1 Nr. 2a EStG mit 2 % abgeschrieben werden. Da für alle Jahre die Rechtslage des Jahres 2008 gilt, kommt für die Wohnung eine AfA nach § 7 Abs. 5 Nr. 3 a bis c EStG nicht in Betracht. Im Jahr der Herstellung kommt die lineare AfA erst ab der Fertigstellung in Betracht, so dass die AfA im Jahr 12 nur für 10 Monate (ab März) zu gewähren ist (R 7.4 Abs. 1 Satz 1 EStR, § 9b EStDV und damit analog § 7 Abs. 1 Satz 4 EStG). 2

Von den gesamten Herstellungskosten (ohne die nicht abziehbare Vorsteuer = 303.000 €) entfallen 270/360 = 75 % auf das Ladengeschäft und die Büroräume und 90/360 = 25 % auf die Wohnung. Die nicht abziehbare Vorsteuer entfällt in vollem Umfang auf die Wohnung. Der Anteil der Wohnung beträgt 75.750 € + 14.325 € (Vorsteueranteil) = 90.075 €. 2

Damit ergeben sich folgende Beträge:

	Laden / Büros	Wohnung	
Zugang März 12	227.250 €	90.075 €	
AfA 12 (10 Monate), aufgerundet	– 5.682 €	– 1.502 €	1
31.12.12	221.568 €	88.573 €	
AfA 13	– 6.818 €	– 1.802 €	1
31.12.13	214.750 €	86.771 €	

Die laufenden Grundstückskosten sind laut Sachverhalt richtig gebucht worden. Die Vorsteuer wurde (nur) in richtiger Höhe geltend gemacht.

Hinweise auf einen niedrigeren Teilwert lassen sich dem Sachverhalt nicht entnehmen.

Lösungsvorschlag

Noch 2. Grundstück Zur Käufergasse 9

Die Bilanzposten entwickeln sich nach dem Ergebnis der Bp. wie folgt:

Grund und Boden	FStB	BpStB	Gewinnänderung	
Zugang im März 11	100.000	156.450		
31.12.11	100.000	156.450	+ 56.450 // – 56.450	
31.12.12	100.000	156.450	+ 56.450 // – 56.450	
31.12.13	100.000	156.450	+ 56.450 //	*1*

Geleistete Anzahlung. / Gebäude im Bau	FStB	BpStB	Gewinnänderung	
Zugang 11	--	212.575		
31.12.11	--	212.575	+ 212.575 // – 212.575	
Abgang im März 12	--	– 212.575		*1*
31.12.12	--	--	--	

USt	FStB	BpStB	Gewinnänderung	
Verringerung durch Vorsteuer 11	– 38.300	– 28.725		
31.12.11	– 38.300	– 28.725	– 9.575 // + 9.575	
Verringerung durch Vorsteuer 12	– 19.000	– 14.250		
31.12.12	– 57.300	– 42.975	– 14.325 // + 14.325	
31.12.13	– 57.300	– 42.975	– 14.325 //	*1*

Die Erstattung oder Verrechnung der Vorsteuer durch das Finanzamt hat für die Differenz zwischen FStB und BpStB keine Bedeutung.

Gebäude	FStB	BpStB	Gewinnänderung	
Zugang 11	200.000	--		
AfA 11	– 6.000	--		
31.12.11	194.000	--	– 194.000 // + 194.000	
Zugang im März 12	100.000	317.325		
AfA 12 (BpStB 5.682 + 1.502)	– 9.000	– 7.184		
31.12.12	285.000	310.141	+ 25.141 // – 25.141	
AfA 13 (BpStB 6.818 + 1.802)	– 9.000	– 8.620		
31.12.13	276.000	301.521	+ 25.521 //	*1*
Anlage MuW-Rechnung				*3*

3. Straßenpflasterung und Parkfläche

Der Baukostenbeitrag aufgrund gemeinderechtlicher Vorschriften zur Schaffung einer verkehrsberuhigten Zone führt zu sofort abziehbaren Betriebsausgaben, wenn das Grundstück bereits durch eine Straße erschlossen war (vgl. H 6.4 „Erschließung ...“ 3. Spiegelstrich unter Buchstabe a EStH). *1*

Anschaffungskosten eines Wirtschaftsgutes liegen nicht vor. Ein Zusammenhang mit der Anschaffung des Grundstücks ist schon deshalb zu verneinen, weil PS das Grundstück bereits im Januar 11 erworben hat, während die Gemeinde erst im September 11 an die Grundstückseigentümer herangetreten ist. Im Übrigen hat die Gemeinde den Beitrag mit dem Ziel der Finanzierung einer Maßnahme zur Verbesserung ihrer eigenen Infrastruktur erhoben. Eine konkrete Wertsteigerung des Grundstücks von PS ist dem Sachverhalt nicht zu entnehmen. Der Beitrag ist damit eine Art Ergänzungsbeitrag, den Eigentümer bereits erschlossener Grundstücke zur Errichtung öffentlicher Anlagen zu leisten haben (BFH v. 22.03.1994, BStBl. II S. 842 ff.). *1*

Ein umsatzsteuerbarer Leistungsaustausch liegt nicht vor.

PS hat auch kein immaterielles Wirtschaftsgut entgeltlich erworben (vgl. H 5.5 „Kein entgeltlicher Erwerb“ 2. Spiegelstrich EStH). *1*

Zum 31.12.11 liegen die Voraussetzungen zur Bildung einer Rückstellung für ungewisse Verbindlichkeiten (§ 249 Abs. 1 Satz 1 Alternative 1 HGB) vor. 1

Zu passivieren sind danach auch Verbindlichkeiten, die ihre Ursache im Bereich des öffentlichen Rechts finden. Aufgrund der schriftlichen Mitteilung der Gemeinde ist die Verpflichtung hinreichend konkretisiert und mit dem Beschluss entsprechend der Gemeindesatzung auch rechtlich bereits im Jahr 11 verursacht. Die Höhe der Rückstellung richtet sich nach dem im Schreiben der Gemeinde bereits genannten – und somit für PS zu erwartenden – Betrag. 2

Alternative: Vertretbar ist die Auffassung, dass die Beitragspflicht nach der Gemeindesatzung erst mit Durchführung der Maßnahme entsteht. Da der Beitrag nicht Vergangenes abgilt, wäre dann auch eine wirtschaftliche Verursachung zu verneinen. Eine Rückstellung käme nicht in Betracht.

Die Rückstellung ist auch steuerrechtlich zwingend (§ 5 Abs. 1 Satz 1 EStG, R 5.7 EStR). Da PS im Jahr 12 bei Zahlung der Verbindlichkeit keine Anschaffungskosten für ein Wirtschaftsgut zu aktivieren hat, trifft § 5 Abs. 4b EStG nicht zu. 1

Im Jahr 12 ist die Rückstellung gegen die erfolgte Banküberweisung aufzulösen. Eine Umbuchung auf Verbindlichkeiten bei Zugang des Bescheids ist im Hinblick auf die erfolgte Zahlung entbehrlich.

Die Aufwendungen für den Kundenparkplatz führen zu einem abnutzbaren Wirtschaftsgut „Außenanlage“, das zum Anlagevermögen gehört und nach § 6 Abs. 1 Nr. 1 EStG zu bewerten ist. Die AfA erfolgt nach § 7 Abs. 1 EStG, weil es sich um ein unbewegliches Wirtschaftsgut handelt und somit eine degressive AfA nach § 7 Abs. 2 EStG nicht in Betracht kommt. Insbesondere ist der Kundenparkplatz keine Betriebsvorrichtung, weil er keine (spezielle) Betriebsanlage (§ 68 Abs. 2 Nr. 2 BewG) darstellt. Die Abstimmung der Pflasterung mit der Straßenpflasterung ist steuerrechtlich unerheblich. 2

Die AfA im Jahr 12 erfolgt zeitanteilig ab Fertigstellung (§ 9b EStDV, § 7 Abs. 1 Satz 4 EStG) für 10 Monate unter Berücksichtigung der Nutzungsdauer von 15 Jahren. Die AfA 12 beträgt 30.000 € × 1/15 × 10/12 = aufgerundet 1.667 €. 1

PS hat die AfA fehlerhaft als Ertrag gebucht und den Bilanzansatz der Außenanlage damit an den Bilanzstichtagen über den Herstellungskosten angesetzt.

Die Vorsteuer auf die Herstellungskosten der Außenanlage beträgt 5.700 € und ist zu Recht geltend gemacht worden. Die abziehbare Vorsteuer gehört nicht zu den Herstellungskosten der Außenanlage (§ 9b EStG). Vorsteuer auf den Bescheid der Stadtgemeinde wurde nicht berechnet und daher zu Unrecht geltend gemacht. 1

Die Bilanzposten entwickeln sich nach dem Ergebnis der Bp. wie folgt:

Rückstellung für ungewisse Verblk.	FStB	BpStB	Gewinnänderung	
Zugang 11	--	17.850		
31.12.11	--	17.850	- 17.850 // + 17.850	
Auflösung 12	--	- 17.850		
31.12.12	--	--		1

USt	FStB	BStpB	Gewinnänderung	
Verringerung durch Vorsteuer 12	- 8.550	- 5.700		
31.12.12	- 8.550	- 5.700	- 2.850 // + 2.850	
31.12.13	- 8.550	- 5.700	- 2.850 //	1

Die Erstattung der Vorsteuer durch das Finanzamt hat für die Differenz zwischen FStB und BpStB keine Bedeutung.

Außenanlage (Parkplatz)	FStB	BpStB	Gewinnänderung	
Zugang März 12	45.000	30.000		
AfA 12	+ 3.000	– 1.667		
31.12.12	48.000	28.333	– 19.667 // + 19.667	
AfA 13	+ 3.000	– 2.000		
31.12.13	51.000	26.333	– 24.667 //	1
Anlage MuW-Rechnung				2

4. Vandalismus: Zerstörung einer Lagerhalle

Die beschädigte Halle gehört seit Fertigstellung unstrittig zum Anlagevermögen (R 6.1 Abs. 1 Satz 5 EStR). Der Restbuchwert am 31.12.10 betrug 104.500 €. Die Halle ist ein Wirtschaftsgut des abnutzbaren Anlagevermögens; die AfA 11 wurde zutreffend gebucht. Zum 31.12.11 ist die Halle jedoch schwer beschädigt worden und hat nur noch einen Wert (Teilwert) in Höhe von 30.000 €. Es ist daher eine Absetzung für außergewöhnliche technische Abschreibung (AfaA) gemäß § 7 Abs. 4 Satz 3 i. V. m. § 7 Abs. 1 Satz 7 EStG vorzunehmen. Auch nach § 253 Abs. 2 Satz 3 letzter Halbsatz HGB ist eine außerplanmäßige Abschreibung auf 30.000 € zwingend. Die AfaA beträgt 69.000 €. 3

Die Bemessungsgrundlage der AfA verringert sich ab dem Jahr 12 auf den Betrag der Herstellungskosten abzüglich des Betrags der AfaA und beträgt 41.000 € (110.000 € – 69.000 €). Die AfA 12 beträgt bei einer Restnutzungsdauer am 01.01.12 von 18 Jahren daher 2.278 €. Vgl. § 11c Abs. 2 Satz 1 EStDV; diese (gesetzliche) Regelung ist im Übrigen in diesem Fall günstiger für PS, als wenn er den Restbuchwert (30.000 €) auf 18 Jahre gleichmäßig verteilen würde. 2

Der Versicherungsanspruch ist laut Sachverhalt am Bilanzstichtag (24:00 Uhr) unstrittig vorhanden. Da es sich bei der Halle um Betriebsvermögen handelt, ist der Versicherungsanspruch als betriebliche Forderung und als Ertrag zu erfassen. Der Anspruch unterliegt als echter Schadensersatz nicht der USt. 1

Aus diesem Vorgang ergibt sich für PS im Jahr 11 ein Gewinn, der allerdings nach R 6.6 Abs. 7 EStR in eine Rücklage für Ersatzbeschaffung (RfE) eingestellt werden kann, weil die Halle durch höhere Gewalt (R 6.6 Abs. 2 Satz 1 EStR) beschädigt worden ist. PS hat laut Sachverhalt auch sofort die ernste Absicht, die Halle reparieren zu lassen. 1

Aufgrund der vorgenommenen AfaA kann PS die Rücklage aber nicht in Höhe der Entschädigung bilden, sondern nur in Höhe des durch die Entschädigung nach AfaA realisierten Gewinns (Grundsatz aus R 6.6 Abs. 1 Satz 1 EStR). Da die Entschädigung die AfaA um 11.000 € übersteigt, kann in dieser Höhe eine RfE gebildet werden. Die RfE kann auch am 31.12.13 (Folgejahr der Rücklagenbildung) noch ausgewiesen werden (R 6.6 Abs. 7 Satz 3 EStR). 1

Die Voraussetzungen für eine Rückstellung für unterlassene Instandhaltung nach § 249 Abs. 1 Satz 2 Nr. 1 HGB liegen nicht vor.

Im Jahr 13 sind die Reparaturkosten als Erhaltungsaufwendungen sofort abziehbare Betriebsausgaben. Herstellungskosten (§ 255 Abs. 2 HGB) sind nicht entstanden, da die Halle lediglich in den vor der Beschädigung vorhandenen Zustand versetzt worden ist. **1**

Die RfE ist nach der Reparatur vollständig (gewinnerhöhend) aufzulösen (vgl. H 6.6 Abs. 7 „Beispiel für den Fall der Beschädigung" EStH). Da ein Ersatzwirtschaftsgut nicht angeschafft worden ist, kommt eine Übertragung auf Anschaffungskosten eines solchen Wirtschaftsgutes nicht in Betracht. Es spielt daher auch keine Rolle, dass die Versicherungsentschädigung die Reparaturkosten übersteigt (kein Fall von H 6.6 Abs. 3 „Mehrentschädigung" EStH). **1**

Am 31.12.13 sind die Gründe für eine AfaA weggefallen, da der Schaden vollständig beseitigt worden ist. Es ist daher eine Zuschreibung vorzunehmen. Die Zuschreibung ist einerseits begrenzt auf die Höhe der erfolgten AfaA und andererseits begrenzt auf den Betrag der fortgeführten Herstellungskosten (§ 6 Abs. 1 Nr. 1 Satz 1 i. V. m. Satz 4 EStG). **1**

Am 31.12.13 betragen die fortgeführten Herstellungskosten 88.000 € (110.000 € abzüglich 4 Jahre × 5.500 € lineare AfA).

Der Teilwert beträgt laut Sachverhalt 85.000 €. Der Teilwert ist damit nicht auf Grund einer voraussichtlich dauernden Wertminderung im Sinne des Steuerrechts niedriger (vgl. BMF-Schreiben vom 25.02.2000, Tz. 6, Anhang 9 VI 6 EStH; Teilwert liegt bei weiterer planmäßiger Abschreibung nicht unter dem Betrag nach der halben Restnutzungsdauer). **1**

Da PS möglichst eine einheitliche Handels- und Steuerbilanz erstellen möchte, wird auch die nach § 253 Abs. 2 S. 3 Halbsatz 1 HGB mögliche außerplanmäßige Abschreibung auf 85.000 € nicht vorgenommen. Aus demselben Grund verzichtet PS auch auf das Beibehaltungswahlrecht des noch niedrigeren Vorjahreswerts nach § 253 Abs. 5 HGB. **1**

Bei der Überweisung der Versicherungsentschädigung in Höhe von 80.000 € auf ein privates Bankkonto handelt es sich um eine Entnahme der Forderung (§ 4 Abs. 1 Satz 2 EStG). **1**

Die Bilanzposten entwickeln sich nach dem Ergebnis der Bp. wie folgt:

Lagerhalle	FStB	BpStB	Gewinnänderung	
01.01.11	104.500	104.500		
AfA 11	– 5.500	– 5.500		
AfaA 11	--	– 69.000		
31.12.11	99.000	30.000	– 69.000 // + 69.000	
AfA 12	– 5.500	– 2.278		
31.12.12	93.500	27.722	– 65.778 // + 65.778	
AfA 13	– 5.500	– 2.278		
Zuschreibung 13	--	+ 62.556		
31.12.13	88.000	88.000	--	**1**

Rücklage für Ersatzbeschaffung	FStB	BpStB	Gewinnänderung	
Zugang 11	--	11.000		
31.12.11	--	11.000	– 11.000 // + 11.000	
31.12.12	--	11.000	– 11.000 // + 11.000	
Auflösung 13	--	– 11.000		
31.12.13	--	--	--	**1**

Sonstige Forderung (Versicherung)	FStB	BpStB	Gewinnänderung	
Zugang 11	--	80.000		
31.12.11	--	80.000	+ 80.000 // – 80.000	
Abgang 12	--	– 80.000		
31.12.12	--	--	--	**1**
Anlage MuW-Rechnung				**3**

5. Herstellung einer Spezialmaschine und Auflösung der Ansparrücklage

Die für eigene Produktionszwecke selbst hergestellte Maschine gehört zum notwendigen Betriebsvermögen (R 4.2 Abs. 1 Satz 1 EStR) und dort zum Anlagevermögen (R 6.1 Abs. 1 Satz 5 EStR). Sie ist mit den Herstellungskosten abzüglich AfA zu bewerten (§ 6 Abs. 1 Nr. 1 EStG) und kann als bewegliches, abnutzbares Wirtschaftsgut nach der Rechtslage ab 2008 nicht mehr degressiv (§ 7 Abs. 2 EStG bis 2007), sondern nur nach § 7 Abs. 1 EStG
abgeschrieben werden. Da Angaben für eine Leistungsabschreibung der Maschine nach § 7 2
Abs. 1 Satz 6 EStG im Sachverhalt fehlen, erfolgt die AfA linear.

Zu den Herstellungskosten gehören nach § 255 Abs. 2 HGB die Materialkosten, die Fer-
tigungskosten und die Sonderkosten der Fertigung. Die Kosten der Leistung des selbststän- 1
digen Ingenieurs gehören zu den Sonderkosten der Fertigung.

Steuerrechtlich müssen nach R 6.3 EStR auch die Materialgemeinkosten, die Fertigungs- 1
gemeinkosten und der Wertverzehr des zur Herstellung eingesetzten Anlagevermögens aktiviert werden.

Handelsrechtlich besteht hier ein Wahlrecht. Aufgrund der gewünschten einheitlichen Bilanzierung werden die Gemeinkosten auch in der Handelsbilanz aktiviert, so dass es
nicht zu einer sonst zwingenden Durchbrechung der Maßgeblichkeit (wegen § 5 Abs. 6 1
EStG) kommt.

Da PS einen möglichst niedrigen Gewinn wünscht, brauchen die Verwaltungskosten in 2
die zu aktivierenden HK nicht mit einbezogen zu werden (R 6.3 Abs. 4 Satz 1 EStR). Der kalkulatorische Fertigungslohn des Unternehmers ist nicht aktivierungsfähig (H 6.3 „Kalkulatorische Kosten" EStH).

Die Buchungen der Aufwendungen und der berechneten Vorsteuern ist richtig erfolgt. 1

Die Ansparrücklage (vgl. Tz 1a) ist bereits im Jahr 10 vom Finanzamt nicht anerkannt worden und durch die vorgenommene Kapitalanpassungsbuchung im PZ nicht mehr zu bilanzieren. Eine Minderung der Herstellungskosten oder ein Ertrag kommen im Jahr 12 daher nicht in Betracht.

Die Herstellungskosten der Maschine betragen:

Fertigungslöhne (eigene Arbeitnehmer)	6.000 €	
Fertigungsgemeinkostenzuschlag 150 %	9.000 €	
Materialkosten	5.000 €	
Materialgemeinkostenzuschlag 80 %	4.000 €	
Wertverzehr des Anlagevermögens	500 €	
Sonderkosten der Fertigung	2.000 €	
Summe	26.500 €	1

Die lineare AfA im Jahr 12 beträgt 26.500 € × 1/10 (10 Jahre ND) × 6/12 (ab Juli) = 1.325 €. Die AfA 12 kann nur zeitanteilig gewährt werden (§ 7 Abs. 1 Satz 4 EStG). Zeitpunkt der Herstellung (Herstellung erfolgt laut Sachverhalt im Juli) ist der Zeitpunkt der Fertigstel-
lung (vgl. § 9b EStDV). Die AfA 13 beträgt dann 2.650 € für das volle Jahr. 1

Die Bilanzposten entwickeln sich nach dem Ergebnis der Bp. wie folgt:

Produktionsmaschine	FStB	BpStB	Gewinnänderung	
Zugang 12	9.000	26.500		
Übertragung einer Rücklage	– 8.999	--		
AfA 12	--	– 1.325		
31.12.12	1	25.175	+ 25.174 // – 25.174	
AfA 13	--	– 2.650		
31.12.13	1	22.525	+ 22.524 //	**1**
				Punkte **92**

Ansparrücklage	FStB	BpStB	Gewinnänderung	
01.01.11	10.000	--	+ 10.000 Vj. // – 10.000	
31.12.11	10.000	--	+ 10.000 // – 10.000	
Auflösung 12	– 10.000	--		
31.12.12	--	--	--	1
Anlage MuW-Rechnung				2
				Punkte **95**

Zusammenstellung der erzielbaren Punkte:

Summe der Punkte für Einzelsachverhalt 1	**16**
Summe der Punkte für Einzelsachverhalt 2	**29**
Summe der Punkte für Einzelsachverhalt 3	**16**
Summe der Punkte für Einzelsachverhalt 4	**20**
Summe der Punkte für Einzelsachverhalt 5	**14**
Summe der Punkte für Art der Darstellung und Folgerichtigkeit (§ 40 StBAPO)	**5**
Gesamtpunktzahl	**100**

Bewertung:

100 – 95,5 Punkte = 15 Notenpunkte,	63,5 – 59,5 Punkte = 7 Notenpunkte,
95,0 – 91,0 Punkte = 14 Notenpunkte,	59,0 – 55,0 Punkte = 6 Notenpunkte,
90,5 – 86,5 Punkte = 13 Notenpunkte,	54,5 – 50,0 Punkte = 5 Notenpunkte,
86,0 – 82,0 Punkte = 12 Notenpunkte,	49,5 – 40,0 Punkte = 4 Notenpunkte,
81,5 – 77,5 Punkte = 11 Notenpunkte,	39,5 – 30,0 Punkte = 3 Notenpunkte,
77,0 – 73,0 Punkte = 10 Notenpunkte,	29,5 – 20,0 Punkte = 2 Notenpunkte,
72,5 – 68,5 Punkte = 09 Notenpunkte,	19,5 – 10,0 Punkte = 1 Notenpunkt,
68,0 – 64,0 Punkte = 08 Notenpunkte,	9,5 – 0,0 Punkte = 0 Notenpunkte.

Die Arbeit wird mit ausreichend bewertet, wenn mindestens 50 Punkte erzielt werden.

Anlage, Blatt 1

Sachverhalt 1

Mehr- und Weniger-Rechnung-Bilanzposten-Methode

	11		12		13	
	+	./.	+	./.	+	./.
Ansparrücklage (Anlage, Blatt 5)						
ARAP AB		7.500		3.900		300
SB	3.900		300			
USt AB		2.052				
SB						
GewSt-ErstA. AB	3.600		4.000		4.000	
SB		4.000		4.000		4.000
Entnahmen	420					
Summen	7.920	13.552	4.300	7.900	4.000	4.300
Übertrag	– 13.552		– 7.900		– 4.300	
Ergebnis	– 5.632		– 3.600		– 300	

(3 Punkte)

AB = Gewinnänderung durch Änderung des Bilanzpostens in der Anfangsbilanz (= Schlussbilanz des Vorjahres); SB = Gewinnänderung durch Änderung des Bilanzpostens in der Schlussbilanz des Jahres.

Mehr- und Weniger-Rechnung-GuV-Methode

	11		12		13	
	+	./.	+	./.	+	./.
Wartungskosten		3.600		3.600		300
Ertrag Vorsteuer		2.052				
Periodenfremde GewSt	20					
Summen	20	5.652	--	3.600	--	300
Übertrag	– 5.652		– 3.600		– 300	
Ergebnis	– 5.632		– 3.600		– 300	

Anlage, Blatt 2

Sachverhalt 2

Mehr- und Weniger-Rechnung-Bilanzposten-Methode

	11		12		13	
	+	./.	+	./.	+	./.
Grund u. Boden AB				56.450		56.450
SB	56.450		56.450		56.450	
Gebäude im Bau AB				212.575		
SB	212.575					
Gebäude AB			194.000			25.141
SB		194.000	25.141		25.521	
Einlagen		50.000				
USt AB			9.575		14.325	
SB		9.575		14.325		14.325
Summen	269.025	253.575	285.166	283.350	96.296	95.916
Übertrag	– 253.575		– 283.350		– 95.916	
Ergebnis	+ 15.450		+ 1.816		+ 380	

(3 Punkte)

Mehr- und Weniger-Rechnung-GuV-Methode

	11		12		13	
	+	./.	+	./.	+	./.
S. b. Aufwendungen	6.450					
S. b. Aufwendungen	3.000					
AfA Gebäude	6.000		1.816		380	
Summen	15.450		1.816		380	
Übertrag						
Ergebnis	+ 15.450		+ 1.816		+ 380	

Anlage, Blatt 3

Sachverhalt 3

Mehr- und Weniger-Rechnung-Bilanzposten-Methode

		11		12		13	
		+	./.	+	./.	+	./.
Rückstellung	AB			17.850			
	SB		17.850				
USt	AB					2.850	
	SB				2.850		2.850
Außenanlage	AB					19.667	
	SB				19.667		24.667
Summen		--	17.850	17.850	22.517	22.517	27.517
Übertrag		– 17.850		– 22.517		– 27.517	
Ergebnis		– 17.850		– 4.667		– 5.000	

(2 Punkte)

Mehr- und Weniger-Rechnung-GuV-Methode

	11		12		13	
	+	./.	+	./.	+	./.
Zuführung Rückstellung		17.850				
AfA				4.667		5.000
Summen	--	17.850	--	4.667	--	5.000
Übertrag	– 17.850		– 4.667		– 5.000	
Ergebnis	– 17.850		– 4.667		– 5.000	

Anlage, Blatt 4

Sachverhalt 4

Mehr- und Weniger-Rechnung-Bilanzposten-Methode

		11		12		13	
		+	./.	+	./.	+	./.
Lagerhalle	AB			69.000		65.778	
	SB		69.000		65.778		
So. Forderung	AB				80.000		
	SB	80.000					
Rücklage f. E.	AB			11.000		11.000	
	SB		11.000		11.000		
Entnahmen				80.000			
Summen		80.000	80.000	160.000	156.778	76.778	--
Übertrag		– 80.000		– 156.778		--	
Ergebnis		0		+ 3.222		+ 76.778	

(3 Punkte)

Mehr- und Weniger-Rechnung-GuV-Methode

	11		12		13	
	+	./.	+	./.	+	./.
AfaA Halle		69.000				
Zuschreibung Halle					62.556	
AfA Halle			3.222		3.222	
Versicherungsertrag	80.000					
Einstellung RfE		11.000				
Auflösung RfE					11.000	
Summen	80.000	80.000	3.222	--	76.778	--
Übertrag	– 80.000		--		--	
Ergebnis	0		+ 3.222		+ 76.778	

Anlage, Blatt 5

Sachverhalt 5

Mehr- und Weniger-Rechnung-Bilanzposten-Methode

		11		12		13	
		+	./.	+	./.	+	./.
Maschine	AB						25.174
	SB			25.174		22.524	
Ansparrücklage	AB		10.000		10.000		
	SB	10.000					
Summen		10.000	10.0000	25.174	10.000	22.524	25.174
Übertrag		– 10.000		– 10.000		– 25.174	
Ergebnis		0		+ 15.174		– 2.650	

(2 Punkte)

Mehr- und Weniger-Rechnung-GuV-Methode

	11		12		13	
	+	./.	+	./.	+	./.
Aktivierte Eigenleistung			17.500			
AfA Maschine				1.325		2.650
Ertrag Auflösung Rückl.				1.001		
Summen	--	--	17.500	2.326	--	2.650
Übertrag	--		– 2.326		– 2.650	
Ergebnis	--		+ 15.174		– 2.650	

Bilanzsteuerrecht und Außenprüfung 2. Klausur (Tim Turm)

Rechtsstand:	2008
Bearbeitungszeit:	5 Zeitstunden Vorschlag zur Zeiteinteilung: Teil 1 etwa 75 Minuten; Teil 2 etwa 140 Minuten; Teil 3 etwa 85 Minuten.
Hilfsmittel:	Aktuelle Steuergesetze und aktuelle Wirtschaftsgesetze, Einkommensteuerhandbuch, Taschenrechner
Anlagen:	1 Vordruck MuW-Rechnung zum Teil 1 1 Vordruck für Bilanzen zum Teil 3

Abkürzungen:

Abs.	Absatz
AG	Aktiengesellschaft
AK	Anschaffungskosten
AO	Abgabenordnung
AfA	Absetzung für Abnutzung
BGA	Betriebs- und Geschäftsausstattung
BGB	Bürgerliches Gesetzbuch
Bp.	Betriebsprüfung
BpB	Betriebsprüfer-Bilanz (Steuerbilanz)
ESt	Einkommensteuer
€	Euro
EWB	Einzelwertberichtigung
FStB	Steuerbilanz(en) der Firma (Firmensteuerbilanz)
GewSt	Gewerbesteuer
GmbH	Gesellschaft mit beschränkter Haftung
GuV	Gewinn- und Verlust (-Rechnung)
HB	Handelsbilanz
HK	Herstellungskosten
KG	Kommanditgesellschaft
KLR	Kosten- und Leistungsrechnung
LuL.	Lieferungen und Leistungen
MuW	Mehr- und Weniger (-Rechnung)
ND	Betriebsgewöhnliche Nutzungsdauer
Nr.	Nummer
OHG	Offene Handelsgesellschaft
PWB	Pauschalwertberichtigung
PZ	Prüfungszeitraum
SBV	Sonderbetriebsvermögen
Tz.	Textziffer
USt	Umsatzsteuer

Teil 1

Aufgaben:

Nehmen Sie Stellung zu dem nachstehenden Sachverhalt und erläutern Sie unter Angabe von Rechtsvorschriften die zutreffende steuerliche Behandlung der von Tim Turm (TT) erbrachten Leistungen.

Dabei sind die Wertansätze für die BpB, ausgehend von den Werten in der von TT unter Berücksichtigung der genannten Buchungen erstellten StB nach folgendem Muster zu entwickeln:

Bilanzposten …..	FStB	BpB	Gewinnänderung
01.01.11 oder Zugang 11 …			
Entwicklung …..			
31.12.11			
…..			
31.12.12			
…..			
31.12.13			

Etwaige Berichtigungen der Buchungssätze brauchen nicht genannt zu werden.

Die Gewinnänderungen sind in der MuW-Rechnung in der **Anlage 1** sowohl nach der Bilanzposten-Methode als auch nach der GuV-Methode darzustellen und in die Anlage einzutragen.

Änderungen der Gewerbesteuer für die Jahre 11 bis 13 sind nicht zu berücksichtigen.

Es ist für alle Jahre die **Rechtslage** für **2008** anzuwenden.

Sachverhalt:

Der im Handelsregister eingetragene Kaufmann TT betreibt in Bremen in der Bauerstr. 1 ein gewerbliches Unternehmen als Wohnungsverwalter. Er übernimmt auch die Betreuung von Bauvorhaben und tritt als Makler auf.

TT ist zum Vorsteuerabzug berechtigt. Er versteuert seine Umsätze nach vereinbarten Entgelten mit dem Steuersatz von 19 %. Auf etwaige Steuerbefreiungen hat er nicht verzichtet. Die Rechnungen und Belege sind nicht zu beanstanden.

Die Veranlagungen für die Wirtschaftsjahre 11 bis 13 sind nach § 164 AO unter dem Vorbehalt der Nachprüfung durchgeführt worden.

Bei TT ist im Herbst 14 eine Bp. für die Jahre 11 bis 13 erfolgt. Der Betriebsprüfer hat dabei die folgenden Feststellungen getroffen.

Im PZ wickelte TT für die Seebäder-Neubau GmbH (GmbH) ein Bauvorhaben mit diversen Eigentumswohnungen im Seebad Cuxhaven-Duhnen ab.

Dieses Bauprojekt wurde von der Hanseatischen Investitionsbank AG (Bank) finanziert. TT übernahm am 1. Oktober 11 für die Zeit bis zum 30. September 15 gegenüber der Bank eine so genannte Ausbietungsgarantie. Mit der Garantie verpflichtete sich TT auf Anforderung der Bank bis zu 10 Eigentumswohnungen des Bauvorhabens der GmbH zu einem Festpreis von jeweils 250.000 € zu erwerben. Die Bank kann nach dieser Garantie den Erwerb von TT von dem Zeitpunkt an verlangen, zu dem die Bank im Fall eines Zahlungsverzuges der GmbH eine Zwangsversteigerung der Wohnungen betreiben könnte.

Die Bank erhielt mit der Garantie eine zusätzliche Sicherheit für ihre Darlehensforderungen gegen die GmbH. Im Ergebnis stand TT während der Laufzeit der Ausbietungsgarantie dafür ein, dass die Bank bei einer Zwangsversteigerung ohne Verlust blieb. Für die Übernahme der Garantie erhielt TT am 1. Oktober 11 von der GmbH nach zutreffender Rechnungsausstellung 50.000 €. TT behandelte den gesamten Betrag als Rechnungsabgrenzung, die er am Ende der Garantiezeit erfolgswirksam auflösen möchte, weil er bis dahin ein fortbestehendes Haftungsrisiko trägt.

Die Eigentumswohnungen wurden von der GmbH in der Zeit von Oktober 11 bis Oktober 12 errichtet. Bereits im Sommer 12 zeichnete sich ab, dass die Baukosten höher als geplant sein würden. Außerdem konnten bis zum Herbst 12 deutlich weniger Wohnungen verkauft werden, als es von einer Beratungsfirma unverbindlich vorausgesagt worden war. Von der Prognose der Beratungsfirma war die GmbH bei der Kalkulation ausgegangen. Die GmbH geriet dadurch in finanzielle Schwierigkeiten.

Der Bank waren die finanziellen Probleme der GmbH bekannt. Die GmbH war seit November 12 mit ihren Zahlungsverpflichtungen gegenüber der Bank in Verzug. Nach einem Gespräch mit dem zuständigen Bearbeiter der Bank im Dezember 12 musste TT damit rechnen, dass er die noch nicht verkauften Wohnungen spätestens im Juni 13 zum garantierten Preis zu kaufen hätte.

Am 31.12.12 waren acht Wohnungen noch nicht verkauft. Bei einem Weiterverkauf dieser Wohnungen rechnete TT unter Berücksichtigung aller dabei entstehenden Kosten für das Jahr 13 mit einem Verlust in Höhe von 9.000 € je Wohnung. Aus diesem Grunde erhöhte er die gebuchte Rechnungsabgrenzung von 50.000 € zum 31.12.12 um weitere 22.000 €.

Im Mai 13 gelang es TT nicht zuletzt wegen des schönen Wetters in Duhnen alle acht noch angebotenen Wohnungen an Kaufinteressenten zu vermitteln. Die im Juli 13 erhaltenen Provisionen der Käufer in Höhe von 5 % des erzielten Kaufpreises zuzüglich USt in Höhe von jeweils 14.875 € brutto (zusammen 119.000 €) verwendete TT zum Kauf einer Segelyacht. Die Provisionen hatte er sich daher auf sein privates Bankkonto überweisen lassen, auf dem er den Kaufpreis für die Segelyacht ansammelte. Die USt überwies TT im Juli 13 an das Finanzamt.

TT nahm in diesem Zusammenhang nur die folgenden Buchungen vor:

01.10.11				
Bank	50.000 €	an	Rechnungsabgrenzung	50.000 €.
31.12.12				
S. b. Aufwand	22.000 €	an	Rechnungsabgrenzung	22.000 €.
Juli 13				
Entnahmen	19.000 €	an	USt	19.000 €.
USt	19.000 €	an	Bank	19.000 €.
31.12.13				
Rechnungsabgrenzung	22.000 €	an	Einlagen	22.000 €.

Teil 2

I. Allgemeiner Sachverhalt:

Die im Handelsregister eingetragene Kauffrau Dagmar Dame (DD) betreibt in Bremerhaven in der Hamburger Str. 1 seit dem Jahr 11 die Fertigbehandlung von Textilien. Die Firma hat sich dabei auf mehrfarbige Gewebedrucke von Wollwaren spezialisiert.

Die Gewinnermittlung erfolgt nach § 5 Abs. 1 EStG. Die Voraussetzungen des § 7g EStG liegen grundsätzlich vor. Das Kalenderjahr und das Wirtschaftsjahr stimmen überein.

DD ist zum Vorsteuerabzug berechtigt. Sie versteuert ihre Umsätze nach vereinbarten Entgelten mit dem Steuersatz von 19 % in allen Jahren. Die Rechnungen und Belege sind nicht zu beanstanden.

Die Veranlagungen für die Wirtschaftsjahre 21 bis 23 sind nach § 164 AO unter dem Vorbehalt der Nachprüfung durchgeführt worden. Die FStB wurden immer Ende April des Folgejahres aufgestellt.

Bei DD ist im Herbst 24 eine Bp. für die Jahre 21 bis 23 erfolgt. Der Betriebsprüfer hat dabei unter anderem die nachstehenden Einzelsachverhalte (III.) festgestellt. Er hat im PZ 21 bis 23 weitere – im Folgenden nicht behandelte – Feststellungen im Sinne von § 4 Abs. 2 Satz 1 EStG getroffen, die in jedem Jahr zu einer Gewinnerhöhung von 20.000 € führen.

DD möchte unter Ausnutzung aller steuerlich zulässigen Möglichkeiten ***in jedem Jahr des PZ einen möglichst niedrigen steuerlichen Gewinn*** versteuern. Etwa erforderliche Bilanzänderungsanträge gelten als gestellt. Weitere Investitionen, die in den nachfolgenden Sachverhalten nicht erwähnt sind, sind nicht geplant. DD möchte in der HB und der FStB/BpB möglichst einheitliche Beträge ansetzen.

II. Aufgaben:

1. Erläutern Sie kurz die richtige steuerrechtliche Behandlung der Einzelsachverhalte für das Jahr 20 unter III. 1. Das Finanzamt gewährte auf Antrag von DD einen Investitionsabzugsbetrag für die Herstellung einer Gewebetrockenmaschine. Handelt es sich dabei um eine Bilanzänderung im Sinne von § 4 Abs. 2 Satz 2 EStG?
2. Nennen Sie die Berichtigungsbuchungen für das Jahr 20 aufgrund der vom Finanzamt vorgenommenen Änderungen. Nennen Sie außerdem die Buchungssätze, die als Folge dieser Änderungen in der Buchführung im Jahr 21 hätten vorgenommen werden müssen.
3. Erläutern Sie die steuerlichen Auswirkungen in den Jahren des PZ und stellen Sie Änderungen von Bilanzposten entsprechend dem Muster der folgenden Aufgabe 4 dar. Buchungssätze für die Änderungen durch die Bp. sind nicht erforderlich.
4. Überprüfen Sie die unter III. aufgeführten weiteren Sachverhalte auf die steuerlich richtige Behandlung. Soweit erforderlich, sind die Bilanzposten sowie die Entnahmen und Einlagen zu berichtigen. Dabei sind die Wertansätze für die BpB, ausgehend von den Werten in der von DD erstellten FStB nach folgendem Muster zu entwickeln. Bei der Position USt sind nur die Veränderungen durch die Bp. entsprechend darzustellen.

Bilanzposten ...	FStB	BpB	Gewinnänderung
01.01.21 oder			
Zugang 21 ...			
Entwicklung			
= 31.12.21			
.....			
= 31.12.22			
.....			
= 31.12.23			

Die Werte sind unter Angabe der genauen Gesetzes- und Verwaltungsvorschriften zu begründen. Dabei ist gegebenenfalls auch auf die Vorschriften des Handelsrechts einzugehen. Zum Verständnis erforderliche Berechnungen sind darzustellen.Auf GewSt ist nicht einzugehen; Änderungen der GewSt sind daher nicht zu berücksichtigen.

Beträge sind auf volle € zu Gunsten von DD zu runden.

Es ist für alle Jahre die Rechtslage für 2008 anzuwenden.

III. Einzelsachverhalte:

1. Veranlagung des Jahres 20

Von dem erklärten Gewinn ist das Finanzamt bei der bestandskräftig gewordenen Veranlagung für das Jahr 20 in folgenden Punkten abgewichen:

a) Zum 31.12.16 hatte DD aufgrund der Veräußerung von Anteilen an einer Kapitalgesellschaft eine Rücklage nach § 6b EStG in Höhe von 100.000 € gebildet. Da DD bis zum Jahr 20 keine begünstigten Reinvestitionen getätigt hat, nahm das Finanzamt eine zutreffende Gewinnänderung vor.

b) Zum 31.12.18 hatte DD einen nicht zu beanstandenden Investitionsabzugsbetrag nach § 7g EStG in Höhe von 8.000 € für den geplanten Erwerb einer Breitwaschmaschine für empfindliche Gewebe vorgenommen. Für die am 30.10.20 angeschaffte Breitwaschmaschine bezahlte DD einen Kaufpreis in Höhe von 20.000 €. Außerdem berechnete die Herstellerfirma noch Transportkosten für die Anlieferung in Höhe von 1.500 € und Kosten der Endmontage in den Räumen von DD am 30.10.20 in Höhe von 500 € jeweils zuzüglich 19 % USt. Die Rechnung wurde am 10.11.20 bezahlt und wie nachstehend genannt gebucht.

Die Breitwaschmaschine hat eine ND von 5 Jahren. DD hatte in dem von ihr eingereichten Jahresabschluss die lineare AfA vorgenommen, sie war aber von einer ND von nur 4 Jahren ausgegangen. DD nahm im Jahr 20 nur die folgenden Buchungen vor:

10.11.20				
Breitwaschmaschine	20.000 €			
Vorsteuer	3.800 €	an	Bank	23.800 €.
Sonstiger Aufwand	2.380 €	an	Bank	2.380 €.
Per 31.12.20				
AfA	5.000 €	an	Breitwaschmaschine	5.000 €.

Das Finanzamt behandelte diesen Vorgang steuerrechtlich zutreffend. Dabei wurde nach Rücksprache mit DD für die Breitwaschmaschine im Jahr 20 neben der höchstmöglichen Herabsetzung der Anschaffungskosten nach § 7g EStG nur die lineare AfA gewährt.

c) Zum 31.12.20 hat DD die Herstellung einer Gewebetrockenmaschine im Jahr 22 geplant. Die HK dieser Maschine betrugen aus der Sicht des 31.12.20 und bis kurz vor der Herstellung im Dezember 22 (siehe unter III. 2) voraussichtlich unstrittig 40.000 €.

DD beantragte – auch im Hinblick auf die beim Sachverhalt 1a vom Finanzamt vorgenommenen Änderungen – einen Investitionsabzugsbetrag für die geplante Herstellung der Gewebetrockenmaschine in Höhe von 16.000 €. Das Finanzamt gewährte den Investitionsabzugsbetrag wie von DD beantragt.

DD reichte im Juli 21 eine zutreffend geänderte Bilanz auf den 31.12.20 ein. Diese Änderungen hat DD in ihren Buchführungen und Bilanzen der Folgejahre aber nicht berücksichtigt. Die AfA für die Breitwaschmaschine wurde entsprechend der Erklärung vom April des Jahres 21 fortgeführt.

Das Finanzamt hat den sich durch die Änderung ergebenden USt-Erstattungsanspruch des Jahres 20 im März 22 mit der zu leistenden ESt-Vorauszahlung von DD verrechnet. Eine Buchung hat DD insoweit nicht vorgenommen.

2. Herstellung einer Gewebetrockenmaschine

Im Dezember 22 hat DD mehrere Einzelteile erworben, die zur Herstellung einer Gewebetrockenmaschine erforderlich sind. Dabei handelte es sich um einzelne Bauelemente für den Bedienungsstand, für die Trockenkammer und den Elektromotor.

Die beiden Arbeitnehmer Anton Tüftler (AT) und Bernd Bastler (BB) setzten die Einzelteile zusammen. DD selber hatte sich eine neuartige Gewebebefestigung aus Maschendraht ausgedacht, die sie unter Assistenz ihrer beiden Arbeitnehmer an die Maschine montierte.

Die Idee für die neuartige Gewebebefestigung hatte DD schon seit einigen Jahren. Im November des Jahres 22 ließ sich DD von dem Patentanwalt Conrad Klug (CK) darüber beraten, ob eine Anmeldung beim Patentamt möglich und angebracht sei. CK war von der Idee der DD fasziniert und vermittelte den Kontakt zur Maschinenfabrik Walze AG (AG), mit der DD ab Dezember 22 in Verhandlungen zur Vermarktung der Gewebebefestigung trat.

CK berechnete DD für seine Beratungs- und Vermittlungsleistung 2.000 € zuzüglich USt.

Die HK der Gewebetrockenmaschine ermittelte DD wie folgt:

Einzelkosten Bedienungsstand, Trockenkammer und Elektromotor	21.000 €
Einzelkosten Maschendraht und Befestigungsmaterial	1.000 €
Angemessene Materialgemeinkosten, Zuschlagsatz 10 %	2.200 €
Einzelkosten der Fertigung, Löhne AT und BB	4.000 €
Einzelkosten der Fertigung, kalkulatorischer Unternehmerlohn DD	1.000 €
Angemessene Fertigungsgemeinkosten, Zuschlagsatz 200 % einschließlich eines Viertels anteiliger kalkulatorischer Kosten	10.000 €
Sonderkosten der Fertigung (Kosten CK)	2.000 €
Summe	41.200 €

Damit waren die HK etwas höher, als es DD bis kurz vor der Herstellung noch erwartet hatte.

Die Einzelkosten, die Gemeinkosten und die Sonderkosten (Patentanwalt) buchte DD zunächst als Aufwendungen und die berechneten Vorsteuerbeträge buchte sie in richtiger Höhe. Die kalkulatorischen Kosten wurden für die Kostenrechnung richtig erfasst. Die Gewebetrockenmaschine mit einer ND von 8 Jahren aktivierte DD – und schrieb sie sodann ab – mit den nachstehenden Buchungen:

Dezember 22					
Gewebetrockenmaschine		41.200 €	an	Einlagen	41.200 €.
Per 31.12.22	AfA	5.150 €	an	Gewebetrockenmaschine	5.150 €.
Per 31.12.23	AfA	5.150 €	an	Gewebetrockenmaschine	5.150 €.

3. Vermarktung der Gewebebefestigung

Ende Juni 23 kam es zwischen DD und der AG (siehe oben Sachverhalt **2**) zum Vertragsabschluss. DD verkaufte ihre Idee der neuartigen Gewebebefestigung bei Gewebetrockenmaschinen an die AG. Die AG darf die Idee ab Juli 23 für 5 Jahre alleine verwerten und zahlte dafür im Januar 24 – wie im Juni 23 vertraglich vereinbart – einmalig 50.000 € zuzüglich USt.

Eine Buchung hat DD bisher weder im Jahr 22 noch im Jahr 23 vorgenommen.

Teil 3

Aufgaben:

Nehmen Sie unter Angabe der maßgebenden Rechtsvorschriften Stellung zur steuerlichen Behandlung der Gründung der OHG und den steuerlichen Folgen für die Mitunternehmer.

Die Beteiligten KK und FF wünschen im Jahr 30 ein möglichst niedriges steuerliches Ergebnis. In der Handelsbilanz der OHG soll aber ein möglichst hohes Eigenkapital ausgewiesen werden. Die Rücklage nach § 6b EStG soll in der Handelsbilanz nicht ausgewiesen werden.

LL hat im Jahr 30 in seiner Einzelfirma einen geringen Verlust erlitten und möchte daher aus dem hier geschilderten Sachverhalt ein möglichst ein hohes Ergebnis erzielen.

Gehen Sie nur auf Vorschriften zur ESt und auf die Buchführung ein. USt, GewSt und etwa entstehende Nebenkosten sind nicht zu berücksichtigen.

Erstellen Sie die zum 1. Juli 30 erforderlichen Bilanzen der neuen OHG. Verwenden Sie dafür die **Anlage 2**.

Es ist die **Rechtslage** für **2008** anzuwenden.

Sachverhalt:

Karl König (KK), Fritz Fürst (FF) und Lothar Lord (LL) betreiben in Hamburg gewerbliche Einzelfirmen.

KK, FF und LL gründen zum 1. Juli 30 die König, Fürst & Lord OHG (OHG).

Im Gesellschaftsvertrag der OHG hat sich KK zu einer Einlage in Höhe von 600.000 €, FF und LL haben sich zu einer Einlage in Höhe von 200.000 € verpflichtet. Der Höhe der Einlagen entsprechend sind KK zu 60 % und FF und LL jeweils zu 20 % am Gewinn oder Verlust und an den stillen Reserven beteiligt.

Entsprechend den Vereinbarungen und Verpflichtungen im Gesellschaftsvertrag wurden zum 1. Juli 30 folgende Beiträge in das Gesamthandsvermögen geleistet:

KK bringt aus seiner Einzelfirma die dort seit 10 Jahren als gewillkürtes Betriebsvermögen mit den AK in Höhe von 200.000 € bilanzierte Beteiligung (Anteil 40 %) an der Rochade GmbH in die neue OHG ein. Der gemeine Wert der Anteile entspricht der Höhe der zu erbringenden Einlage.

FF bringt seine gesamte Einzelfirma ein.

Die (vorläufige) Schlussbilanz der Einzelfirma zum 30. Juni 30 enthält folgende Positionen und Beträge:

Aktiva	Bilanz FF 30.06.30	Passiva	
BGA	20.000 €	Eigenkapital	30.000 €
Beteiligung Rochade GmbH	50.000 €	Rücklage § 6b Abs. 3 EStG	10.000 €
Waren	60.000 €	Verbindlichkeiten	90.000 €
Summe	130.000 €	Summe	130.000 €

Der Teilwert (= gemeiner Wert) der Firma FF beträgt am 1. Juli 30 insgesamt 200.000 €.

Die in der Bilanz ausgewiesenen Wirtschaftsgüter haben folgende von den Bilanzansätzen abweichende Teilwerte:

BGA (restliche ND 3 Jahre) 5.000 €, Beteiligung Rochade GmbH 150.000 €, Waren 70.000 €.

Die Beteiligung an der Rochade GmbH (10 % Anteil) wurde vor 10 Jahren erworben und ist seitdem mit den AK als gewillkürtes Betriebsvermögen bilanziert.

Die Rücklage nach § 6b EStG wurde zum 31. Dezember 29 aufgrund eines Gewinns aus der Veräußerung von Grund und Boden gebildet.

LL bringt aus seiner Einzelfirma die dort seit 5 Jahren als gewillkürtes Betriebsvermögen mit den AK in Höhe von 80.000 € bilanzierte Beteiligung (Anteil 100 %) an der Ritter GmbH in die neue OHG ein. Der gemeine Wert der Anteile entspricht der Höhe der zu erbringenden Einlage.

Anlage 1

Teil 1

Mehr- und Weniger-Rechnung-Bilanzposten-Methode

	11		12		13	
	+	./.	+	./.	+	./.
Summen						
Übertrag						
Ergebnis						

Mehr- und Weniger-Rechnung-GuV-Methode

	11		12		13	
	+	./.	+	./.	+	./.
Summen						
Übertrag						
Ergebnis						

Anlage 2

Teil 3

Bilanzen der König, Fürst & Lord OHG zum 01.07.30

Aktiva	Passiva
Summe	Summe

Aktiva	Passiva
Summe	Summe

Aktiva	Passiva
Summe	Summe

Aktiva	Passiva
Summe	Summe

Teil 1

Übernahme einer Ausbietungsgarantie

Punkte

Die erhaltene Vergütung für die Übernahme der Ausbietungsgarantie ist bei TT passiv abzugrenzen. Der passive Rechnungsabgrenzungsposten (§ 250 Abs. 2 HGB, § 5 Abs. 5 Satz 1 Nr. 2 EStG) ist an den folgenden Bilanzstichtagen insoweit aufzulösen, als die Vergütungen auf den bereits abgelaufenen Garantiezeitraum entfallen (H 5.6 „Garantiegebühr" EStH, BFH, BStBl. 1995 II S. 772). *2*

Wie ein Versicherungsentgelt oder eine Bürgschaftsgebühr wird auch die Gebühr für eine Ausbietungsgarantie im Lauf des Garantiezeitraums „verdient". Es spielt grundsätzlich keine Rolle, ob für TT noch bis zum Ende der Leistungsbeziehung ein Haftungsrisiko bestanden hat. Passive Rechnungsabgrenzungsposten dienen ausschließlich der zutreffenden zeitlichen Abgrenzung gebuchter Einnahmen. Sie dienen nicht – wie TT meint – der Darstellung von geschäftlichen Risiken. Das Risiko des Garantiegebers, aus der Garantie in Anspruch genommen zu werden, muss ggf. durch Bildung einer Rückstellung berücksichtigt werden. Auf die erfolgswirksame Vereinnahmung der Garantiegebühren hat dies keinen Einfluss. *1*

Die Entwicklung der Verhältnisse im Jahr 13 hat ergeben, dass zum 31.12.13 in diesem Fall kein Risiko aus der gegebenen Garantie mehr besteht. Da an diesem Stichtag alle Wohnungen bereits verkauft waren, kann die Bank auch keine Zwangsversteigerung mehr verlangen. Hat das Risiko für TT aus der Garantie ein Ende gefunden, kann ein Rechnungsabgrenzungsposten nicht mehr bilanziert werden. Eine zeitbezogene – in dem Garantierisiko bestehende – Gegenleistung aus einem schwebenden Geschäft am 31.12.13 ist nicht mehr vorhanden und der Ertrag aus der übernommenen Garantie ist vollständig realisiert und kann daher nicht mehr auf eine bestimmte Zeit nach dem Stichtag entfallen.

Vgl. dazu auch den umgekehrten Fall der „außerplanmäßigen Abschreibung" eines Disagios bei vorzeitiger Darlehenstilgung (BFH, BStBl. 1984 II S. 713). *2*

Alternative Lösung betreffend Rechnungsabgrenzung am 31.12.13 sollte bei entsprechender Begründung mit derselben Punktzahl gewertet werden.

Nach dem Sachverhalt hat TT bei Übernahme der Ausbietungsgarantie eine ordnungsgemäße Rechnung erteilt. In der Rechnung ist keine USt ausgewiesen. Es handelt sich um eine nach § 1 Abs. 1 Nr. 1 UStG steuerbare, aber nach § 4 Nr 8g UStG steuerfreie sonstige Leistung. Vgl. auch Abschnitt 68 UStR mit Hinweis auf BFH, BStBl 1993 II S. 318.

Die als Ertrag zu buchende Vergütung beträgt damit 50.000 €. Davon entfallen jedoch nur 3/48 (Oktober bis Dezember 11) auf das Jahr 11, während 45/48 (Januar 12 bis September 15) dieses Betrages (46.875 €) in den oben erläuterten passiven Rechnungsabgrenzungsposten einzustellen sind. *1*

Der Rechnungsabgrenzungsposten kann auch sofort am 01.10.11 in voller Höhe gebucht werden und ist dann entsprechend über Ertrag (Anteil 11 = 3.125 €, Anteil 12 und grundsätzlich auch Anteil 13 = 12.500 €) aufzulösen. *2*

Am 31.12.12 besteht für TT das ernste Risiko der Inanspruchnahme aus der Garantieübernahme. In diesem Fall hätte TT im Haftungsfall allerdings seine Aufwendungen als

Punkte

Anschaffungskosten der dann erworbenen Wohnungen zu aktivieren. Die Aktivierung von Anschaffungskosten geht auch handelsrechtlich der Bildung einer Rückstellung wegen drohender Verluste aus schwebenden Geschäften vor. Steuerrechtlich kann eine derartige Rückstellung nach § 5 Abs. 4b Satz 1 EStG nicht gebildet werden.

Im Übrigen ist ein Verlust für den Fall des Erwerbs der Wohnungen am 31.12.12 nicht nachgewiesen. Die Käufer der Wohnungen im Jahr 13 haben jedenfalls 250.000 € als Kaufpreis (zzgl. der Provision) aufgewendet, wie an der Höhe der von TT vereinnahmten Provision zu erkennen ist. TT hätte einen Verlust zumindest nicht durch den Erwerbsvorgang geltend machen können. Ein bis zum Stichtag 31.12.12 realisierter Verlust (vgl. § 252 Abs. 1 Nr. 4 HGB) liegt nicht vor. 2

Eine Rückstellung oder ein Rechnungsabgrenzungsposten kommen zum 31.12.12 nicht in Betracht; es ergibt sich daher auch kein Aufwand in Höhe von 22.000 €. Ein Rechnungsabgrenzungsposten kommt entgegen der von TT vorgenommenen Buchung schon deshalb nicht in Betracht, weil keine Zahlung vor dem Stichtag für eine bestimmte Zeit nach dem Stichtag vorliegt. Ein zu Recht gebildeter passiver Rechnungsabgrenzungsposten kann im Übrigen nicht über das Konto Einlagen aufgelöst werden. Eine Zahlung ist im privaten Bereich nicht geleistet worden, so dass keine Einlage im Sinne von § 4 Abs. 1 Satz 7 EStG vorliegt. 2

Behandlung der Vermittlungsleistung im Mai 13

Im Mai 13 hat TT wegen der erbrachten Vermittlungsleistung Forderungen in Höhe von insgesamt 119.000 € zu buchen und davon 100.000 € als Ertrag auszuweisen. Im Juli 13 ist der Betrag von 119.000 € dann als Entnahme (§ 4 Abs. 1 Satz 2 EStG) zu buchen, weil die Forderungen auf ein privates Bankkonto überwiesen worden sind. Die Verwendung des Guthabens im privaten Bereich ist unerheblich. Die Einbuchung der USt-Schuld von 19.000 € und die Buchung der Bezahlung dieser Schuld im August 13 sind nicht zu beanstanden. 2

Kontenentwicklungen (Beträge in €):

Rechnungsabgrenzung / PRAP	FStB	BpB	Gewinnänderung	Punkte
Zugang 01.10.11	50.000	50.000		
Ertrag 11	--	– 3.125		
31.12.11	50.000	46.875	(+ 3.125 // – 3.125)	
Ertrag 12		– 12.500		
Zugang 12	+ 22.000	--		
31.12.12	72.000	34.375	(+ 37.625 // – 37.625)	
Ertrag 13	--	– 34.375		
Abgang 13	– 22.000	--		
31.12.13	50.000	--	(+ 50.000 // …)	2

USt unverändert

Summe der Punkte für Teil 1 (ohne Anlage) **18**

Teil 2

1. Veranlagung des Jahres 20

Zur erforderlichen Kapitalanpassung aufgrund der Änderungen durch das Finanzamt für das Jahr 20 hätte DD erfolgsneutrale Buchungen in ihrer Buchführung 21 vornehmen müssen. Diese Kapitalanpassungsbuchungen ergeben sich durch die nachstehenden Ausführungen zu den vorgenommenen Änderungen für das Jahr 20.

Alternativ sind handelsrechtlich auch erfolgswirksame Buchungen im Jahr 21 möglich, da die Handelsbilanz 20 ggf. nicht geändert wird. In diesem Fall erfolgt die erforderliche Korrektur zur Vermeidung doppelter Auswirkung außerhalb der Buchführung.

Zu a) Die zum 31.12.16 gebildete Rücklage in Höhe von 100.000 € ist nach § 6b Abs. 10 Satz 8 EStG zum 31.12.20 gewinnerhöhend aufzulösen. **1**

Dieser Bilanzposten wurde von DD im Prüfungszeitraum in der FStB unverändert fortgeführt und ist in der BpB nicht enthalten.

Der Gewinn ist außerhalb der Buchführung um 50.000 € zu kürzen. Dabei handelt es sich um den nach § 3 Nr. 40 EStG steuerbefreiten Betrag (vgl. § 6b Abs. 10 Satz 7 EStG). **1**

Diese Gewinnänderungen hat das Finanzamt bei der Veranlagung des Jahres 20 berücksichtigt. Außerdem hat das Finanzamt den Gewinn 20 um 6 % vom steuerpflichtigen aufgelösten Rücklagenbetrag für vier Jahre (50.000 € × 6 % × 4) = 12.000 € außerhalb der Buchführung erhöht. **1**

Zu b) Die (tatsächlichen) Anschaffungskosten der Breitwaschmaschine betragen 22.000 €. Neben dem Kaufpreis gehören dazu die Transportkosten als Nebenkosten (§ 255 Abs. 1 Satz 2 HGB) und die Kosten der Endmontage als weitere Anschaffungsnebenkosten, um die Maschine in einen betriebsbereiten Zustand zu versetzen. Die abziehbare Vorsteuer gehört nicht zu den Anschaffungskosten (§ 9b EStG). **2**

Die Maschine gehört zum notwendigen Betriebsvermögen der Firma DD (R 4.2 Abs. 1 Satz 1 EStR) und ist ein bewegliches Wirtschaftsgut des abnutzbaren Anlagevermögens (R 6.1 Abs. 1 EStR), das nach § 6 Abs. 1 Nr. 1 EStG mit den Anschaffungskosten abzüglich AfA zu bewerten ist. **1**

Der zum 31.12.18 vorgenommene Investitionsabzugsbetrag ist im Zeitpunkt der Anschaffung der Maschine in Höhe von 40 % der Anschaffungskosten, höchstens um 8.000 € nach § 7g Abs. 2 Satz 1 EStG zutreffend außerhalb der Buchführung gewinnerhöhend hinzugerechnet worden. **1**

Nach § 7g Abs. 2 Satz 2 EStG wurden die Anschaffungskosten um (ebenfalls) 8.000 € gewinnmindernd herabgesetzt. Das Finanzamt hat sodann eine lineare AfA nach § 7 Abs. 1 EStG zeitanteilig für 3 Monate (§ 7 Abs. 1 Satz 4 EStG) von den gekürzten Anschaffungskosten von 14.000 € × 1/5 × 3/12 = 700 € gewährt. Die AfA wurde damit vom Finanzamt um 4.300 € gekürzt. Die mögliche Sonderabschreibung nach § 7g Abs. 5 EStG wurde im Jahr 20 (offenbar) nicht von DD beantragt und nicht berücksichtigt. **1**

Zu c) Das Finanzamt gewährte auf Antrag von DD einen Investitionsabzugsbetrag gemäß § 7g Abs. 1 EStG für die im Jahr 22 geplante Herstellung einer Gewebetrockenmaschine in Höhe von 40 % der voraussichtlichen Herstellungskosten von 40.000 € = 16.000 €.

Es handelt sich dabei nicht um eine Bilanzänderung nach § 4 Abs. 2 Satz 2 EStG, weil hier eine Änderung des steuerlichen Gewinns ohne Auswirkung auf den Ansatz eines Wirtschaftsgutes oder eines Rechnungsabgrenzungspostens vorgenommen wurde (H 4.4 (Bilanzberichtigung) 1. Spiegelstrich EStH und Anhang 9 VII EStH). Es handelt sich um eine Gewinnänderung außerhalb der Buchführung. 2

Insoweit ergaben sich zu **a bis c** im Jahr 20 folgende Berichtigungsbuchungen (Beträge in €):

a) Rücklage nach § 6b Abs. 10 EStG	100.000	an	Sonstige Erträge	50.000	
			Steuerfreie Erträge	50.000	1
b) Breitwaschmaschine	2.000				
Vorsteuer	380	an	Sonstiger Aufwand	2.380.	1
Außerplanmäßige Abschreibung nach § 7g Abs. 2 Satz 2 EStG	8.000	an	Breitwaschmaschine	8.000	1
Breitwaschmaschine	4.300	an	AfA	4.300.	1
c) entfällt					

Damit ergeben sich zum 01.01.21 folgende (erfolgsneutrale) Kapitalanpassungen (Kapitalanpassungsbuchungen, Kapitalangleichungsbuchungen), die DD bisher nicht vorgenommen hat:

a) Rücklage nach § 6b Abs. 10 EStG	100.000	an	(Anfangs-) Eigenkapital	100.000	1
b) (Anfangs-) Eigenkapital	3.700	an	Breitwaschmaschine	3.700	1
USt (oder Vorsteuer)	380	an	(Anfangs-) Eigenkapital	380.	1
c) entfällt					

Die Änderungen des Jahres 20 haben Folgewirkungen im PZ.

Die AfA der Breitwaschmaschine in den Jahren 21 bis 23 erfolgt jährlich mit 2.800 € statt mit 5.000 € in den Jahren 21 und 22 bzw. 4.999 € im Jahr 23. 1

Übertrag der Punkte ***19***

Im Jahr 21 beantragt DD wegen des gewünschten niedrigen Gewinns die noch nicht in Anspruch genommene Sonderabschreibung nach § 7g Abs. 1 EStG a. F. (§ 7g Abs. 5 EStG n. F.) in der insgesamt möglichen Höhe von 20 % der (gekürzten) Anschaffungskosten. Die Sonderabschreibung beträgt neben der linearen AfA weitere 2.800 €. Der Begünstigungszeitraum ist im PZ noch nicht abgelaufen, so dass sich die Höhe der linearen AfA im PZ nicht ändert (§ 7a Abs. 9 EStG). 2

Eine Bilanzänderung ist nach § 4 Abs. 2 Satz 2 EStG möglich, weil sich nach dem Ergebnis der Betriebsprüfung im Jahr 21 laut Aufgabenstellung eine ausreichend große Gewinnerhöhung durch weitere Feststellungen ergeben hat. 1

Die Verrechnung des Umsatzsteuer-Erstattungsanspruchs mit einer Einkommensteuer-Vorauszahlung im März 22 ist als Entnahme (§ 4 Abs. 1 Satz 2 EStG) zu buchen. Die Einkommensteuer ist nach § 12 Nr. 3 EStG eine nicht abzugsfähige Ausgabe. 1

Kontenentwicklungen:

Breitwaschmaschine	FStB	BpB	Gewinnänderung	
01.01.21	15.000	11.300	... // + 3.700	
AfA 21	– 5.000	– 2.800		
Sonderabschreibung 21	--	– 2.800		
31.12.21	10.000	5.700	– 4.300 // + 4.300	
AfA 22	– 5.000	– 2.800		
31.12.22	5.000	2.900	– 2.100 // + 2.100	
AfA 23	– 4.999	– 2.800		
31.12.23	1	100	+ 99 // ...	2

Umsatzsteuer	FStB	BpB	Gewinnänderung	
01.01.21	--	– 380	... // – 380	
31.12.21	--	– 380	+ 380 // – 380	
Abgang 22	--	+ 380		
31.12.23	--	--	keine	1

Zwischensumme Teil 2 SV 1 26

2. Herstellung einer Gewebetrockenmaschine

Die Gewebetrockenmaschine gehört zum notwendigen Betriebsvermögen der Firma DD (R 4.2 Abs. 1 Satz 1 EStR) und ist ein bewegliches Wirtschaftsgut des abnutzbaren Anlagevermögens, das nach § 6 Abs. 1 Nr. 1 EStG zu bewerten ist. 1

Bei der Ermittlung der Herstellungskosten dürfen keine kalkulatorischen Kosten einbezogen werden, da es sich dabei nicht um Aufwendungen handelt (vgl. auch H 6.3 „Kalkulatorische Kosten" EStH). 1

Zu den Herstellungskosten gehören die Materialeinzelkosten und die Lohneinzelkosten (§ 255 Abs. 2 Satz 2 HGB). Die Beratungskosten des Anwalts stehen nicht mit der Herstellung der Maschine im Zusammenhang. Es handelt sich nicht um Sonderkosten der Fertigung, sondern um sofort abziehbare Betriebsausgaben. Diese Ausgaben sind betrieblich veranlasst, weil die Frage der Anmeldung der von DD entwickelten Gewebebefestigung beim Patentamt für spätere Betriebseinnahmen des Gewerbebetriebs von DD von Bedeutung sein kann. Vgl. auch §§ 343 und 344 HGB und Sachverhalt 3. 3

Bei der Berechnung der Herstellungskosten dürfen nach Handelsrecht (§ 255 Abs. 2 Satz 3 HGB) und müssen nach Steuerrecht (R 6.3 Abs. 1 und 2 EStR) auch Gemeinkosten einbezogen werden. In diesem Fall sind steuerrechtlich 10 % Materialgemeinkostenzuschlag und 150 % Fertigungsgemeinkostenzuschlag (ohne die 50 % kalkulatorischen Kosten) zu erfassen. 1

Materialeinzelkosten	22.000 €	
Materialgemeinkosten 10 %	2.200 €	
Fertigungseinzelkosten	4.000 €	
Fertigungsgemeinkosten 150 %	6.000 €	
Summe	34.200 €	1

Die Aktivierung führt im Ergebnis zu einer Minderung der gebuchten Aufwendungen und erfolgt über das Erfolgskonto „Aktivierte Eigenleistungen". Eine Einlage (vgl. § 4 Abs. 1 Satz 7 EStG) liegt nicht vor, denn DD hat nach dem Sachverhalt die Herstellungskosten gewinnmindernd gebucht. Außerhalb der Buchführung ist der Investitionsabzugsbetrag in Höhe von 40 % der Herstellungskosten gewinnerhöhend hinzuzurechnen. Die Hinzurechnung nach § 7g Abs. 2 Satz 1 EStG. beträgt 13.680 €. In dieser Höhe kann DD die Herstellungskosten nach § 7g Abs. 2 Satz 2 EStG. gewinnmindernd herabsetzen. Da ein niedriger Gewinn gewünscht wird, erfolgt diese Herabsetzung. Es mindert sich dadurch aber die Bemessungsgrundlage für die weitere AfA und für die Sonderabschreibung nach § 7g Abs. 5 EStG. 1 1 2

Bei der Gewebetrockenmaschine ist zum 31.12.22 noch die hier nur mögliche lineare AfA nach § 7 Abs. 1 Satz 1 EStG vorzunehmen. Diese AfA ist hier zeitanteilig für einen Monat zu gewähren (§ 7 Abs. 1 Satz 4 EStG) und beträgt 1/8 von 20.520 € (34.200 € – 13.680 €) × 1/12 = 214 €. Im Jahr 23 beträgt die AfA für 12 Monate 2.565 €. Daneben beantragt DD für das Jahr 22 wegen des gewünschten niedrigen Gewinns die Sonderabschreibung nach § 7g Abs. 5 EStG in der insgesamt möglichen Höhe von 20 % der verbleibenden Herstellungskosten. Die Sonderabschreibung beträgt 4.104 €. 2 1

Da im Jahr 23 keine weiteren Herstellungskosten angefallen sind, steht nunmehr fest, dass der Investitionsabzugsbetrag im Jahr 20 nicht 16.000 € betragen kann (siehe oben unter Teil 2, 1.). Der zu viel gewährte Betrag von 2.320 € ist im Jahr 20 rückgängig zu machen (§ 7g Abs. 3 Satz 1 EStG). Die Veranlagung des Jahres 20 ist insoweit zu ändern (§ 7g Abs. 3 Satz 2 EStG). 1

Kontenentwicklung:

Gewebetrockenmaschine	FStB	BpB	Gewinnänderung	
Zugang 22	41.200	34.200		
Minderung nach § 7g Abs. 2 EStG	--	– 13.680		
AfA 22	– 5.150	– 214		
Sonderabschreibung 22	--	– 4.104		
31.12.22	36.050	16.202	– 19.848 // + 19.848	
AfA 23	– 5.150	– 2.565		
31.12.23	30.900	13.637	– 17.263 // …	1

Zwischensumme Teil 2 SV 2 ***16***

3. Vermarktung der Gewebebefestigung

Durch die Leistung nach dem Vertrag vom Juni 23 wird DD eine betriebliche Forderung realisieren. Die Vertragsverhandlungen ab Dezember 22 begründen dagegen noch keine Forderung. Die Forderung aus dem Vertrag entfällt wirtschaftlich betrachtet aber nur zeitanteilig (6 von 60 Monaten Vertragslaufzeit) auf das Jahr 23 und ist daher zum 31.12.23 nur in Höhe von 5.000 € zu aktivieren. In dieser Höhe ist ein Ertrag auszuweisen. Vgl. auch H 4.2 Abs. 1 „Forderungen" 1. Spiegelstrich EStH und BFH, BStBl 1992 II S. 904. **2**

Die Leistung von DD ist umsatzsteuerlich erst Ende Juni 27 erbracht. Eine Teilleistung wurde nicht vereinbart, die Umsatzsteuer entsteht mit Ablauf des Voranmeldungszeitraums, in dem das Entgelt vereinnahmt worden ist (§ 13 Abs. 1 Nr. 1 Buchstabe a UStG). In diesem Fall ist zum 31.12.23 noch keine Umsatzsteuerschuld zu passivieren; die Zahlung erfolgte erst im Jahr 24. **2**

Kontenentwicklung:

Forderungen aus LuL.	FStB	BpB	Gewinnänderung	
Zugang 23	--	+ 5.000		
31.12.23	--	5.000	(+ 5.000 // ...)	1
			Zwischensumme Teil 2 SV 3	**5**

Teil 3

Die König, Fürst & Lord OHG entsteht durch Sachgründung. In der Handelsbilanz können die Vermögensgegenstände und Schulden – wie gewünscht – mit den Zeitwerten (Teilwerten) angesetzt werden (§ 242 Abs. 1 Satz 1 HGB). **1**

Steuerrechtlich erfolgt die Einbringung von einzelnen Wirtschaftsgütern aus dem Betriebsvermögen gegen Gewährung von Gesellschaftsrechten nach § 6 Abs. 5 Satz 3 Nr. 1 EStG mit dem bisherigen Buchwert. Das betrifft hier die 40 % Beteiligung des Gesellschafters KK an der Rochade GmbH. Da mit dem Teilwertansatz in der Handelsbilanz der OHG eine dem objektiven Wert der Beteiligung entsprechende Gegenleistung gewährt wird, ist eine Korrektur durch eine (negative) Ergänzungsbilanz von KK geboten. In diesem Fall kommt es daher steuerrechtlich nicht zu einer Übertragung der im Gesamthandsvermögen aufgezeigten stillen Reserven des bisherigen Einzelunternehmens. KK erzielt keinen Einbringungs- oder Veräußerungsgewinn. Die Sperrfrist von § 6 Abs. 5 Satz 4 EStG ist wegen der erstellten Ergänzungsbilanz unbeachtlich. **2**

§ 6 Abs. 6 Satz 1 EStG ist bei diesem Tausch gemäß § 6 Abs. 6 Satz 4 EStG mit dem Hinweis auf den Vorrang von § 6 Abs. 5 EStG nicht anzuwenden. Ein Fall von § 24 UmwStG liegt bei der Einbringung von einzelnen Wirtschaftsgütern nicht vor. Die OHG tritt aber in die Rechtsstellung von KK ein. **1**

Die Einbringung des Betriebs von FF gegen Gewährung von Gesellschaftsrechten stellt einen tauschähnlichen Vorgang und damit eine Veräußerung im Sinne von § 16 Abs. 1 Nr. 1 EStG dar. Die steuerrechtliche Behandlung regelt (vorrangig vor § 16 EStG) § 24 UmwStG. Es handelt sich um einen Fall der Einzelrechtsnachfolge. **2**

Obwohl in der Handelsbilanz die Teilwerte angesetzt werden, entsteht für FF kein Veräußerungsgewinn, da die Differenz zu den bisherigen Buchwerten durch eine Ergänzungsbilanz vermieden wird (vgl. § 24 Abs. 3 UmwStG). Das entsprechende Wahlrecht steht der OHG nach § 24 Abs. 2 UmwStG zu. Der steuerrechtlich gewählte Buchwertansatz führt zur zulässigen Durchbrechung der Maßgeblichkeit der Handelsbilanz für die Steuerbilanz (Tz. 20.26 gilt nach Tz. 24.04 des BMF-Schreibens zum UmwStG, BStBl. 1998 I Seite 268 ff. 2
bei § 24 UmwStG nicht entsprechend).

Der Teilwert der BGA ist niedriger als der in der vorläufigen Schlussbilanz ausgewiesene Buchwert. Nach § 24 UmwStG kann ein niedrigerer Wert als der bisherige Buchwert in der Eröffnungsbilanz der Personengesellschaft nicht angesetzt werden. Allerdings handelt es sich hier um eine voraussichtlich dauernde Wertminderung der BGA (vgl. BMF-Schreiben vom 25.02.2000, Tz. 6, Anhang 9 VI EStH). Handelsrechtlich ist daher nach § 253 Abs. 2 Satz 3 letzter Halbsatz HGB eine außerplanmäßige Abschreibung vorzunehmen. Diese Abschreibung ist auch steuerrechtlich nach § 6 Abs. 1 Nr. 1 Satz 2 EStG zulässig und aufgrund der Maßgeblichkeit (§ 5 Abs. 1 Satz 1 EStG) zwingend. Die BGA ist in der Bilanz von FF somit mit 5.000 € zu bewerten, das Eigenkapital beträgt damit nur noch 15.000 €. 3
In der Ergänzungsbilanz von FF ist damit ein Mehrkapital in Höhe von 185.000 € auszuweisen.

Die im Einzelunternehmen gebildete Rücklage kann FF in seiner Ergänzungsbilanz fortführen (R 6b.2 Abs. 9 EStH). Die Frist zur zwingenden Auflösung ist noch nicht abgelaufen. 1

Die Teilwerte der in der Schlussbilanz von FF ausgewiesenen Wirtschaftsgüter (Vermögenswerte und Verbindlichkeiten) betragen 135.000 €. Da der gemeine Wert der Einzelfirma 200.000 € beträgt (FF hat mit der Einbringung seiner Firma die Einlageverpflichtung erfüllt), beträgt der selbst geschaffene und bisher nicht bilanzierte Firmenwert 65.000 €. 1

LL bringt nur die Beteiligung an der Ritter GmbH ein. Da es sich um eine Beteiligung in Höhe von 100 % der Anteile handelt, gilt die Einbringung in das Gesamthandsvermögen gegen Gewährung von Gesellschaftsrechten als Einbringung eines Teilbetriebs. Damit handelt es sich um einen Fall von § 24 UmwStG (vgl. Tz. 24.03 des BMF-Schreibens zum UmwStG, BStBl. 1998 I Seite 268 ff.) § 6 Abs. 5 Satz 3 EStG gilt in diesem Fall nicht. 2

Die OHG hat wie im Fall von FF das Wahlrecht zum Ansatz des Buchwerts oder eines bis zum Teilwert höheren Wertes. Da LL laut Aufgabe ein möglichst hohes Ergebnis erzielen möchte, wählt die OHG den Teilwertansatz. Eine Ergänzungsbilanz wird nicht erstellt. Es ist nicht erforderlich, dass alle Mitunternehmer die Wahlrechte von § 24 UmwStG einheitlich ausüben. Deshalb kann FF die Buchwerte ansetzen und LL den Teilwertansatz wählen. 2

LL erzielt einen Veräußerungsgewinn in Höhe von 120.000 € (Veräußerungspreis 200.000 € abzüglich Buchwert 80.000 €). Der Veräußerungspreis ist nach § 3 Nr. 40 Buchstabe b EStG zur Hälfte steuerfrei. Der Buchwert kann nach § 3c Abs. 2 EStG bei der Ermittlung der Einkünfte nur zur Hälfte abgezogen werden. Der Veräußerungsgewinn von 60.000 € ist zu 20 % laufender Gewinn und zu 80 % nach § 16 EStG begünstigter Gewinn (vgl. § 16 Abs. 2 3
Satz 3 EStG).

Wenn LL das 55. Lebensjahr vollendet hat und den Freibetrag nach § 16 Abs. 4 EStG bisher noch nicht in Anspruch genommen hat, erhält er auf Antrag einen Freibetrag von 45.000 €. Der begünstigte Veräußerungsgewinn beträgt 80 % von 60.000 € = 48.000 €. Der Freibetrag kann daher in voller Höhe gewährt werden. Die Entscheidung darüber wird bei der Veranlagung zur ESt getroffen (R 16 Abs. 13 Satz 1 EStR). Eine Vergünstigung nach § 34 EStG kommt nicht in Betracht, weil der steuerpflichtige Veräußerungsgewinn zur Hälfte steuerbefreit ist (§ 34 Abs. 2 Nr. 1 EStG).

Anmerkung: Eine Aufteilung des Gewinns entsprechend H 16 Abs. 13 „Halbeinkünfteverfahren" EStH zur Ermittlung des nach § 34 EStG begünstigten (anteiligen) Gewinns ist daher entbehrlich. **2**

Summe der Punkte für Teil 3 (ohne Anlage) **22**

Zusammenstellung der erzielbaren Punkte:

Summe der Punkte für Teil 1	*18*	*18*
Summe der Punkte für Teil 2 Einzelsachverhalt 1	*26*	*26*
Summe der Punkte für Teil 2 Einzelsachverhalt 2	*16*	*16*
Summe der Punkte für Teil 2 Einzelsachverhalt 3	*5*	*5*
Summe der Punkte für Teil 3	*22*	*22*
Summe der Punkte in der Anlage für Teil 1	*4*	*6*
Summe der Punkte in der Anlage für Teil 3	*6*	*7*
Punkte für Stil, Ausdruck, Lesbarkeit, Sauberkeit und Rechtschreibung, Aufbau, Art der Darstellung, Verständlichkeit und Folgerichtigkeit (§ 40 StBAPO)	*3**	*0*
Gesamtpunktzahl	*100*	*100*

* Bei den Laufbahnprüfungen der Steuerverwaltung erfolgt regelmäßig eine Berücksichtigung der Kriterien des § 40 der Ausbildungs- und Prüfungsordnung der Steuerbeamten im Umfang von etwa 3 % bis zu 5 % der vergebenen Gesamtpunkte.

Anmerkungen zum Klausurinhalt: Die Thematik von Teil 3 dieser Arbeit ist in einigen Bundesländern in den Klausuren des Fachs Besteuerung der Gesellschaften zu finden. Das Erstellen von Mehr- und Weniger-Rechnungen nach einer Betriebsprüfung gehört in allen Bundesländern zu den regelmäßigen Klausurinhalten des Prüfungsfachs Bilanzsteuerrecht und Außenprüfung.

Bewertung:

100 – 95,5 Punkte	=	15 Notenpunkte,
95,0 – 91,0 Punkte	=	14 Notenpunkte,
90,5 – 86,5 Punkte	=	13 Notenpunkte,
86,0 – 82,0 Punkte	=	12 Notenpunkte,
81,5 – 77,5 Punkte	=	11 Notenpunkte,
77,0 – 73,0 Punkte	=	10 Notenpunkte,
72,5 – 68,5 Punkte	=	09 Notenpunkte,
68,0 – 64,0 Punkte	=	08 Notenpunkte,
63,5 – 59,5 Punkte	=	7 Notenpunkte,
59,0 – 55,0 Punkte	=	6 Notenpunkte,
54,5 – 50,0 Punkte	=	5 Notenpunkte,
49,5 – 40,0 Punkte	=	4 Notenpunkte,
39,5 – 30,0 Punkte	=	3 Notenpunkte,
29,5 – 20,0 Punkte	=	2 Notenpunkte,
19,5 – 10,0 Punkte	=	1 Notenpunkt,
9,5 – 0,0Punkte	=	0 Notenpunkte.

Die Arbeit wird mit ausreichend bewertet, wenn mindestens 50 Punkte erzielt werden.

Lösungsvorschlag **Anlage 1**

Teil 1

Mehr- und Weniger-Rechnung-Bilanzposten-Methode

	11		12		13	
	+	./.	+	./.	+	./.
Passiver Rechnungs-AB				3.125		37.625
abgrenzungsposten SB	3.125		37.625		50.000	
Einlagen					22.000	
Entnahmen					100.000	
Summen	3.125		37.625	3.125	172.000	37.625
Übertrag			– 3.125		– 37.625	
Ergebnis	+ 3.125		+ 34.500		+ 134.375	

AB = Gewinnänderung durch Änderung des Bilanzpostens in der Anfangsbilanz (= Schlussbilanz des Vorjahres); SB = Gewinnänderung durch Änderung des Bilanzpostens in der Schlussbilanz des Jahres. **3 Punkte**

Mehr- und Weniger-Rechnung-GuV-Methode

	11		12		13	
	+	./.	+	./.	+	./.
S. b. Ertrag (Garantieübernahme)	3.125		12.500		34.375	
S. b. Aufwand			22.000			
Provisionserträge					100.000	
Summen	3.125	--	34.500	--	134.375	--
Übertrag	--		--		--	
Ergebnis	+ 3.125		+ 34.500		+ 134.375	

3 Punkte

Lösungsvorschlag **Anlage 2**

Teil 3

Bilanzen der König, Fürst & Lord OHG zum 01.07.30

Aktiva	Handelsbilanz		Passiva
Firmenwert	65.000 €	Eigenkapital KK	600.000 €
BGA	5.000 €	Eigenkapital FF	200.000 €
Beteiligung Rochade GmbH	750.000 €	Eigenkapital LL	200.000 €
Beteiligung Ritter GmbH	200.000 €	Verbindlichkeiten	90.000 €
Waren	70.000 €		
Summe	890.000 €	Summe	890.000 €

4 Punkte

Aktiva	Ergänzungsbilanz KK		Passiva
Minderkapital	400.000 €	Minderwert Rochade GmbH	400.000 €
Summe	400.000 €	Summe	400.000 €

1 Punkte

Aktiva	Ergänzungsbilanz KK		Passiva
Minderkapital	185.000 €	Minderwert Firmenwert	65.000 €
		Minderwert Rochade GmbH	100.000 €
		Minderwert Waren	10.000 €
		Rücklage § 6b Abs. 10 EStG	10.000 €
Summe	185.000 €	Summe	185.000 €

2 Punkte

Aktiva			Passiva
Summe		Summe	

Richtige Buchungen zum Teil 1; nur zur Ergänzung des Lösungsvorschlags; Journal

Bezeichnung des Kontos	**Betrag Soll**	**Betrag Haben**
1.10.11		
Bank	50.000	
S. b. Erträge (Garantieübernahme)		50.000
31.12.11		
S. b. Erträge (Garantieübernahme)	46.875	
PRAP		46.875
31.12.12		
PRAP	12.500	
S. b. Erträge (Garantieübernahme)		12.500
Mai 13		
Forderungen LuL.	119.000	
Provisionserträge		100.000
USt		19.000
Juli 13		
Entnahmen	119.000	
Forderungen LuL.		119.000
USt	19.000	
Bank		19.000
31.12.13		
PRAP	34.375	
S. b. Erträge (Garantieübernahme)		34.375

Anlage zum Teil 2; nur zur Ergänzung des Lösungsvorschlags

Mehr- und Weniger-Rechnung-Bilanzposten-Methode

	21		22		23	
	+	./.	+	./.	+	./.
Rücklage § 6b EStG AB		100.000		100.000		100.000
SB	100.000		100.000		100.000	
Breitwaschmaschine AB	3.700		4.300		2.100	
SB		4.300		2.100	99	
Umsatzsteuer AB		380		380		
SB	380					
Gewebetrocken- AB					19.848	
maschine SB				19.848		17.263
Forderungen LuL. AB						
SB					5.000	
Einlagen			41.200			
Entnahmen			380			
Summen	104.080	104.680	145.880	122.328	127.047	117.263
Übertrag	– 104.680		– 122.328		– 117.263	
Ergebnis	– 600		+ 23.552		+ 9.784	

AB = Gewinnänderung durch Änderung des Bilanzpostens in der Anfangsbilanz (= Schlussbilanz des Vorjahres); SB = Gewinnänderung durch Änderung des Bilanzpostens in der Schlussbilanz des Jahres.

Mehr- und Weniger-Rechnung-GuV-Methode

	21		22		23	
	+	./.	+	./.	+	./.
Breitwaschmaschine:						
AfA	2.200		2.200		2.199	
Sonderabschreibung		2.800				
Gewebetrockenmaschine:						
Aktivierte Eigenleistungen			34.200			
Gewinnminderung				13.680		
AfA			4.936		2.585	
Sonderabschreibung				4.104		
Verwertung einer Idee:						
S. b. Erträge					5.000	
Summen	2.200	2.800	41.336	17.784	9.784	--
Übertrag	– 2.800		– 17.784		--	
Ergebnis	– 600		+ 23.552		+ 9.784	

Ohne Kürzungen/Hinzurechnungen außerhalb der Buchführung!

Besteuerung der Gesellschaften
1. Klausur

Bearbeitungszeit:	5 Zeitstunden Vorschlag zur Zeiteinteilung: Teil I = 80 Minuten, Teil II = 150 Minuten, Teil III 70 Minuten
Hilfsmittel:	Gesetzestexte, Richtlinien und Erlasse, Taschenrechner

Aufgabe und Bearbeitungshinweise

Die Klausur besteht aus drei unabhängigen Teilen, Cent – Beträge sind auf € aufzurunden.

Bearbeitungshinweise für alle Teile:

Bei der Lösung der Aufgaben sind Ihre Vorschläge unter Hinweis auf die gesetzlichen Bestimmungen und Verwaltungsanweisungen kurz zu begründen.

Da möglichst keine Rechtsbehelfe geführt werden sollen, ist die Verwaltungsauffassung zugrunde zulegen.

Auf etwaige Vereinbarkeit mit dem Recht der „Europäischen Union“ ist nicht einzugehen.

Bei vorhandenen Wahlrechten ist – soweit sich aus der Aufgabenstellung nichts anderes ergibt –von der für 2008 günstigsten zulässigen Möglichkeit auszugehen.

Begünstigende bzw. erforderliche Anträge gelten als gestellt, erforderliche Bescheinigungen und Rechnungen gelten als vorliegend und erforderliche Nachweise gelten als erbracht.

Auf etwaige Änderungen der Gewerbesteuer und Umsatzsteuer – soweit in der Aufgabenstellung nicht ausdrücklich verlangt – ist nicht einzugehen.

Aufgabe Teil I (80 Minuten)

A. Allgemeines:

Die Firma Gürtel und Schnalle KG (im folgenden KG), Bremen - Borgfeld, ist im Handelsregister eingetragen. Sie betreibt seit Jahren Fertigstellung und den Vertrieb von Elektrogeräten. Das Wirtschaftsjahr entspricht dem Kalenderjahr. Die KG versteuert ihre Umsätze nach den allgemeinen Vorschriften des UStG und ist – soweit sich aus dem Sachverhalt nichts anderes ergibt – zum vollen Vorsteuerabzug berechtigt.

Sämtliche Steuerbescheide für die Veranlagungszeiträume 2007 und früher sind bestandskräftig und nach den Vorschriften der AO nicht mehr änderbar.

Gesellschafter:		**Beteiligung am Vermögen und Ergebnis der KG in v.H.**
Volker Gürtel (seit Gründung)	**Komplementär**	**40 v.H.**
Sebastian Schnalle (seit 2002)	**Kommanditist**	**30 v.H.**
Luka Faust (im folgenden LF)	**Kommanditist**	**30 v.H. (bis zum 31.12.2008)**

Volker Gürtel (im folgenden VG) erhält für die Geschäftsführung in 2008 monatlich 2.500 € von der KG auf sein privates Bankkonto überwiesen.

Eine Kapitalverzinsung ist laut Gesellschaftsvertrag ausgeschlossen.

Das Gehalt des VG wurde als Aufwand für die Geschäftsführung bei der Gürtel und Schnalle KG (KG) verbucht.

Der Gewinn der Gürtel und Schnalle KG beträgt für das **Jahr 2008** hiernach unstreitig 180.000 € und wurde entsprechend des Gesellschaftsvertrages verteilt.

LF wurde zusätzlich ein Gewinn aus der Übertragung seines Sonderbetriebsvermögens an die KG von 28.000 € allein zugerechnet (s.a. C.1).

B. Aufgabe:

1. Zu den unter C aufgeführten Sachverhalten (u.a. Grundstücksübertragung und Ausscheiden von LF) ist in steuerlicher Hinsicht Stellung zu nehmen. Ihre Stellungnahme soll die einschlägigen Rechtsvorschriften und Verwaltungsvorschriften enthalten. Eventuelle Bescheinigungen liegen vor. Erinnerungswerte sind nicht auszuweisen.
2. Die KG sowie die Gesellschafter wollen das Ergebnis im Wirtschaftsjahr **2008** zulässig niedrig halten. Die Voraussetzungen des § 7g EStG sind nicht erfüllt.

   Um Rechtsbehelfe zu vermeiden, soll im Zweifel der Verwaltungsmeinung der Vorrang eingeräumt werden.
3. Die unter C geschilderten Sachverhalte sind in der steuerrechtlichen Behandlung zu lösen.

   Dabei soll Ihre Stellungnahme die Darstellung der **notwendigen Berichtigungen von** Bilanzposten auf den **31.12.2008** und die Auswirkungen auf den Gewinn des Wirtschaftsjahrs **2008** sowie die Ermittlung eines etwaigen Veräußerungsgewinns enthalten.

Die Buchungssätze für eventuell erforderliche Um-, Nach- bzw. Berichtigungsbuchungen **können** zur Klarstellung angegeben werden.

Sofern erforderlich, ist mit einer oder mehreren Ergänzungsbilanzen zu arbeiten.

4. Führen Sie die einheitliche und gesonderte Feststellung der Gürtel und Schnalle KG für 2008 durch.

C. Sachverhalte

1. Grundstück Plattenweg 2

Das unbebaute Grundstück steht seit 2004 im Alleineigentum des Kommanditisten Luka Faust (im folgenden LF) und wird ausschließlich von der KG genutzt. LF hatte das Grundstück bisher mit den Anschaffungskosten von 44.000 € als Sonderbetriebsvermögen der KG bilanziert.

Zum 01.01.2008 (Übergang von Nutzen und Lasten) hat LF das Grundstück auf die KG gegen Erhöhung seiner Gesellschaftsrechte übertragen.

Die KG weist das Grundstück seitdem unverändert am 31.12.2008 mit dem Teilwert vom 01.01.2008 in Höhe von 72.000 € aus, weil LF einer Übertragung der stillen Reserven auf seine Mitgesellschafter nicht zugestimmt hatte.

LF hielt deshalb die Versteuerung am 01.01.2008 für unumgänglich.

Buchung:

Grund und Boden	72.000 €	an Kapital LF	72.000 €

Buchung im Sonder Betriebsvermögen des LF:

Kapital	72.000 €	an Grund und Boden	44.000 €
		Sonst. betriebl. Erträge	28.000 €

2. Beteiligung an der Textil GmbH in Hamburg

Die GmbH schüttete in 2008 für 2007 im Mai 2008 insgesamt 24.000 € aus. Die Überweisung erfolgte in Höhe von 18.936 € auf das private Bankkonto des Kommanditisten LF. Der Vorgang blieb deshalb bisher bei der KG unberücksichtigt.

3. Ausscheiden des Gesellschafters Luka Faust

3.1 Luka Faust ist zum 31.12.2008 aus der Gürtel und Schnalle KG (KG) ausgeschieden.

Die KG hat zum 31.12.2008 folgende nicht zu beanstandende Schlussbilanz aufgestellt:

Aktiva	**KG 31.12.2008**		**Passiva**
unbebautes Grundstück	72.000		
Grund und Boden	150.000	Kapital Gürtel	312.500
Gebäude	240.000	Kapital Schnalle	165.000
BGA	25.000	Kapital Luka Faust	147.500
techn. Anlagen	175.000	Darlehen	170.000
Aktien	50.000	Verbindlichkeiten L u. L	112.000
Beteiligung Textil – GmbH	140.000	Rückstellungen	18.000

(100 v. H. Anteil)		Sonderposten Rückl. § 6b EStG	24.000
Sonstige Aktiva	97.000		
	949.000		949.000

Der Sonderposten mit Rücklagenanteil ist bei der Veräußerung von Grund und Boden in 2006 entstanden. Für den Gesellschafter Schnalle wurde ein Minderwert zur Rücklage in Höhe von 7.200 € gebildet und bis zum 31.12.2008 fortgeführt.

Die stillen Reserven enthalten u.a. folgende Wirtschaftsgüter:

Grund und Boden	120.000 €
Gebäude	50.000 €
GWG	10.000 €
Technische Anlagen	20.000 €
Aktien	20.000 €
GmbH Beteiligung	180.000 €
Firmenwert circa	200.000 €

3.2 Vereinbarung über das Ausscheiden von Luka Faust

Die Beteiligung an der Textil – GmbH in Hamburg hatte die KG bereits im Februar 2002 für 140.000 € erworben. Durch den Einsatz des Fachmannes Faust bei der GmbH ist der gemeine Wert unstreitig auf 320.000 € gestiegen.

Die Gesellschafter einigten sich, dass die Beteiligung an der Textil – GmbH ausgegiedert und als Abfindung an LF in dessen Sonderbetriebsvermögen bei der Hanse – OHG (die Lieferantin der Textil – GmbH) in Hamburg übertragen wird.

Aufgabe Teil II (150 Minuten)

Sachverhalt:

1. Allgemeines

Die Aue und Beke OHG (im folgenden OHG) in Bremen wurde zum 1.1.2000 gegründet und ist im Handelsregister eingetragen. Sie betreibt die Herstellung und den Vertrieb von Gartengeräten aller Art. Die gewerblich tätige OHG hat ein mit dem Kalenderjahr übereinstimmendes Wirtschaftsjahr. Die Gesellschafter sind zu je 50 v. H. am Vermögen, Gewinn und Verlust der OHG beteiligt.

Für das **Wirtschaftsjahr 2008** ergibt sich bisher – vorbehaltlich der Erläuterungen (Tz. 2.3) – für die ABD – OHG im Gesamthandsvermögen ein Gewinn von 224.600 €.

2. Aufnahme des Dorf in die OHG

Die Gesellschafter Aue (im folgenden A) und Beke (im folgenden B) haben beschlossen zum 01.01.2008 den bisherigen Abteilungsleiter Dorf (im folgenden D) des Fertigungsbetriebs als weiteren Gesellschafter in die OHG aufzunehmen.

2.1 Hierfür wurde folgendes rechtskräftig vereinbart:

a) Die Aufnahme erfolgt rechtswirksam zum 01.01.2008 bei gleichzeitiger Auflösung des Anstellungsvertrages.

b) Die Firma lautet jetzt ABD OHG.

c) D hat seine Gesellschaftereinlage in Höhe von 550.000 € mit 350.000 € am 01.01.2008 und die restlichen 200.000 € am 01.09.2008 zu leisten und ist zu einem Drittel an der ABD OHG beteiligt.

2.2 Vereinbarungen für die dreigliedrige ABD OHG.

Die Beteiligung am Gewinn, Verlust und Vermögen wurde somit für A, B und D auf je ein Drittel vereinbart.

Die Geschäftsführung der OHG erfolgt unentgeltlich durch die drei Gesellschafter.

Durch die Aufnahme von dem Arbeitnehmer Dorf in die OHG sollen – soweit zulässig -keine stillen Reserven aufgedeckt werden, obwohl in der Bilanz der OHG zum 01.01.2008 ein Ansatz der Wirtschaftsgüter mit den gemeinen Werten erfolgte, hierfür erforderliche Anträge sind rechtswirksam gestellt.

2.3 Die zutreffende Bilanz der zweigliedrigen OHG auf den 31.12.2007/01.01.2008

Aktiva		AB OHG		Passiva
Grund + Boden Deichstr.	100.000 €	Kapital I A	400.000 €	
Gebäude Deichstr.	410.400 €	Kapital I B		400.000 €
Anteile an der Grün – GmbH	100.000 €	Rücklage für ErsB (RfE)		30.000 €
Maschine	76.000 €	Rückstellung		36.000 €
Vorrat Sägemaschinen	50.000 €	Verbindlichkeiten		100.000 €
Kundenforderungen	200.000 €	Sonstige Verbindlichkeiten		60.000 €
Roh- und Hilfsstoffe	15.000 €			
Sonstiges Anlagevermögen	74.600 €			
	1.026.000 €			1.026.000 €

Erläuterungen zu den einzelnen Bilanzposten:

- Im Grund und Boden sind stille Reserven von 90.000 € enthalten
- Das Gebäude wurde am 01.01.2002 für 540.000 € fertiggestellt (Baubeginn September 2001) und zutreffend linear abgeschrieben. Der gemeine Wert beträgt 440.000 € am 01.01.2008 und wurde in 2008 nach § 7 (4) Nr.1 EStG mit 3 v.H. abgeschrieben.
- Die Anteile an der Grün – GmbH haben am 01.01.2008 einen gemeinen Wert von 133.700 €. Zum 31.12.2008 hat die OHG die Hälfte der Anteile an der Grün – GmbH
- für 67.000 € veräußert. Eine Verbuchung unterblieb, weil der Veräußerungspreis erst in 2009 überwiesen wurde.
- Die Maschine wurde am 01.07.2007 angeschafft und linear nach der 10jährigen Nutzungsdauer auch in 2008 abgeschrieben. Der Buchwert entspricht dem Teilwert.
- Der Vorrat an Sägemaschinen wurde mit den Anschaffungs- bzw. Herstellungskosten
- bilanziert. Am 01.01.2008 betragen die stillen Reserven 25 v. H. des Buchwerts.

- Zum 31.12.2008 wurden die laut Inventur ermittelten vorhandenen Vorräte zutreffend mit 140.000 € ermittelt. Von den am 31.12.2007 vorhandenen Vorräte waren noch
- 10 v. H. am Lager ohne Änderung des Teilwerts/gemeinen Werts vom 31.12.2007.
- Die Roh- und Hilfsstoffe zum 31.12.2007 enthalten stille Reserven von 4.200 € und wurden in 2008 vollständig verbraucht. Der Bestand am 31.12.2008 hat AK von 15.000 € und wurde entsprechend bilanziert.
- Die RfE wurde beim Brandschaden einer Maschine des Anlagevermögens in 2007 zutreffender Höhe gebildet; die Versicherungsentschädigung betrug 120.000 €.
- Die OHG erhielt erst am 03.10.2008 für die ausgeschiedene Maschine einen Ersatz.
- Die Maschine kostete bei einer Nutzungsdauer von 6 Jahren 100.000 € zuzüglich zutreffend behandelter USt.
- Die Maschine wurde nach § 7 (2) EStG mit 30 v.H. abgeschrieben und mit 70.000 € zum 31.12.2008 in der Bilanz der OHG ausgewiesen.

3. Einzahlungsverpflichtung des Dorf in 2008

D kommt den vereinbarten Zahlungsterminen pünktlich nach. Die Einlage zum 01.09.2008 muss D allerdings fremd finanzieren.

Das Darlehen in Höhe von 204.000 €, ausgezahlt an die ABD OHG mit 200.000 € ist mit 5 v. H. jährlich (fest vereinbart auf 5 Jahre) nachschüssig fällig ab 01.09.2009 zu verzinsen und in einer Summe am 30.06.2017 zurückzuzahlen.

Aufgabe:

1. Erläutern Sie die Werte der Eröffnungsbilanz der dreigliedrigen OHG (s.a. Antrag Tz. 2.2) die sich durch die Aufnahme des Dorf in die OHG zum 01.01.2008 ergeben.

2. Erstellen Sie auch etwa erforderliche Ergänzungs- und Sonderbilanzen auf den 01.01.2008 (Tz. 2.2); dafür eventuell erforderliche Anträge gelten als rechtzeitig gestellt.
   Ermitteln Sie etwaige Gewinne oder Verluste aus dem Sonderbetriebsvermögen bzw. aus den Ergänzungsbilanzen für 2008.
3. Führen Sie die einheitliche und gesonderte Gewinnfeststellung der ABD OHG für 2008 durch.
   Hierbei sind etwaige Steuervergünstigungen, Steuerfreistellungen und Steueranrechnungen zu erläutern. Gehen Sie davon aus, dass alle Gesellschafter ihre Einkünfte möglichst niedrig halten wollen.

Aufgabe Teil III (70 Minuten)

Sachverhalt

Frucht Scipio GmbH in Bremerhaven

1. Allgemeines

Die Frucht Scipio GmbH (im folgenden GmbH) mit Sitz in Bremerhaven produziert Süßwaren. Das Wirtschaftsjahr entspricht dem Kalenderjahr.

Paul Frucht (im folgenden PF) und Heide Scipio (im folgenden HS) sind Gründungsgesellschafter der GmbH. Das Stammkapital der in 1989 errichteten GmbH beträgt seit der Gründung unverändert 150.000 €. Außerdem betragen am 31.12.2007 die Gewinnrücklagen der GmbH 36.000 € und die Kapitalrücklage 40.000 €. Die Gründungsgesellschafter PF und HS übernahmen Stammeinlagen i.H.v. 100.000 € (PF) und 50.000 € (HS).

Beide sind Geschäftsführer der GmbH und von den Beschränkungen des § 181 BGB sind sie wirksam befreit.

2. Jahresabschluss 31.12.2008 / Beschlüsse der Gesellschafterversammlung

Am 04.05.2008 beschloss die Gesellschafterversammlung der GmbH, den Bilanzgewinn 31.12.2007 in Höhe von 161.300 € bis auf den Restbetrag von 1.300 € (Gewinnvortrag) auszuschütten. Die Auszahlung erfolgte am 05.05.2008.

Der Jahresüberschuss 2008 in Höhe von 142.000 € wird nach einem am 01.02.2009 gefassten Beschluss der Gesellschafterversammlung vollständig thesauriert.

Zum 31.12.2007 wurde das steuerliche Einlagekonto auf 40.000 € gesondert festgestellt.

Das KSt – Guthaben wurde zutreffend in 2008 bilanziert und behandelt.

3.Geschäftsvorfälle in 2008

3.1 Beteiligung an der Schoko Vertriebs GmbH in Bremen

Die GmbH ist seit 1996 an der Schoko GmbH mit 30 v.H. beteiligt. Die Schoko GmbH vertreibt in ihren Einzelhandelsgeschäften in ganz Europa Süßwaren.

Die GmbH gewährte der Schoko GmbH in 2008 einen Preisnachlass für gelieferte Waren, der wegen der engen Verflechtung um 15.000 € höher war als bei vergleichbaren Wiederverkäufen; dieser Preisnachlass entspricht 5 v. H. der üblichen Lieferpreise. Die Herstellungskosten der in 2008 an die Schoko GmbH gelieferten Waren betrugen 260.000 €

Und die Schoko GmbH hatte die von der GmbH in 2008 bezogene Ware sämtlich veräußert.

Im September 2008 erhielt die GmbH eine Gesamtausschüttung von der Schoko GmbH auf ihrem Geschäftskonto gutgeschrieben (Gutschriftbetrag: 31.560 €).

Die GmbH erfasste den Gutschriftenbetrag als „Beteiligungserträge“ und nahm keine weiteren Buchungen vor.

3.2 Betriebliche Aufwendungen

3.2.1 Bewirtungen

Die Aufwendungen für ordnungsgemäß nachgewiesene Bewirtungen von Geschäftspartnern der GmbH betrugen in 2008 insgesamt 12.000 € + 2.280 € USt.

3.2.2 Geschenke

Die GmbH erwarb im Mai 2008 insgesamt 300 CD Player für insgesamt 24.000 € + 4.560 € USt, die nach und nach in 2008 nachweislich an Geschäftspartner verschenkt wurden.

Der Einkaufspreis lag wegen der Absatzmenge 45 v. H. unter dem bis zum Juni 2008 gültigen Ladenpreis; aus diesem Grund entnahmen die Gesellschafter PF und HS noch im Mai 2008 jeweils 10 Geräte, um für Geburtstage geeignete Geschenke zu haben.

Laut Inventur sind am 31.12.2008 noch 10 Geräte auf Lager; diese wurden erst 2009 an Geschäftspartnern verschenkt.

Die GmbH hat die in der Eingangsrechnung ausgewiesene USt als Vorsteuer abgezogen und die Nettobeträge auf besonderen Konten gewinnmindernd gebucht. Weitere steuerliche Konsequenzen wurden nicht gezogen.

3.2.3 Geschäftsführergehalt

Im Dezember 2008 erkannten die Gesellschafter Geschäftsführer, dass ihr Gehalt monatlich jeweils um 300 € im externen Betriebsvergleich zu niedrig vereinbart wurde.

PF und HS ´vereinbarten am 21.12.2008 rückwirkend die Gehälter entsprechend ab Januar 2008 zu erhöhen.

Die Gehaltszahlungen sind trotz der Erhöhung als angemessen anzusehen.

Die Überweisung der GmbH erfolgte am 28.12.2008 auf die privaten Bankkonten.

3.2.4 Vorauszahlungen

Die in 2008 für diesen Veranlagungszeitraum geleisteten Vorauszahlungen wurden mit insgesamt 105.500 € (KSt 100.000 € und SolZ 5.500 €) gewinnmindernd gebucht.

4. Grund und Boden in Bremerhaven

Die Gesellschaftern HS überlässt seit dem 01.01.2008 das ihr gehörende unbebaute Grundstück unentgeltlich der GmbH.

Eine angemessene Miete ergäbe monatlich 240 € beträgt

II. Aufgabenstellung zu Aufgabe Teil III:

Ermitteln Sie unter Angabe der Steuerpflicht das zu versteuernde Einkommen und die tarifliche Körperschaftsteuer der Frucht Scipio GmbH für 2008.

Auf ggf. notwendige Feststellungen ist einzugehen.

Soweit Ihres Erachtens Korrekturen notwendig sind, ist in der Lösung anzugeben, ob diese innerhalb oder außerhalb der Bilanz durchzuführen sind.

Begründen Sie Ihre Entscheidungen unter Angabe der gesetzlichen Fundstellen und einschlägigen Verwaltungsanweisungen. In Zweifelsfällen ist der Lösung die gültige Verwaltungsmeinung zu Grunde zu legen. Notwendige Berechnungen und Wertermittlungen sind nachvollziehbar darzustellen.

Lösungshinweise

Lösungsvorschlag Aufgabe Teil I

1. Grundstücksübertragung von LF an die KG **5 P**

Die Grundstücksübertragung erfolgt gegen Gesellschaftsrechte und muss zum Buchwert nach § 6 (5) Satz 3 Nr. 2 EStG zum Buchwert durchgeführt werden. Es muss eine Bilanzberichtigung (§ 4 (2) Satz 1 EStG) erfolgen.

Ohne Übertragung der stillen Reserven auf die Mitgesellschafter muss für LF eine negative Ergänzungsbilanz erstellt werden, auch um die Sperrfrist nach § 6 (5) Satz 4 EStG zu vermeiden.

Das Grundstück ist mit dem Ansatz bei der KG (GHV und Ergänzungsbilanz) zum Buchwert ohne Gewinnrealisierung aus dem Sonderbetriebsvermögen auszubuchen. Der im Sonderbetriebsvermögen erfasste Gewinn in Höhe von 28.000 € ist zu stornieren und in der negativen Ergänzungsbilanz für LF ist ein Minderwert Grund und Boden in Höhe von 28.000 € auszuweisen.

Buchung in der ErgBil:

Minderkapital LF	28.000 €	an Minderwert Grund und Boden	28.000 €

Korrekturbuchung im Sonderbetriebsvermögen des LF:

Sonst. betriebliche Erträge	28.000 €	an Kapital	28.000 €

2. Ausschüttung der Textil GmbH in Hamburg **5 P**

Die GmbH Beteiligung stellt bei der KG notwendiges nicht abnutzbares Betriebsvermögen dar. Die Ausschüttung ist nach § 20 (3) EStG bei Beschluss als Betriebseinnahme und Forderung brutto (§ 12 Nr. 3 EStG) als Beteiligungsertrag auszuweisen. Die bei der ESt bzw. beim Soli anzurechnenden Steuern (4.800 € KapESt und 264 € Soli) sind anteilig bei der ESt Veranlagung der Gesellschafter anzurechnen (§ 36 (2) Nr. 2 EStG).

Der Gewinn erhöht sich in 2008 um 24.000 € und die Entnahmen erhöhen sich wie folgt:

bei Volker Gürtel um 40 v. H. von 5.064 € = 2.026 €,

bei Sebastian Schnalle um 30 v. H. von 5.064 = 1.519 € und

Luka Faust um 18.936 und 1.519 € (30 v. H. von 5.064 €) = 20.455 €.

Durch die Überweisung erfolgt eine Entnahme des Kommanditisten LF in 2008 in Höhe von 18.936 €.

(Buchung:	Kapital V. Gürtel	2.026		
	Kapital S. Schnalle	1.519		
	Kapital LF	20.455	an Beteiligungserträge	24.000 €)

Die Kapitalkonten aus den 31.12.2008 ändern sich wie folgt:

V. Gürtel:	+ 7.574 €	(40 v. H. vom Ertrag 9.600 € ./. Mehrentnahmen 2.026 €)
S. Schnalle	+ 5.681 €	(30 v. H. von 24.000 € 7.200 € ./. Mehrentnahmen 1.519 €)
LF	./. 13.255 €	(30 v. H. von 24.000 € 7.200 € ./. Mehrentnahmen 20.455 €)

Im Rahmen der einheitlichen und gesonderten Gewinnfeststellung 2008 ist außerbilanziell

nach § 3 Nr. 40d) EStG die Hälfte der Ausschüttung steuerfrei und für die ESt- Veranlagungen der Gesellschafter mitzuteilen.

3. Ausscheiden des Gesellschafters Luka Faust **10 P**

Der Mitunternehmeranteil des Luka Faust (LF) wächst den verbleibenden Gesellschaftern Gürtel und Schnalle anteilig an. LF scheidet aus der mehrgliedrigen KG aus.

Beim Ausscheiden des LF liegt keine Realteilung vor, weil die KG fortbesteht.

Luka Faust (LF) scheidet gegen Sachwertabfindung aus der KG aus.

Die vereinbarte Abfindungsverpflichtung richtet sich unmittelbar auf die GmbH Beteiligung, so dass grundsätzlich ein Tauschgeschäft vorliegt. Die Überführung der Beteiligung muss jedoch, da sie in ein anderes Sonderbetriebsvermögen des LF erfolgt, zwingend nach § 6 (5) Satz 3 Nr. 2 EStG zum Buchwert erfolgen. Obwohl LF seinen Mitunternehmeranteil an die verbleibenden Gesellschafter veräußert, entsteht deshalb bei LF kein Veräußerungsgewinn gemäß § 16 (1) Nr. 2 EStG (BMF vom 28.02.2006 Tz. II).

(Etwaige vereinbarte Steuerklauseln zwischen den Gesellschaftern sind steuerneutral.)

Die verbleibenden Gesellschafter Gürtel und Schnalle müssen ebenfalls die anteiligen Buchwerte, der von LF erworbenen Wirtschaftsgüter fortführen, auch eine freiwillige Aufstockung und Versteuerung bei diesen Wirtschaftsgütern ist ausgeschlossen, so dass die Bildung einer Rücklage nach § 6b (10) EStG nicht zulässig ist.

Wegen der wirtschaftlich ähnlichen Realteilung ohne Wertausgleich müssen der Buchwerte der ausscheidenden GmbH – Beteiligung von LF fortgeführt werden.

Es werden weder beim ausgeschiedenen LF hinsichtlich seines Anteils an den stillen Reserven aller Wirtschaftsgüter noch bei den verbliebenen Gesellschaftern Gürtel und Schnalle stille Reserven aus der übereigneten GmbH Beteiligung realisiert. Aus diesem Grunde muss LF sein Kapitalkonto in Höhe von 106.245 € (147.500 € GHV ./. Berichtigung Tz. 2 von 13.255 €, abzüglich Minderkapital in der ErgB von 28.000 €) an den Buchwert der GmbH Beteiligung von 150.000 € erfolgsneutral anpassen, weil bei Übertragung aus dem Sonderbetriebsvermögen durch die negative Ergänzungsbilanz die Sperrfrist vermieden wurde und die Versteuerung der stillen Reserven sichergestellt bleibt.

Entsprechend sind die Kapitalkonten der verbleibenden Gesellschafter erfolgsneutral anzupassen.

Entwicklung des Kapitalkontos des ausscheidenden LF zum 31.12.2008:

Laut Aufgabe		147.500 €
./. Berichtigung Tz. 2	13.255	
./. negative Ergänzungsbilanz	28.000	41.255 €
	106.245 €	
Buchwert der GmbH Beteiligung	140.000 €	
Erfolgsneutrale Aufstockung	33.755 €	

Die Kapitalkonten der verbleibenden Gesellschafter sind entsprechend abzustocken und zwar zu 4/7 bei VG und zu 3/7 S. Schnalle.

V. Gürtel	./. 19.289 € (4/7 von 33.755 €)
S. Schnalle	./. 14.466 € (3/7 von 33.755 €)

Die in der Bilanz zum 31.12.2008 ausgewiesene Rücklage nach § 6b EStG entfällt anteilig mit 30 v. H. (7.200 €) auf LF.

Eine Übertragung, der im GHV der KG gebildeten Rücklage nach § 6b EStG in das Sonderbetriebsvermögen des LF bei der Hanse OHG ist nach R 6b (7) Nr. 4 EStR anteilig zu 7.200 € zulässig.

Laut Aufgabe soll auch insoweit eine Gewinnrealisierung unterbleiben.

Erfolgsneutrale Ausbuchung der anteiligen Rücklage und Ausweis im Sonderbetriebsvermögen der Hanse OHG (andere Auffassung mit Begründung möglich+).

4. Einheitliche und gesonderte Gewinnfeststellung 2008 **7 P**

Gesamtgewinn der OHG 2008:

Die Tätigkeitsvergütung an den Komplementär VG stellt nach § 15 (1) Nr.2 Satz 1 2. HS EStG Vorwegvergütung aus Gewerbebetrieb des VG dar.

1. Der Gewinn aus dem Sonderbetriebsvermögen des LF ist nach § 6 (5) Satz 3 Nr. 2 EStG wegen des Buchwertansatzes zu mindern.

Erklärt	**180.000 €**
Vorweggewinn	**30.000 €**
Tz. 2 Beteiligungsertrag	**24.000 €**

	Gesamtgewinn	V. Gürtel	S. Schnalle	Luka Faust
Vorweg	30.000 €	30.000 €		
Gewinn	204.000 €	81.600 €	61.200 €	61.200 €
	234.000 €	111.600 €	61.200 €	61.200 €
VG § 16 EStG	0			0
feststellen:				
steuerfrei	12.000 €	4.800 €	3.600 €	3.600 €
§ 3 Nr. 40 d EStG				
anrechenbar				
KapESt	4.800 €	1.920 €	1.440 €	1.440 €
Soli	264 €	106 €	79 €	79 €

Lösungsvorschlag Aufgabe Teil II

1. Gesonderte u. einheitliche Gewinnfeststellung der Aue u. Beke OHG in Bremen **4 P**

Der Gewinn 2008 der OHG ist einheitlich und gesondert festzustellen (§§ 179/180 AO). Sämtliche Gesellschafter erzielen als Mitunternehmer Einkünfte aus Gewerbebetrieb nach § 15 (1) Nr. 2 EStG (Unternehmerrisiko, Unternehmerinitiative H 15.8).

Die Feststellungen sind für die ESt – Veranlagungen der Gesellschafter bindend.

Die OHG ist handelsrechtlich zur Buchführung verpflichtet (§ 238 HGB). Maßgebend ist der Gewinn für das Wirtschaftsjahr 2008 (§ 4a (2) Nr. 2 EStG).

Die unentgeltlich Übernahme der Tätigkeit als Geschäftsführer ist steuerrechtlich unbeachtlich.

2. Aufnahme von Dorf in die OHG zum 01.01.2008 **12 P**

Durch die Aufnahme von D in wird die bisherige zweigliedrige OHG um einen Gesellschafter erweitert.

Die bisherigen Gesellschafter bringen ihre Mitunternehmeranteile an der bisherigen OHG gegen Gesellschaftsrechte in eine neue dreigliedrige Personengesellschaft ein. Beide Vorgänge fallen unter § 24 (1) UmwStG n.F (SESTEG, Tz. 24.01c Erlass a.F.).

Grundsätzlich hat die aufnehmende Gesellschaft die übernommenen Wirtschaftsgüter mit den gemeinen Werten anzusetzen (Tausch gegen Gesellschaftsrechte). Nach § 24 (2)

Satz 2 UmwStG kann auf Antrag spätestens bei Abgabe der Feststellungserklärung – hier bleibt das Besteuerungsrecht der BRD erhalten – ein Ansatz mit den Buchwerten erreicht werden.

Nach Tz. 2.2 erfolgte eine entsprechende Antragsstellung rechtzeitig durch die ABD OHG.

Der Ansatz in der Bilanz der OHG (GHV) soll hierbei allerdings zu den gemeinen Werten erfolgen, ein Verzicht auf die Versteuerung ist nach § 24 (2) UmwStG nur über Ergänzungsbilanzen möglich. Entsprechende Anträge wurden laut Aufgabe rechtzeitig gestellt.

Eine mögliche unterschiedliche Bilanzierung in den Ergänzungsbilanzen stellten die bisherigen Gesellschafter nicht.

Der Wert mit dem das eingebrachte Betriebsvermögen bei der dreigliedrigen OHG angesetzt wird, gilt nach § 24 (3) UmwStG als Veräußerungspreis bei den Altgesellschaftern.

Durch den beantragten Ansatz des eingebrachten Betriebsvermögens mit den gemeinen Werten entsteht grundsätzlich ein Gewinn für die Altgesellschafter. Eine Besteuerung wird hier durch beantragtes Erstellen von negativen Ergänzungsbilanzen vermieden.

Der Wertansatz nach § 24 (3) UmwStG ergibt sich aus den Ansätzen im GHV und in etwaigen Ergänzungsbilanzen. Der Antrag auf Buchwertfortführung ist laut Aufgabe rechtswirksam gestellt.

EB auf den 01.01.2008 zu gemeinen Werten

Aktiva	01.01.2008 ABD OHG		Passiva
Firmenwert	100.000 €		
Grund + Boden Deichstr.	190.000 €	Kapital I A	550.000 €
Gebäude Deichstr.	440.000 €	Kapital I B	550.000 €
Anteile an der Grün -GmbH	133.700 €	Kapital D	550.000 €
Maschine	76.000 €	Rückstellung	36.000 €
Vorrat Sägemaschinen	62.500 €	Verbindlichkeiten	100.000 €
Kundenforderungen	200.000 €	Sonstige Verbindlichkeiten	60.000 €
Roh- und Hilfsstoffe	19.200 €		
Forderung Einlage D	550.000 €		
Sonstiges Anlagevermögen	74.600 €		
	1.846.000 €		1.846.000 €

Negative Ergänzungsbilanzen der Altgesellschafter jeweils

A		01.01.2007 von Aue bzw. Beke	P
Minderkapital	150.000 €	Minderwerte:	
		Firmenwert	50.000 €
		Grund und Boden	45.000 €
		Gebäude	14.800 €
		Anteile Grün – GmbH	16.850 €
		Vorrat Sägemaschinen	6.250 €
		Roh- und Hilfsstoff	2.100 €
		Rücklage für Ersatzbesch.	15.000 €
		150.000 €	150.000 €

Prüfung Buchwertansatz:

Kapital AB OHG		400.000 €
Ansatz GHV	550.000 €	
Minderkapital ErgB	150.000 €	400.000 €

Durch den Buchwertansatz entfällt eine Gewinnrealisierung durch die Umwandlung.

Durch die Buchwertfortführung ist die erweiterte OHG ist Einzelrechtsnachfolgerin der bisherigen OHG (Tz. 24.02 UmwStG Erlass). Nach § 24 (4) UmwStG in Verbindung mit

§ 23 (1) UmwStG erfolgt eine Besitzzeitanrechnung (§ 4 (2) Satz 3 UmwStG). Hinsichtlich der AfA Bewertungswahlrechten tritt die ABD OHG in die Rechtsstellung der bisherigen Personengesellschaft ein. Es kann nur geltend gemacht werden, was die bisherige OHG bei Fortbestehen hätte geltend machen können.

3. Negatives Sonderbetriebsvermögen des Dorf in 2008 **24 P**

Für das Sonderbetriebsvermögen besteht Buchführungspflicht (H 5.1 EStH)

Die teilweise Fremdfinanzierung des Gesellschaftsanteil an der OHG durch Dorf stellt eine im Sonderbetriebsvermögen auszuweisende Betriebsschuld dar (H 4.2 (15) EStH). Die Schuld ist mit dem Rückzahlungsbetrag von 204.000 € auszuweisen. Das Disagio ist als ARAP (§ 5 (5) Satz 1 Nr. 1 EStG) gesondert zu aktivieren und auf den Zinsfestschreibungszeitraum von 5 Jahren zu verteilen (H. 6.0 Damnum EStH) Gleichmäßig verteilt bei einem Fälligkeitsdarlehn ergibt sich im Sonderbetriebsvermögen 08 für 01.09.- 31.12.2008 ein Aufwand von 267 € (4.000 € : 60 × 4 = 266,67), der nur dem Gesellschafter Dorf zuzurechnen ist.

Die rückständigen Zinsen (01.09.2008 – 31.12.2008 = 4 Monate) sind als sonstige Verbindlichkeit gewinnmindernd zu erfassen.

(Berechnung 5 v. H. von 204.000 = 10.200 €, zeitanteilig für 4 Monate = 3.400 €

Verlust in 2008 aus dem Sonderbetriebsvermögen des Dorf = 3.667 €

Laufende Besteuerung bei der ABD OHG in 2008

1. Ersatzmaschine

Die in 2008 erworbene Ersatzmaschine gehört zum notwendigen Betriebsvermögen der OHG und zum abnutzbaren Anlagevermögen. Die Maschine ist ab Lieferung (§ 9a EStDV)

linear nach § 7 (1) EStG von den Nettoanschaffungskosten zeitanteilig ab Oktober 2008 abzuschreiben (verteilt auf die Nutzungsdauer von 6 Jahren) mit 1/6 von 100.000 €, zeitanteilig ¼ von 16.666,66 € =) 4.167 €.

Der erklärte Gewinn im GHV der OHG erhöht sich um 25.833 € in 2008.

Für die Altgesellschafter ist ergänzend, die in ihren Ergänzungsbilanzen bestehende Rücklage für Ersatzbeschaffung auf die Ersatzmaschine zu übertragen.

Die Maschine ist ein Ersatzwirtschaftsgut im Sinne von R 6.6 (1) + (2) EStR.

Die Übertragung ist laut Aufgabe soweit wie zulässig vorzunehmen und der nicht übertragbare Rest ist in 2008 gewinnerhöhend aufzulösen.

(Berechnung: Entschädigung 120.000 € zu AK Ersatzmaschine 100.000 € = 1/6 auflösen und 5/6 auf die Ersatzmaschine übertragbar).

(AK Maschine	100.000 €	33.334 €	33.333 €	33.333 €
AfA	4167 €	1.389 €	1.389 €	1.389 €
Wertansatz GHV	92.500 €			
Minderung BemGrdL	12.500 €	12.500 €		
Steuerliche AfA	868 €	868 €		
Minder AfA in ErgBilanz 2008	521 €	521 €		

Auswirkungen in Ergänzungsbilanz:

Gewinnerhöhende Auflösung von 1/6 nicht übertragbarer Rücklage für Ersatzbeschaffung jeweils bei Aue und Beke Mehrgewinn aus der Erg Bilanz von 2.500 €; restliche Rücklage erfolgsneutral übertragbar als Minderwert Maschine mit jeweils 12.500 €.

Der Minderwert Maschine jeweils 12.500 € vermindert sich um die zu hohe AfA im GHV um 937 bzw. 937 €.

Gewinn aus der Ergänzungsbilanz 2008:	jeweils	2.500 €	Auflösung RfE
und Minder-AfA von	jeweils	521 €	
	insgesamt	3.021 €	

(Berechnung der AfA			
Übertragbar RfE 5/6	-------	12.500	12.500
Zutreffende BemGrdL AfA		20.833	20.833
Steuerliche AfA insgesamt		868	868)

2. Gebäude AfA im GHV

Die Gebäude AfA ist bei der ABD OHG als Rechtsnachfolgerin fortzuführen.

Die unterschiedliche Zuordnung der Gebäude AfA im GHV und in den Ergänzungsbilanzen entspricht einer Gewinnverteilungsabsprache und führt zu keiner Änderung im GHV.

Steuerliche Gebäude AfA: Herstellungskosten von 540.000 € nach § 7 (4) Nr. 1 EStG mit unverändertem v.H. Satz von 4 v.H. = 21.600 €

Bisher OHG: 440.000 € zu 4 v. H. = 17.600 € = Bilanzansatz von 422.400 €.

ErgBilanzen

Aufgrund der Gewinnverteilungsvereinbarung erhalten die beiden Altgesellschafter in Ihren Ergänzungsbilanzen eine Mehr AfA von je 2.000 € = **Gewinnminderung je 2.000** € und Ansatz eines Gebäude Minderwerts in der ErgBilanz 31.12.2008

3a. Veräußerung Anteile an der Grün GmbH 2008 im GHV

Der Veräußerungsvorgang der Hälfte der Anteile erfolgt in 2008. Der noch nicht geleistete Kaufpreis ist als Forderung zum 31.12.2008 zu bilanzieren.

Der Gewinn beträgt im GHV 150 € (67.000 € ./. 66.850 €)

Der anteilig auf die Altgesellschafter entfallende Gewinnanteil von 100 € ist gewinnmindernd in eine Rücklage nach § 6b (10) EStG einzustellen.

ErgBilanzen

Die Minderwerte der Anteile an der Grün – GmbH sind in 2008 zu 50 v. H. gewinnerhöhend aufzulösen.

Mehrgewinn Aue und Beke je 8.425 €, verbleibt Minderwert von je 8.425 € in der ErgB.

Hier laut Aufgabe Bildung einer Rücklage nach § 6b (10) EStG zu Lasten des Gewinns in Höhe von jeweils 8.425 €.

3b) Rücklage § 6b (10) EStG laut Aufgabe günstiger

Die Rücklage nach § 6b EStG ist in 2008 gesellschafterbezogen. Der neu eingetretene Gesellschafter Dorf erfüllt die Voraussetzung 6 Jahre Anlagevermögen bei ihm nicht.

Der auf Dorf entfallende Anteil fällt unter das HEV und der anteilige Erlös ist zu 50 v. H. nach § 3 Nr. 40a EStG steuerfrei und die anteiligen AK sind nach § 3c (2) EStG zu 50 v. H. nicht abzugsfähig, so dass bei der ESt Veranlagung 25 € saldiert steuerfrei bleiben.

Bei den Altgesellschaftern ist die Bildung der Rücklage nach § 6b EStG zulässig, weil eine Besitzzeitanrechnung erfolgt (§ 4 (2) Satz 3 UmwStG).

Die Bildung der Rücklage erfolgt einschließlich einer etwaigen späteren Steuerfreiheit nach dem HEV (§ 6b (10) Satz 5 EStG).

Vorratsvermögen

Die am 01.01.2008 vorhandenen Sägemaschen und die Roh- und Hilfsstoffe gehören zum Umlaufvermögen (R 6.1 (2) EStR). In der Bilanz im GHV ist der durch Inventur ermittelte Bestand anzusetzen. Die Bewertung – ohne dauernd niedrigeren Teilwert – erfolgte zutreffend nach der Inventur.

ErgBilanzen

Aufgrund der Veräußerung bzw. des Verbrauchs in 2008 sind die Minderwerte gewinnerhöhend aufzulösen. Von den Vorräten an Sägemaschinen ist laut Aufgabe noch 10 v.H. am Lager, so dass 10 v. H. des Minderwerts (625 €) jeweils in der ErbBil auszuweisen sind.

Gewinnauswirkung:

Auflösung Minderwert Roh- und Hilfsstoffe je 2.100 € als Gewinn in 2008 bei Aue und Beke.

Auflösung zu 90 v.H. des Minderwerts der Sägemaschinen in Höhe von 5.625 € bei Aue und Beke.

Insgesamt Mehrgewinn 2.100 € und 5.625 € = 7.725 € bei Aue und Beke.

4. Einheitliche und gesonderte Gewinnfeststellung der ABD OHG in 2008 **10 P**

Ausgleichsfähiger Verlust aus dem Sonderbetriebsvermögen des Dorf (Tz. 3) = 3.667 €-

Ergebnisse aus den Ergänzungsbilanzen 2008	Aue	Beke
Vorratsvermögen	+ 7.725 €	7.725 €
Gebäude Mehr-AfA	./.2.000 €	2.000 €
Ersatzmaschine und RfE	+ 3.021 €	3.021 €
Veräußerung GmbH Anteile wegen § 6b (10) EStG	0	0
	+ 8.746 €	8.746 €

Gewinn der OHG GHV 2008 erklärt:		224.600 €
Gewinn aus der Veräußerung der GmbH Anteile	150 €	
Bildung Rücklage § 6b (10) EStG Altgesellschafter	100 €	
Sondergewinn von Dorf	50 €	50 €
Begünstigt nach dem HEV bei der ESt		
weniger AfA Ersatzmaschine		25.833 €
		250.483€

	Gesamt	**Aue**	**Beke**	**Dorf**
Gewinn 2007				
Allein Dorf GmbH	50 €	50 €		
Rest je 1/3	250.433 €	83.478	83.478	83.477 €
SonderBV Verlust	./. 3.667 €	3.667 €		
Gewinn ErgBilanz A	+8.746 €	8.746 €		
Gewinn ErgB B	+ 8.746 €	8.746 €		
Gesamt:	264.308 €	92.224	92.224 €	79.860 €
Steuerfrei nachdem HEV	25 €			

Lösungsvorschlag Aufgabe III (KSt)

1. Steuerpflicht und Einkommen **2 P**

Die Frucht Scipio GmbH (im folgenden GmbH) ist als Kapitalgesellschaft mit Sitz im Inland unbeschränkt körperschaftsteuerpflichtig (§ 1 (1) Nr. 1 KStG)

Die KSt bemisst sich nach dem zu versteuernden Einkommen (§ 7 (1) + (2) KStG), das nach den Vorschriften des EStG und KStG zu ermitteln ist (§ 8 (1) KStG). Die GmbH ist als Handelsgesellschaft (§ 13 (3) GmbH G) nach §§ 6 und 238 HGB buchführungspflichtig (§§ 5, 4a EStG) und erzielt als Kapitalgesellschaft nach § 8 (2) KStG ausschließlich Einkünfte aus Gewerbebetrieb.

Ausgangspunkt der Einkommensermittlung ist der Jahresüberschuss 2007 (§ 266 (3) A. V. HGB).

2. Vorläufiger Jahresüberschuss 2008 **1 P**

142.000 €

Die in 2008 erfolgte Gewinnausschüttung berührt das Einkommen 2008 nicht

(§ 8 (3) S. 1 KStG)

Zu überprüfende Sachverhalte **10 P**

3.1 Beteiligung an der Schoko Vertriebs GmbH (im folgenden Schoko GmbH)

Die Ausschüttung ist nach § 20 (3) i.V. mit § 20 (1) 1 EStG als Teil der Einkünfte aus Gewerbebetrieb zu erfassen.

Die Beteiligungserträge ermitteln sich wie folgt:

Ausschüttung brutto	40.000 €	
Davon einbehaltene KapESt § 43a (1) Nr. 1 EStG, 20 v. H. =	8.000 €	
Zuzüglich SolZ (§ 4 SolZG 5,5 v. H. von 8.000 €)	440 €	8.440 €
Ergibt Gutschrift von (78,9 v. H. der Ausschüttung)		31.560 €

Die KapESt und SolZ sind nach § 10 Nr. 2 KStG nicht abziehbare Steuern (H 48 KStH)

Die Beteiligungserträge sind nach § 8b (1) S. 1 KStG steuerfrei.

Nach § 8b (5) S. 1 KStG gelten 5 v. H. der Beteiligungserträge als nicht

abziehbare Aufwendungen

Änderungen innerhalb:	Mehr Beteiligungsertrag	+ 8.440 €
Mehr Steueraufwand (KapESt, SolZ	./. 8.440 €	
Außerhalb: Hinzurechnung KapESt und SolZ	+ 8.440 €	
Steuerfrei Abrechnung § 8b (1) KStG	./. 40.000 €	
Hinzurechnung (§ 8b (5) KStG 5 v. H. von 40.000 €)	=	+ 2.000 €

Die Gewährung des höheren Preisnachlasses gegenüber der Schoko – GmbH

stellt eine verdeckte Einlage (R 40 (1) KStR) dar. Es handelt sich um einen bilanzierungsfähigen Vermögensvorteil, der durch das Gesellschaftsverhältnis

veranlasst ist (R 40 (3) KStR).

Der Wert der Einlage beträgt hier grundsätzlich 15.000 € (§ 6 (1) Nr. 5 EStG).

Die Einlage in die Schoko – GmbH erfolgte innerhalb von 3 Jahren nach der

Herstellung bei der GmbH, so dass eine Bewertung nach § 6 (1) Nr. 5a EStG höchstens zu den anteiligen HK bewertet werden kann (5 v. H. von 260.000 €) =13.000 €. Durch die verdeckte Einlage erhöhen sich die Anschaffungskosten für die Beteiligung an der Schoko – GmbH beim Anteilseigner GmbH um 13.000 € (§ 6 (6) S. 3 EStG).

Änderung innerhalb mehr Erträge + 13.000 €

3.2 Betriebliche Aufwendungen

3.2.1 Bewirtungen

Die angemessenen Bewirtungskosten (ordnungsgemäß nachgewiesen und getrennt gebucht (§ 4 (7) S. 1 EStG)) stellen zu 30 v.H. nicht abziehbare Betriebsausgaben dar. Der Vorsteuerabzug für die Bewirtungskosten ist zulässig (BMF vom 23.06.2006 zu R 197 UStR)

(30 v.H. von 12.000 € = 3.600 €)

Änderung außerhalb + 3.600 €

3.2.2 Geschenke

Die Anschaffungskosten der CD Player übersteigen mit ihren AK (80 € pro Stück) die Freigrenze von 35 € nach § 4 (5) Nr. 1 EStG. Somit gehören die verschenkten Geräte zu den nicht abziehbaren Ausgaben (§ 8 (1) KStG, § 4 (5) Nr. 1 EStG).

2008: verschenkte Geräte 270 Stück (300 ./. entnommene 20, Restbestand 10)

Für die von den Gesellschaftern PF und HS entnommenen und privat verschenkten 20 Geräte liegen in 2008 verdeckte Gewinnausschüttungen (vGA) vor (Vermögensminderungen, Ausfluss aus dem Gesellschaftsverhältnis (R 36 (1) KStR), H 36 V. Einzelfälle „Waren").

Die Bewertung erfolgt zu den gemeinen Werten der Geräte im Mai 2008 (H 37 „Hingabe von WG" KStH)

(Ladenverkaufspreis pro Stück 100/55 × 80 = 145,45 € + 19 v. H. USt 27,64 € = 173,09 €)

vGA = Berechnung 20 Stück × 173,09 € = **3.461,80 €**

Für die nicht als BA abziehbaren Geschenke ist die USt nicht als Vorsteuer abziehbar (§ 15 (1a) Nr. 1 UStG = 270 Geräte).

Für die von PF und HS verwendeten Geräte liegt kein Fall des § 4 (5) Nr. 1 EStG vor, so dass der Vorsteuerabzug zulässig ist.

Die Lieferungen im Mai 2008 sind nach § 3 (1b) Nr.1 UStG USt-pflichtig.

(BMG nach § 10 (4) Nr. 1 UStG, Einkaufspreis netto 145,45 × 20 Stück = 2.909 €).

Die USt: in Höhe von 552,71 € ist nach R 37 KStR nicht außerbilanzmäßig nach § 10 Nr. 2 KStG hinzuzurechnen.

Der Gerätebestand am 31.12.2008 ist nach § 6 (1) Nr. 2 Satz 1 EStG mit den netto AK zu bilanzieren (R 9b (3) EStR).

Der Aufwand ist entsprechend zu korrigieren (10 Stück zu 80 €) = 800 €.

Änderungen innerhalb:

Erhöhung der USt-Schuld um nicht abziehbare Vorsteuern 4.560 € ./. 304 € = 4.526,00 €

Erhöhung USt wegen vGA
552,71 €

Mehr Aufwand	./. 5.078,71 €
Weniger Aufwand für Geschenke	+ 800,00 €
Änderungen außerhalb	
Hinzurechnungen Geschenke 270 Stück zu 80 €	= 21.600 €
Hinzurechnung des Werts der vGA	3.461,80 €
Hinzurechnung nach § 10 Nr. 2 KStG nicht abziehbare Vorsteuer	4.526,00 €

3.2.3 Geschäftsführergehälter

Die rechtswirksamen Anstellungsvertrage und angemessenen Zahlungen sind auch steuerrechtlich anzuerkennen. Die rückwirkende, wenn auch angemessene Gehaltserhöhung, kann steuerrechtlich nicht anerkannt werden, weil die Vereinbarung mit PF als beherrschenden Gesellschafter steuerrechtlich unbeachtlich ist(H 36 III. „Beherrschender Gesellschafter" KStH) und stellt eine vGA (Vermögensminderung, Begründung Gesellschaftsverhältnis R 36 (2) KStR) dar. Dies gilt auch für die nicht beherrschend Beteiligte Gesellschafter Geschäftsführerin HS, weil gleichgerichtete Interessen der Gesellschafter vorliegen, hierfür reicht als Indiz die übereinstimmende Erhöhung der Gehälter aus (H 36 III „Beherrschender Gesellschafter mit gleichgerichteten Interessen." KStH).

Änderung außerhalb

Einkommenserhöhung (§ 8 (3) S. 2 KStG)

monatlich rückwirkend 12 × 300 € × 2 = **7.200 € in 2008**

3.2.4 Vorauszahlungen

Die im Aufwand enthaltenen KSt- und SolZ – Beträge sind außerbilanzmäßig nach § 10 Nr. 2 KStG hinzuzurechnen.

Änderung außerhalb: KSt 100.000 € SolZ 5.500 € = 105.500 €

4. Grund und Boden in Bremerhaven **10 P**

Das im Eigentum von HS stehende Grundstück ist nicht zuaktivieren.

Hinsichtlich des Mietverzichts liegt keine verdeckte Einlage vor, weil der Verzicht auf das Nutzungsentgelt kein einlagefähiges WG darstellt (H 40 „Nutzungsvorteile" KStH), so dass sich keine Auswirkung auf den Jahresüberschuss oder das Einkommen der GmbH ergibt.

Zu versteuerndes Einkommen 2008 und Tarifbelastung

Jahresüberschuss:		**142.000 €**
Beteiligung Schoko – GmbH	+8.440	
Mehr Aufwand KapSt + SolZ	./. 8.440	
Erträge AK Beteiligung	+ 13.000	
Nicht abziehbare Vorsteuern	./.4.526	
USt = § 10 (4) Nr. 1 UStG vGA	./. 552,71	
Weniger Aufwand Geschenke 2008	+ 800	8.721,29

		150.721,29
Einkommensermittlung:		
Beteiligung Schoko – GmbH	§ 8b (1) KStG	./. 40.000
§ 8b (5) KStG	+ 2.000	
§ 10 Nr. 2 KStG	+ 8.440	
§ 4 (5) Nr. 2 EStG	+ 3.600	
§ 4 (5) Nr. 1 ´EStG	+ 21.600	
vGA	+ 3.461,80	
§ 10 Nr. 2 KStG	+ 4.526	
vGA Gehälter	+ 7.200	
§ 10 Nr. 2 KStG VZ	+ 105.500	116.327,80
zu versteuerndes Einkommen 2008		**267.049,09**

Tarifliche KSt 2008:

§ 23 (1) KStG 15 v. H. vom zvE von 267.049 € 40.057,35 €

Gesonderte Feststellung

Steuerliches Einlagekonto § 27 KStG

Ansatz 31.12.2007 **40.000 €**

Keine Verwendung in 2008, weil die Leistungen in 2008 den ausschüttbaren Gewinn nicht übersteigen.

Feststellung 31.12.2008 unverändert **40.000 €**

Verwendung der steuerlichen Einlagekontos in 2008:

Eigenkapitalbestände am 31.12.2007:	gezeichnetes Kapital		150.000 €
	Kapitalrücklage		40.000 €
	Bilanzgewinn 2007		161.300 €
	Gewinnrücklagen		36.000 €
	Eigenkapital 31.12.2007		387.300 €
./. gezeichnetes Kapital		150.000 €	
./. steuerliches Einlagekonto		40.000 €	190.000 €
verbleibt ausschüttbarer Gewinn ohne Einlagenrückgewähr			**197.300 €**
Leistungen der GmbH in 2008 offene Ausschüttung		**160.000 €**	
vGA in 2008		**7.200 €**	
		3.462 €	**170.662 €**

Die Leistungen überschreiten nicht den ausschüttbaren Gewinn (§ 27 (1) S. 3 KStG).

Besteuerung der Gesellschaften
2. Klausur

Bearbeitungszeit: 5 Zeitstunden
Hilfsmittel: Gesetzestexte, Richtlinien und Erlasse, Taschenrechner

Aufgabe und Bearbeitungshinweise

Die Klausur besteht aus unabhängigen Teilen, Cent – Beträge sind auf € aufzurunden.

Bearbeitungshinweise:

Bei der Lösung der Aufgaben sind Ihre Vorschläge unter Hinweis auf die gesetzlichen Bestimmungen und Verwaltungsanweisungen kurz zu begründen.

Da möglichst keine Rechtsbehelfe geführt werden sollen, ist die Verwaltungsauffassung zugrunde zulegen.

Auf etwaige Vereinbarkeit mit dem Recht der „Europäischen Union" ist nicht einzugehen.

Bei vorhandenen Wahlrechten ist – soweit sich aus der Aufgabenstellung nichts anderes ergibt – von der für 2006 günstigsten zulässigen Möglichkeit auszugehen.

Begünstigende bzw. erforderliche Anträge gelten als gestellt, erforderliche Bescheinigungen und Rechnungen gelten als vorliegend und erforderliche Nachweise gelten als erbracht.

Auf etwaige Änderungen der Gewerbesteuer – soweit in der Aufgabenstellung nicht ausdrücklich verlangt – ist nicht einzugehen.

Aufgabe Teil I

Sachverhalt:

1. Allgemeines

Die Frings Technika GmbH &Co KG (F & Co KG) in Bremen betreibt seit 15 Jahren Herstellung und Fertigung von medizinischen Geräten. Die gewerblich tätige F & Co KG hat ein mit dem Kalenderjahr übereinstimmendes Wirtschaftsjahr.

Der für das Wirtschaftsjahr 2008 bisher ermittelte Handelsbilanzgewinn beträgt 224.600 €.

Franz Frings (FF) – alleiniger Gesellschafter der FT GmbH -, ist seit Gründung auch Geschäftsführer für die FT GmbH (Sitz in Bremen) bei der & Co KG und erhält für die Tätigkeit ein angemessenes Gehalt von monatlich 7.200 € von der F & Co KG überwiesen.

Die FT GmbH ist die alleinige Komplementärin der F & Co KG; sie unterhält keinen eigenen Geschäftsbetrieb.

Die F & Co KG ermittelt den Gewinn durch Betriebsvermögensvergleich und versteuert die Umsätze nach den allgemeinen Vorschriften des UStG und ist, soweit sich aus den folgenden Sachverhalten nichts anderes ergibt, zum vollen Vorsteuerabzug berechtigt.

1.1 Gesellschaftsverhältnis

An der F & Co KG sind am Gewinn. Vermögen und Verlust beteiligt:

		In 2008	Änderung ab 31.12.2008
Komplementärin	FT GmbH	10 v.H. bleibt	10 v.H.
Kommanditist	Franz Frings (FF)	80 v.H.	70 v.H.
Kommanditist	Walter Wiese(WW)	10 v.H.	0 v.H.
Kommanditist	Kevin Kolk (KK) s. Tz.2.5		10 v.H.
Kommanditist	Niko Frings (NF) s. Tz.2.4		10 v.H.

Der vereinbarte Auslagenersatz – neben den Auslagen für die Geschäftsführung – in Höhe von 3.600 € wurde für 2008 von der F & Co KG nicht als Vorweggewinn vergütet (Tz.2.6).

1.2 Geschäftsführungsgehalt

Vereinbarungsgemäß erfolgt die Auszahlung des Geschäftsführergehalts von der GmbH & Co KG direkt an den Kommanditisten FF auf dessen privates Bankkonto überwiesen.

Für den Auslagenersatz erteilt die FT GmbH Rechnungen mit ausgewiesener USt, die die GmbH & Co KG der FT GmbH auch vereinbarungsgemäß ersetzte.

1.3 Gewinn aus dem Sonderbetriebsvermögen des Franz Frings erklärt:

Verlust an den Anteilen an der FT GmbH (Tz. 2.2)	12.000 €
Zutreffender Gewinn aus dem Grundstück Ritterhude bis 30.06.2008	2.400 €

2. Noch zu behandelnde Sachverhalte im Wirtschaftsjahr 2008

2.1 Beteiligung an der Medizinbau GmbH – Sitz in Hamburg.

Die F & Co KG ist an der o.g. GmbH zu 40 v.H. seit 1999 beteiligt. Die Beteiligung wird seit dieser Zeit mit den Anschaffungskosten einschließlich Nebenkosten mit 80.000 € als Anlagevermögen aktiviert.

Die Medizinbau GmbH hat am 8.Juni 2008 einen Gewinnausschüttung für 2007 in Höhe von insgesamt 120.000 € auf der Gesellschafterversammlung am 8.Juni 2008 beschlossen und entsprechend dem Beschluss der Gesellschafterversammlung nach Abzug von KapESt und SolZ auf das Konto der F & Co KG überwiesen.

Die F & Co KG buchte die Überweisung:

Bank 37.872 € an Beteiligungserträge 37.872 €

Veräußerung

Die F & Co KG hat die Anteile – Übergang von Nutzen und Lasten am 30.11.2008 – günstig an einen Gesellschafter der Medizinbau GmbH für 200.000 € veräußert.

Die Veräußerungskosten übernahm der Erwerber zusätzlich.

Der vereinbarte Kaufpreis wurde wie folgt erbracht:

a) Schuldübernahme von 60.000 €,

b) Übertragung des schuldenfreien kleinen unbebauten Grundstücks – neben dem Sitz der F & Co KG gelegen – zum üblichen Verkaufswert von 50.000 €

c) und 90.000 € eingegangen Anfang Dezember 2008 auf dem Bankkonto der F & Co KG.

Die bei der Grundstücksübertragung angefallenen Kosten in Höhe von 1.920 € buchte die F & Co KG bei Überweisung im November 2008 als Betriebsausgabe.

Die F & Co KG beantragt, den bisher gebuchten Gewinn möglichst nicht in 2008 zu versteuern.

2.2 FT – GmbH Komplementärin

Die FT GmbH hatte im November 2007 eine Vorabausschüttung in Höhe von 12.000 €

beschlossen und ausgezahlt.

Wegen vorübergehender finanzieller Schwierigkeiten wurde im September 2008 die Ausschüttung rückgängig gemacht. FF überwies deshalb im September die 12.000 € an die FT GmbH zurück und machte die Zahlung als Sonderbetriebsausgabe in 2008 geltend.

Die Anteile hat FF weiter mit den ursprünglichen Anschaffungskosten bewertet.

2.3 Unbebautes Grundstück in Ritterhude

FF hat das o.g. Grundstück im Mai 2003 günstig für 36.000 € einschließlich Nebenkosten erworben und als Vorratsvermögen zutreffend als gewillkürtes Sonderbetriebsvermögen

bei der FT &Co KG als Anlagevermögen bilanziert.

Den Kaufpreis hat er teilweise aus Kreditmitteln geleistet, die Valuta der Grundschuld betrug in 2008 noch 20.000 €

Der zutreffend ermittelte Teilwert des unbebauten Grundstücks war in 2008 bereits auf

80.000 € angestiegen.

Die F & Co KG benötigte für den Bau einer weiteren Fabrikationshalle ein Grundstück.

FF übertrug am 1.7.2008 sein Grundstück gegen Übernahme der Grundschuld auf die FT & Co KG.

Die F & Co KG buchte:

Grund und Boden	80.000 €	an Grundschuld	20.000 €
		Kapital FF	60.000 €

FF buchte im Sonderbetriebsvermögen:

Grundschuld	20.000 €	an Grund und Boden	36.000 €
Kapital	60.000 €	Ertrag	44.000 €
Aufwand	44.000 €	Rücklage § 6b EStG	44.000 €

2.4 Übertragung anteiliger Gesellschaftsanteil

FF übertrug unentgeltlich zum 31.12.2008 auf seinen 24-jährigen Sohn Niko Frings (NK) einen Kommanditanteil von 10 v.H. (1/8 seines Kommanditanteils) zum mit Auszeichnung bestandenen Wirtschaftsdiplom.

Bei der F & Co KG wurde lediglich 1/8 der Kommanditeinlage (20.000 €) auf NK übertragen.

Weitere Buchungen erfolgten nicht.

Die hundertprozentige Beteiligung an der FT Komplementär GmbH behielt FF weiter.

2.5 Ausscheiden des Kommanditisten Walter Wiese (WW) zum 31.12.2008

Walter Wiese veräußert mit Zustimmung der übrigen Gesellschafter aus Altersgründen (70 Jahre) zum 31.12.2008 seinen Kommanditanteil an Kevin Kolk.

Im GHV soll Kevin Kolk die Buchwerte von Walter Wiese fortführen.

Die materiellen Wirtschaftsgüter des Gesamthandsvermögens der F & Co KG enthalten bisher laut Firma folgende insoweit steuerlich zutreffend ermittelte stille Reserven:

Maschinen	40.000 €
Betriebs- und Geschäftsausstattung	60.000 €
Waren	20.000 €
BMW Aktien (Buchwert 10.000 €)	5.000 €

Am 31.12.2008 betragen das Kapitalkonto I (Kommanditeinlage 20.000 €) und das Kapitalkonto II (bisher laut Buchführung 42.000 €) bei WW.

WW erhält von Kevin Kolk einen Kaufpreis von 120.000 €. Die Überweisung erfolgte am 03.1.2009 von Kevin Kolk auf das private Konto von WW.

Der Vorgang wurde deshalb bisher bei der F & Co KG noch nicht erfasst.

2.6 Auslagenersatz

Die FT GmbH hat für 2008 erstmalig nach Absprache mit Franz Frings auf den Auslagenersatz von 3.600 € verzichtet.

Aufgaben:

1. Führen Sie die einheitliche und gesonderte Gewinnfeststellung der F GmbH & Co KG für das Wirtschaftsjahr 2008 durch.
   Hierbei sind etwaige Steuervergünstigungen, Steuerfreistellungen und Steueranrechnungen zu erläutern. Gehen Sie davon aus, dass alle die Gesellschafter ihre Einkünfte möglichst niedrig halten wollen.
2. Stellen Sie die Übernahme des einzigen Betriebsvermögen des Walter Wiese durch Kevin Kolk auch hinsichtlich der einkommensteuerrechtlichen Folgen für beide Gesellschafter dar.
3. Erstellen Sie auf den 31.12.2008 etwa erforderliche Ergänzungsbilanzen.

Aufgabe Teil II

1. Anlagen Fritz GmbH (Sitz und Geschäftsleitung in Bremen)

1.1 Allgemeine Angaben

Geschäftszweck der in 1994 gegründeten GmbH ist die Herstellung und der Vertrieb von Maschinen Anlagen.

Die Anlage Fritz GmbH (AF – GmbH) hat ein mit dem Kalenderjahr übereinstimmendes Wirtschaftsjahr und sie ist zum vollen Vorsteuerabzug berechtigt.

Das voll eingezahlte Stammkapital beträgt 150.000 €, außerdem sind Gewinnrücklagen

In Höhe von 180.000 € in der Bilanz zum 31.12.2007 ausgewiesen.

1.2 Gesellschafter der AF GmbH sind:

Niko Fritz (NF), wohnhaft in Bremen, mit 60 v.H., der gleichzeitig alleinvertretungsberechtigter von den Beschränkungen des § 181 BGB befreiter Geschäftsführer ist und mit jeweils 20 v.H. Jürgen Drews (JD), wohnhaft in Kronenberg (Taunus) und Gitta Bruns(GB), wohnhaft in Bremen.

1.3 Verwendung des Jahresergebnisses

Der zum 31.12.2007 ausgewiesene Bilanzgewinn von 100.000 € wurde entsprechend der Gesellschafterversammlung vom 10.4.2008 in Höhe von 60.000 € ausgeschüttet und in Höhe von 40.000 € auf neue Rechnung vorgetragen.

1.4 Steuerliche Verhältnisse

Die AF GmbH erstellt keine abweichenden Steuerbilanzen. Die Veranlagungen bis 2007 sind bestandskräftig.

Das vereinbarte Geschäftsführergehalt hat die AF GmbH als Aufwand mit 60.000 € erfasst

und ausgezahlt.

1.4.1. Grundstück in Duhnen (Nordsee)

Laufend

Die AF GmbH erwarb am 3.1. 2008 das o.g. gerade fertiggestellte Gebäude. In dem Grundstück befinden sich Gästeapartments.

Der Bauherr hat keine Sonderabschreibungen oder erhöhte Abschreibungen in Anspruch genommen.

Das für 300.000 € erworbene Grundstück (Anteil Grund und Boden 70.000 €) wurde in

2008 ausschließlich unentgeltlich Geschäftsfreunden der GmbH zur Verfügung gestellt.

Die gesondert aufgezeichneten Kosten betrugen in 2008 bis zur Veräußerung am 1.11.2008:

Kosten des laufenden Unterhalts einschließlich Versicherungen betrugen 21.600 €

Die Grundschuld wurde aus dem Veräußerungserlös getilgt und zwar einschließlich der Schuldzinsen (8.400 €) und einer Vorfälligkeitsentschädigung (2.400 €).

Die Gebäude AfA (§ 7 (4) Nr.1 EStG buchte die AF GmbH mit 4 % = 9.200 €

als Aufwand.

An Vorsteuern machte die AF GmbH hierfür 2.440 € geltend.

Veräußerung

Beim Verkauf im November 2008 erzielte die GmbH einen Veräußerungspreis von

324.000 €. Den Veräußerungsgewinn von 33.200 € erfasste die AF GmbH in 2008 als sonstigen betrieblichen Ertrag.

1.4.2 Beteiligung an der Baumaschinen GmbH (Sitz in Oldenburg)

Die AF GmbH erwarb im Februar 2008 eine 30 % -ige Beteiligung an der o.g. GmbH von ihrem Gesellschafter Niko Fritz. Trotz bekanntem Verkehrswert der Anteile von

90.000 € wurde mit der AF GmbH ein Kaufpreis von 70.000 € vereinbart und bezahlt.

Die Aktivierung erfolgte zum Kaufpreis von 70.000 € zuzüglich von 1.500 € Erwerbs-Nebenkosten.

Der Ansatz erfolgte unverändert am 31.12.2008, da der Teilwert langfristig, trotz der Gewinnausschüttung für 2007 laut Beschluss vom 05.05.2008 in Höhe von insgesamt

40.000 € (vor Abzug KapESt und SolZ), weiter über 90.000 € betragen wird.

Die anteilige Ausschüttung wurde bei der AF GmbH zutreffend erfasst.

1.4.3. Beteiligung Sauber Maschinen KG in Kiel.

Die AF GmbH ist seit 2004 Kommanditistin der o.g. KG in Kiel. Sie ist mit 20 v.H. am Gewinn und Verlust sowie am Vermögen beteiligt.

Da bisher keine Mitteilung über den Gewinnanteil 2008 vorliegt, ermittelte die AF GmbH den Ansatz der Beteiligung auf den 31.12.2008 wie folgt:

Zutreffender Stand am 31.12. 2007	./. 18.000 €
+ zu erwartender Gewinnanteil 2008	32.000 €
./. von der Sauber KG mitgeteilter festgestellter nur verrechenbarer Verlust nach § 15a (2) EStG von	./. 8.000 €
Ansatz der Beteiligung in der Bilanz 31.12.2008	6.000 €

Nach der jetzt vorliegenden Gewinnfeststellung der KG in Kiel beträgt der steuerliche Gewinnanteil 36.000 €. Auf die AF GmbH entfallen auf ihren Gewinnanteil 2008 noch nichtabziehbare Betriebsausgaben nach § 4 (5) Nr. 1 EStG von 400 € und Spenden an die katholische Kirche in Höhe von 200 €.

1.4.4. Verwarnungsgelder

Im gesondert ausgewiesenen Aufwand sind insgesamt 3.600 € Verwarnungsgelder enthalten.

Die AF GmbH übernahm ohne Vereinbarung sämtliche verhängte Verwarnungsgelder für Geschwindigkeitsübertretungen des Gesellschaftergeschäftsführers Niko Fritz in Höhe von 1.900 €.

Außerdem übernahm die AF GmbH sämtliche Verwarnungsgelder der Arbeitnehmer soweit sie einen Dienstwagen der AF GmbH genutzt haben.

Der als Aufwand für die Arbeitnehmer gebuchte Betrag von 1.700 €, entfällt mit 210 € auf von der niederländischen Polizei erhobenen Verwarnungsgelder.

1.4.5 Forderung an Firma Morsch

Die AF GmbH hat seit November 2007 eine Forderung in Höhe von 46.400 €. Wegen der bisher nicht erfolgten Zahlung versuchte der Geschäftsführer Niko Fritz bei einem Besuch im Sommer 2008 die ausstehende Forderung zu erhalten. Er erhielt einen Scheck über 75 v. H der Forderung, den NF unverzüglich auf seinem privaten Bankkonto gutschreiben ließ.

Eine Buchung bei der AF GmbH unterblieb.

Am 1.11.2008 wird die restliche Forderung uneinbringlich.

Zum 31.12.2008 wurde bei der AF GmbH die gesamte Forderung mit 46.400 € abgeschrieben.

1.5 Geschäftsergebnis

Für 2008 legt die AF GmbH folgende verdichtete Gewinn und Verlustrechnung vor:

Erträge	
Erlöse Fertigung	346.400 €
Erlöse Vertrieb und Handel	129.825 €
Sonstige betriebliche Erträge (Tz. 1.4.1)	33.200 €
Gewinnausschüttung Baumaschinen GmbH 2008 (Tz. 1.4.3)	12.000 €
Ausschüttung für eine Beteiligung an einer Kapitalgesellschaft im Ausland	
(beteiligt zu 6 %, Staat ohne DBA)	18.000 €
Summe	539.425 €
Aufwendungen:	
Geschäftsführergehalt an NF	60.000 €
Quellensteuer für die Ausschüttung der Kapitalgesellschaft	1.800 €
(10 v.H. von 18.000 €)	
Körperschaftsteuer/ Solidaritätszuschlag	47.475 €
Gesondert aufgezeichnete Ausgaben	32.400 €
Verwarnungsgelder (Tz. 1.4.4)	3.600 €
Spende an das Deutsche Rote Kreuz (lt. Bescheinigung)	550 €
Forderungsabschreibung (Tz. 1.4.4)	46.400 €
Sonstige Aufwendungen	218.000 €
Jahresüberschuss 2008	129.200 €
Summe	539.425 €

Das steuerliche Einlagekonto nach § 27 KStG wurde zum 31.12.2007 auf 16.000 € festgestellt.

Aufgaben

1. Ermitteln Sie für 2008 bei der AF-GmbH:
   – das zu versteuernde Einkommen
   – die festzusetzende KSt
   Eine etwaige KSt Rückstellung ist zu ermitteln; eine GewSt Rückstellung ist nicht zu ermitteln
2. Führen Sie etwa erforderliche gesonderte Feststellungen auf den 31.12.2008 bei der AF GmbH durch

Lösungshinweise

Aufgabe Teil I

1. Einheitliche und gesonderte Gewinnfeststellung 2008 der Frings Technika GmbH & Co KG (F & Co KG)in Bremen

Der Gewinn 2008 der F & Co KG ist einheitlich und gesondert festzustellen

(§§ 179/180 AO).

Dabei sind auch andere Besteuerungsgrundlagen, an denen mehrere beteiligt sind mit festzustellen und diesen Personen steuerlich zuzurechnen.

Die getroffenen Feststellungen sind für die ESt – Veranlagungen und die KSt – Veranlagung

der Gesellschafter bindend.

Die Gesellschafter der & Co KG erzielen alle als Mitunternehmer Einkünfte aus Gewerbebetrieb (§ 15 (1) Nr.2 EStG).

Die & Co KG ist handelsrechtlich zur Buchführung verpflichtet (§ 238 HGB).

Maßgebend ist der Gewinn für das Wirtschaftsjahr 2008 (§ 4a (2) Nr.2 EStG

Auszugehen ist von dem erklärten HB Gewinn 2008 der F & Co KG von 224.600 €

4 P

1.1 Geschäftsführergehälter

Franz Frings (FF) bezieht die Tätigkeitsvergütung für seine Tätigkeit als alleiniger

Geschäftsführer der FT – GmbH. Es liegt eine Vergütung im Sinne von § 15 (1) Satz 1 Nr.2 EStG vor. Ohne eigenen Tätigkeitsbereich der Komplementär – GmbH ist die Vergütung

unabhängig von dem verkürzten direkten Zahlungsweg durch die & Co KG insgesamt als Sonderbetriebseinnahme des FF zu erfassen (Gewinnanteil auf der 2. Stufe).

Der Gewinn ist um die handelsrechtlich zutreffend als Betriebsausgabe erfasste Vergütung zu erhöhen und allein FF zuzurechnen.

Die Überweisung auf das private Bankkonto stellt eine Entnahme im Sonderbetriebsvermögen dar, so dass sich keine Änderung eines Bilanzpostens ergibt.

Die Geschäftsführung durch die FT – GmbH ist bei der USt steuerbar, da die & Co KG die Vergütungen als Aufwendungen in der Handelsbilanz berücksichtigt hat (R 6 (4) UStR).

Die Haftungsprämie hingegen wird als Vorweg des Bilanzgewinns verteilt und ist wegen fehlendem Leistungsaustausch nicht steuerbar bei der USt. Die Behandlung der USt erfolgte zutreffend bei der F & Co KG und der FT – GmbH, weil die F & Co KG zum vollen Vorsteuerabzug berechtigt ist. **4 P**

2. Geschäftsvorfälle

2.1 Beteiligung an der Maschinen Export GmbH

Die Beteiligung gehört aufgrund der Geschäftsbeziehungen seit 1999 zum nicht abnutzbaren Anlagevermögen der F & Co KG. Der Ansatz erfolgte zutreffend zu den Anschaffungskosten von 80.000 € nach § 6 (1) Nr.2 EStG.

Die für 2007 beschlossene Gewinnausschüttung gehört zu den Erträgen im GHV der F & Co KG (§ 20 (1) Nr.1 und (3) EStG). Die Forderung entsteht mit dem Beschluss im Juni 2008.

Die Gewinnausschüttung ist zum Bruttobetrag einschließlich KapESt und SolZ zu erfassen.

Der Beteiligungsertrag erhöht sich um die KapESt von 9.600 € und um den SolZ von 528 €

nicht abzugsfähige Ausgaben gemäß § 12 Nr.3 EStG, insoweit liegen Entnahmen der Gesellschafter Frings (8.102 €) und Wiese (1.013 €) sowie Aufwand bei der Beteiligungs –

FT GmbH in Höhe von 1.013 € vor. Die Kapitalertragsteuer und der SolZ sind nach § 10 Nr.2 KStG nicht abzugsfähig und bei der Einkommensermittlung hinzuzurechnen.

Die KapSt (9.600 €) und der Soli (528 €) ist im Rahmen der Gewinnfeststellung verbindlich auf die Gesellschafter für die Anrechnung nach § 36 (2) Nr.2 EStG auf ESt bzw. KSt zu verteilen (§ 31 (1) KStG i.V. mit § 36 (2) Nr.2 EStG.

Außerdem ist auf der Ebene der Gesellschafter (ESt) das Halbeinkünfteverfahren nach § 3 Nr.40d EStG anzuwenden, demnach sind 19.200 € (50 % von 38.400 €) steuerfrei für den Gesellschafter Frings und 2.400 € (50 % von 4.800 €) steuerfrei auf den Gesellschafter Wiese zu verteilen.

Der auf die FT GmbH entfallende Gewinnanteil von 4.800 € ist gemäß § 8b (1) KStG bei der KSt steuerfrei; nach § 8b (5) KStG erfolgt eine fiktive Kürzung der Betriebsausgaben in Höhe von 5 % von 4.800 € (= 240 €) der anteiligen Ausschüttung bei der Einkommensermittlung in 2008 zu erfassen.

Hinweis:

Eine Änderung der Kapitalkonten auf den 31.12.2008 ergibt sich bei dem Gesellschafter Wiese durch den Ansatz der KapESt und des SolZ nicht.

4 P

Veräußerung der Anteile

Die Veräußerung der Beteiligung erfolgte am 30.11.2008.

Bei der Gewinnermittlung durch BVV kommt es auf den Zufluss der Einnahme nicht an.

Der Veräußerungspreis setzt sich wie folgt zusammen:

Schuldbefreiung	60.000 €	
Anrechnung Grundstücktausch (§ 6 (6) EStG gemeiner Wert)	50.000 €	
Kaufpreiszahlung (ohne Abzinsung)	90.000 €	200.000 €
./. Buchwert der Beteiligung		80.000 €
Veräußerungsgewinn		120.000 €

Für den Veräußerungsgewinn – kann nach § 6b (10) EStG wie beantragt eine Rücklage gebildet werden – jedoch nicht für den auf die FT GmbH entfallenden Anteil in Höhe von

12.000 €.(§ 6b (10) Satz1 EStG), weil dieser Anteil nach § 8b (6) KStG bei der FT GmbH steuerfrei bleibt.

Die Beteiligung erfüllt die Voraussetzungen des § 6b (4) EStG (Veräußerung, Anlagevermögen, Anteil an KapGes, 6 Jahre Betriebsvermögen, inländischer Betrieb, Buchnachweis).

Die Rücklage nach § 6b (10) EStG ist im GHV mit 120.000 € als Aufwand einzubuchen.

Die Rücklage ist einschließlich des steuerfreien Betrages nach dem Halbeinkünfteverfahren zu bilden.

Der HB Gewinn mindert sich um 120.000 € in 2008.

4 P

Auf den Kommanditisten Wiese entfällt ein Anteil von 12.000 € weniger Gewinn und damit auch eine Minderung seines Kapitalkontos II am 31.12.2006 um 12.000 €

Für die FT GmbH ist eine positive Ergänzungsbilanz zum 31.12.2006 mit einem Minderwert Rücklage § 6b (10) EStG in Höhe von 12.000 € gewinnerhöhend zu erstellen.

Die Gewinnerhöhung ist ausschließlich der FT GmbH zuzurechnen und bei der KSt – Veranlagung nach § 8b (6) KStG i.V. mit § 8b (2) KStG bei der Einkommensermittlung abzuziehen.

Außerdem sind bei der Einkommensermittlung noch 5 % des anteiligen Gewinns von

12.000 € (= 600 €) fiktive nicht abzugsfähige Betriebsausgaben nach § 8b (3) KStG zu berücksichtigen.

2 P

Nebenkosten des Grundstückserwerbs

Die Kosten der Grundstücksübertragung in Höhe von 1.920 € sind Anschaffungsnebenkosten für das erworbene Grundstück und nicht sofort abzugsfähige Aufwendungen.

Es liegen auch keine Veräußerungskosten für die veräußerten Anteile vor, weil es insoweit an einem wirtschaftlichen Zusammenhang fehlt.

Der Gewinn der F & Co KG erhöht sich um 1.920 €.

(Buchung: Grundstück 1.920 € an Aufwand Veräußerung 1.920 €).

Die Gewinnerhöhung erhöht zu 10 v.H. das Kapitalkonto (192 €) des Gesellschafter Wiese.

2 P

Etwaige Übertragungsmöglichkeiten später (unter 2.3).

2.1 Vorabausschüttung 2007 der FT GmbH

Die Anteile an der Komplementär – GmbH sind notwendiges Sonderbetriebsvermögen II des Kommanditisten FF (R 4.2 (2) EStR, H 4.2. (2) „Anteile an Kapitalgesellschaften").

Die Bilanzierung der Anteile als nicht abnutzbares Anlagevermögen mit den Anschaffungskosten ist trotz vorübergehender Schwierigkeiten zutreffend. Eine dauernde Wertminderung ergibt sich aus der Aufgabenstellung nicht.

Die Rückforderung der Ausschüttung in 2008 führt nicht zu negativen Einnahmen

(H 20.2 „Rückgängigmachung von Ausschüttungen")

Der Gewinn im Sonderbetriebsermögen des FF erhöht sich um 12.000 €.

Der Bilanzansatz für die Anteile erhöht sich auch um 12.000 € im Sonderbetriebsvermögen des FF.

4 P

2.2 Unbebautes Grundstück Ritterhude

Das unbebaute Grundstück wurde zutreffend als gewillkürtes Sonderbetriebsvermögen

erfasst und nach § 6 (1) Nr.2 EStG mit den AK aktiviert und die Grundschuld entsprechend passiviert (R 4.2 (15) EStR).

In 2008 hat FF das Grundstück aus dem Sonderbetriebsvermögen gegen Schuldbefreiung und Gewährung von Gesellschaftsrechten auf die F & Co KG übertragen.

Die Übertragung gegen Schuldbefreiung erfolgt gegen Entgelt (H 6.15 EStH) außerhalb der

Anwendung von § 6 (5) Satz 3 EStG. Es liegt eine teilentgeltliche Veräußerung im Umfang von 25 % (besonderes Entgelt Schuldbefreiung zum Verkehrswert) vor.

Die Übertragung gegen Gesellschaftsrechte (75 %) muss zum Buchwert nach § 6 (5) Satz 3 Nr.1 EStG erfolgen. Hierbei kann durch das Erstellen einer negativen Ergänzungsbilanz

die Versteuerung der stillen Reserven hinausgeschoben werden (§ 6 (5) Satz 4 EStG).

Nach § 6 (5) Satz 5 EStG ist hier jedoch ein Teilwertansatz vorgeschrieben, soweit eine Körperschaft unmittelbar an dem Wirtschaftsgut beteiligt wird (10 % von 75 % BW Ansatz).

Der Ansatz im GHV der F & Co KG mit dem Teilwert ist steuerrechtlich nicht zu beanstanden.

4 P

Sonderbetriebsvermögen

Die im Sonderbetriebsvermögen gebildete Rücklage nach § 6b EStG ist unzulässig, weil das Grundstück noch keine 6 Jahre zum Anlagevermögen gehörte.

Der Gewinn im Sonderbetriebsvermögen erhöht sich um die unzutreffend gebildete Rücklage § 6b um 44.000 €. Der Veräußerungsgewinn durch Ansatz des Teilwerts ist unzulässig, soweit nach § 6 (5) Satz 5 Nr.1 der Buchwert vorgeschrieben ist. Hierdurch mindert sich der Ertrag von 44.000 € auf 14.300 € = 29.700 Gewinnminderung im Sonderbetriebsvermögen. Die Minderung auf den anteiligen Buchwert ist in einer negativen der Ergänzungsbilanz für FF mit 29.700 € vorzunehmen.

Der entgeltliche Veräußerungspreis 20.000 €, sowie der auf die FT GmbH übergehende Anteil von 10 v.H. Teilwert führt zu einer Gewinnrealisierung von 14.300 € im Sonderbetriebsvermögen des FF.

(buchmäßige Darstellung in der Aufgabe nicht verlangt:

Grundschuld	20.000 €	an Grund und Boden 25 %	9.000 €
		AO Ertrag	11.000 €
Anteil FT GmbH von 75 %	6.000 €	Grund und Boden 10 % von 75 %	2.700 €
		AO Ertrag	3.300 €
Kapital FF	54.000 €	Grund und Boden	24.300 €
		Kapital (Entnahme)	29.700 €
Korrektur:			
Rücklage § 6b EStG	44.000 €	an Aufwand	44.000 €
AO Ertrag	29.700 €	an Kapital (Entnahme)	29.700 €)

5 P

Aufgabe 3 Ansatz in Ergänzungsbilanzen

Ergänzungsbilanz des FF:

Minderkapital FF	29.700 €	Minderwert Grundstück	29.700 €

Eine Übertragung, der bei der Veräußerung des Grundstücks gebildeten Rücklage nach §6b (10) EStG, ist unzulässig, weil eine Übertragung nur auf Gebäude nicht auf Grund und Boden gesetzlich zugelassen wurde (§ 6b (10) Satz 1 EStG).

2 P

2.4 Übertragung Bruchteil des Gesellschaftsanteils

Die unentgeltliche Übertragung eines Bruchteils seines Gesellschaftsanteils ohne notwendiges Sonderbetriebsvermögen ist weder eine Veräußerung nach § 16 (1) Nr.2 EStG (kein ganzer Mitunternehmeranteil) noch ein Fall des § 24 UmwStG.

Hier ist § 6 (3) Satz 1 EStG als speziellere Vorschrift anzuwenden, wenn nur ein Teil eines Mitunternehmeranteils unentgeltlich übertragen wird. Dies gilt nach § 6 (3) Satz2 EStG auch, wenn Wirtschaftsgüter des Sonderbetriebsvermögens beim bisherigen Gesellschafter im Sonderbetriebsvermögen verbleiben.

Hier ist zu beachten, dass der Sohn Niko Frings seinen Gesellschaftsanteil nicht

innerhalb der Sperrfrist von 5 Jahren veräußert.

Die Gewinnverteilung ist aufgrund der Ausbildung und des Alters von Niko Fritz trotz der unentgeltlichen Übertragung der Einlage nicht zu beanstanden. Dies gilt insbesondere im Vergleich zum Kommanditisten Wiese (R 15.9 (3) EStR).

3 P

2.5 Ausscheiden des Kommanditisten Walter Wiese

Das Ausscheiden des WW stellt bei der F & Co KG einen Gesellschafterwechsel dar.

Es liegt eine Veräußerung des ganzen Mitunternehmeranteils des WW nach § 16 (1) Nr.2 EStG am 31.12.2008 vor. Unabhängig vom Zufluss des Veräußerungspreises muss der Veräußerungsgewinn im Rahmen der gesonderten und einheitlichen Gewinnfeststellung 2008 erfasst werden und die möglichen Steuervergünstigungen bindend für das Wohnsitzfinanzamt festgestellt werden..

WW veräußert seinen gesamten MU Anteil, so dass auch die Vergünstigungen für eine

Veräußerung in Betracht kommen.

Die anteilig aufzudeckende stille Reserve der Rücklage nach § 6b EStG gehört auch zum begünstigten Veräußerungsgewinn (R 6b.2 (10) EStR).

Bei der Auflösung in 2008 ist nach § 6b (10) Satz 7 EStG nur die Hälfte der Rücklage gewinnerhöhend aufzulösen, in gleicher Höhe ist die Auflösung nach dem HEV steuerfrei.

3 P

Auswirkung bei der ESt des Walter Wiese (Aufgabe 2)

Der Veräußerungsgewinn ermittelt sich nach § 16 (2) EStG wie folgt:

Veräußerungspreis			120.000 €
Steuerfrei nach § 3 Nr.40b 50 % des anteiligen Erlöses der BMW Aktien			
50 % vom Kaufpreis 1.500 € (15.000 zu 10 %)			./. 750 €
50 % des Buchwerts nicht abzugsfähig § 3c (2) EStG (10.000 zu 10 %)			+ 500 €
50 % steuerfrei aufzulösende Rücklage § 6b (10) EStG			./. 6.000 €
			113.750 €
./. Kapitalkonten I		20.000 €	
erklärt II	42.000 €		
Korrekturen § 6b ./.	12.000 €		
AK Nebenkosten Anteil	+ 192 €	30.192 €	50.192 €
Veräußerungsgewinn § 16 (2) EStG			**62.558 €**

Freibetrag nach § 16 (4) EStG:

Veräußerungsgewinn	**insgesamt**	**begünstigt nach § 34 EStG**	**nicht begünstigt**
	62.558	56.308 €	6.250 €
Freibetrag	45.000	40.504 € (90,00 %)	4.496 € (9,99 %)
Aufteilung s.a. H 16 (13)	17.558	15.804 €	1.754 €

Ermäßigter Steuersatz nach § 34 (3) EStG i.V. mit § 34 (2) Nr. 1 EStG auf 15.804 €.

3 P

Eintritt Kommanditist Kevin Kolk

Auswirkung bei der F & Co KG

Kevin Kolk übernimmt im Gesamthandsvermögen der F & Co KG die Kapitalkonten des Werner Wiese unverändert mit 20.000 € Kommanditeinlage und 30.192 € Kapitalkonto II.

1 P

Sonderbetriebsvermögen

Die Verbindlichkeit an Werner Wiese ist als negatives Sonderbetriebvermögen II zum 31.12.2008 auszuweisen (R 4.2 (2) EStR)

1 P

Ergänzungsbilanz 31.12.2008 für Kevin Kolk

Die Anschaffungskosten für seine 10 prozentigen Anteile an den Wirtschaftsgütern

wurde nur zu Buchwerten angesetzt. Die gezahlten höheren Anschaffungskosten für die stillen Reserven sind nur ihm zuzurechnen, so dass die zusätzlichen Anschaffungskosten bei den einzelnen Wirtschaftsgütern, die stille Reserven enthalten, in der Ergänzungsbilanz zu erfassen sind, Rest entfällt auf den Firmenwert.

Anschaffungskosten	**120.000 €**
./. Buchwerte	**50.192 €**
Höhere AK	**69.808 €**

Ergänzungsbilanz 31.12.2008 K Kolk

Anteilig 10 %:

Maschinen	4.000 €	Mehrkapital	
BGA 6.000 €	K.Kolk	69.808	
Waren	2.000 €		
BMW Aktien	500 €		
Minderwert Rücklage § 6b (10) EStG	12.000 €		
Firmenwert	45.308		
	69.808 €	69.808	

4 P

GHV Gewinn 2008 erklärt 224.600 €	
1.2 Geschäftsführergehalt FF steuerlich Sonderbetriebseinnahme FF	86.400 €
(§ 15 (1) Nr.2 EStG, H 15.8 (3) „Tätigkeitsvergütung“)	
2.2 Ausschüttung mehr § 12 Nr.3 EStG	10.128 €
Mitteilung	
2.2 Aufwand für Rücklage § 6b	./. 120.000 €
Ertrag nur für FT GmbH § 6b (10) Satz 1 EStG ErgB	+ 12.000 €
2.5 Veräußerungsgewinn WW insgesamt	69.808 €
davon steuerfrei nach dem Halbeinkünfteverfahren (HEV) 6.250 €.	
Begünstigt nach § 16 (4) EStG und ohne stpfl. Teil nach HEV	
62.558 € nach § 34 (2) Nr.1 EStG begünstigt.	
Gesamtgewinn	**282.936 €**
	1 P

Feststellungen für Veranlagungen der Gesellschafter:

		FT GmbH	F. Frings	W. Wiese
1. Steuerfreie				
Ausschüttung Tz.2.2	48.000 €			
§ 8b (1) KStG		4.800 €		
fiktiv nicht abzugsfähig		240 €		
§ 3Nr.40d EStG 50 %			19.200 €	2.400 €
2. Anrechenbare KapESt		960 €	7.680 €	960 €
SolZ		52,80	422,40 €	52,80 €
3. Anteilsveräußerung		12.000 €		
fiktiv nicht abzugsfähig		600 €		
				2 P

Einheitliche und gesonderte Feststellung 2008:

Gesamt		FT GmbH	F. Frings	W. Wiese
	224.600 €	+22.460 €	179.680 €	22.460 €
Gehalt	86.400 € 86.400 €			
Durchlaufend		+ 86.400 ./. 86.400		
2.2 Ausschüttung	10.128 €	+ 1.013	8.102 €	1.013 €
Aufwand § 6b	./.120.000 €	./. 12.000	./. 96.000 €	./. 12.000 €
Ertrag ErgBil	12.000 €	+ 12.000		
Veräußerungsgewinn	69.808 €		69.808 €	
Auslagenersatz vGA	0	+ 3.240	./. 3.240 €	
	282.936 €	26.713	+ 174.942 €	81.281 €
				3 P

Gewinn aus dem Sonder BV FF		**+ 19.940 €**
(lt. Sachverhalt ./. 9.600 € mehr 12.000 € (Tz.2.2) + 14.300 € (Tz. 2.3) + 3.240 € (vGA)		
Sonderbetriebsvermögen F. Frings		
VGA Auslagen	+ 3.240 €	+ 3.240 €
Gewinn Grdstck	+ 2.400 €	+ 2.400 €
Gewinn aus der Übertragung Tz. 2.3	+ 14.300 €	+ 14.300 €

Mitteilung HEV steuerfrei 1.620 € nach § 3 Nr. 40d EStG (vGA).

3 P

2.6 Verzicht auf Auslagenersatz

Der Verzicht der FT GmbH auf den vereinbarten Auslagenersatz stellt eine vGA dar.

Gegenüber einer fremden dritten Gesellschaft hätte die FT GmbH auf den Gewinnanteil nicht verzichtet. Es liegt eine verhinderte Vermögensmehrung bei der GmbH vor, die ohne Ausschüttungsbeschluss überwiegend dem Alleingesellschafter zu Gute kam und deshalb Ausfluss aus den Gesellschaftsverhältnis darstellt (R36, 37 KStR). Die FT GmbH hat lediglich den auf die Kommanditisten entfallenden Vorteil von 90 v.H. verzichtet, denn von dem erhöhten verteilten Gewinn erhielt die FT GmbH 10 v.H.,

so dass in Höhe von 3.240 € ein ihr zustehender höherer Gewinnanteil vorliegt.

Dieser Vorteil ist dem Alleingesellschafter der FT GmbH dem FF als verdeckte Gewinnausschüttung im Sonderbetriebsvermögen aus den Anteilen zuzurechnen.

Insoweit hat FF nach der Fiktionstheorie (Verbrauchsfolge) weniger Gewinnanteil

bei der F & Co KG erhalten und dafür eine Ausschüttung der FT GmbH bekommen.

Auf eine Nacherhebung der KapESt und des Solz wird aus Vereinfachungsgründen verzichtet.

Die vGA ist bei der ESt von FF nach § 3 Nr40d EStG zur Hälfte steuerfrei.

3 P

Lösung Aufgabe Teil II

Anlage Fritz GmbH in Bremen

1. Steuerpflicht

Die Anlage Fritz GmbH (AF GmbH) ist als Kapitalgesellschaft mit Sitz und Geschäftsleitung im Inland unbeschränkt körperschaftsteuerpflichtig (§ 1 (1) Nr.1 KStG).

1 P

2. Einkommen

Die KSt bemisst sich nach dem zu versteuernden Einkommen (§ 7 KStG), das nach den Vorschriften des EStG und des KStG zu ermitteln ist (§ 8 (1) KStG). Die GmbH ist Kaufmann (§ 6 HGB) und, da Handelsgesellschaft (§ 13 (3) GmbH G), buchführungspflichtig § 238 ff HGB). Die regelmäßigen Abschlüsse erfolgen jeweils für das mit dem Kalenderjahr übereinstimmende Wirtschaftsjahr. Die GmbH erzielt als Kapitalgesellschaft nur Einkünfte aus Gewerbebetrieb (§ 8 (2) KStG).

1 P

Ausgangslage

Grundlage der Einkommensermittlung ist der Jahresüberschuss 2008.

Erklärter Jahresüberschuss laut Gewinn und Verlustrechnung: 129.200 €

Die an den beherrschenden Gesellschafter – Geschäftsführer NF getätigten vereinbarten Gehaltszahlungen sind als Betriebsausgaben anzuerkennen.

Die Gewinnausschüttung in 2008 für 2007 in Höhe von 60.000 € wirkt sich auf das Einkommen nicht aus (§ 8 (3) Satz 1 KStG)

1 P

1.4.1 Grundstück in Duhnen

Die Gästeapartments befinden sich nicht am Ort des Betriebs oder einer Betriebsstätte der AF GmbH.

Es handelt sich damit um ein in 2008 erworbenes Gästehaus im Sinne von § 4 (5) Nr.3 EStG. Die Aufwendungen können nicht abgezogen werden (R 4.10 (10,11) EStR).

Dies gilt für sämtliche Aufwendungen im Zusammenhang mit dem Gästehaus, auch für die Gebäude AfA.

Deshalb sind außerhalb der Bilanz in 2008 hinzuzurechnen:

Laufender Unterhalt	21.600 €	
Schuldzinsen für die Grundschuld	8.400 €	

Auf das Gebäude ist zwingend ein AfA vorzunehmen.

Die Gebäude AfA nach § 7 (4) Nr.1 EStG kommt in Betracht, weil eine Vermietung zu Wohnzwecken nicht vorliegt (R 7.2 (1) EStR)

Die AfA beträgt nach § 7 (4) Nr.1 EStG in 2008 3 % von 230.000 €, zeitanteilig für 10/12 = 5.750 € bis zur Veräußerung. Bisher wurde die AfA in Höhe von 9.200 € als Aufwand gebucht.

Der Jahresüberschuss ist um 3.450 € zu erhöhen.

Innerhalb der Bilanz		+ 3.450
Zurechnung als nicht abzugsfähige Betriebsausgabe außerhalb	5.750 €	

Die Vorfälligkeitsentschädigung steht mit der vorzeitigen Tilgung der Grundschuld und nicht unmittelbar mit dem Gästehaus in Zusammenhang, so dass er Aufwand zutreffend behandelt wurde.

Die auf die nichtabziehbaren Betriebausgaben entfallenden Vorsteuern sind nichtabziehbar (§ 15 (1a) Nr.1 UStG).

Die USt Verbindlichkeiten mindern als Aufwand innerhalb der Bilanz		./. 2.440 €
dieser Aufwand ist nach § 10 Nr.2 KStG außerhalb der Bilanz hinzuzurechnen	+ 2.440 €	

Veräußerung des Gästehauses

Die Veräußerung des Gästehauses ist nach dem Regelungsinhalt des § 4 (5) Nr.3 EStG voll zu versteuern. Maßgebend sind die

fortgeschriebenen Gebäudeanschaffungskosten.
Der Veräußerungspreis von 324.000 € ist um 294.250 € Buchwert zu kürzen (= 29.750 €)
Der bisher erfasste Veräußerungsgewinn in Höhe von 33.200 € mindert sich um die geringere AfA von 3.450 €. ./. 3.450 €

8P

1.4.2 Beteiligung an der Baumaschinen GmbH
Der Kauf der Beteiligung vom beherrschenden Gesellschafter erfolgte unter dem Verkehrswert. Der Gesellschafter wendet der GmbH einen einlagefähigen Vermögensvorteil zu. Einen derartigen Vorteil würde ein Dritter der GmbH nicht zu wenden, so dass die Einlage durch das Gesellschaftsverhältnis veranlasst ist (R 40 (3) KStR) auf dem Gesellschaftsverhältnis.
Die Bewertung erfolgt mit dem Teilwert (R 40 (4) KStR) zu 2/9 und zu 7/9 mit den Anschaffungskosten (§ 255 (1) HGB).
Der Bilanzansatz der Beteiligung erhöht sich um 20.000 €.
Diese Gewinnerhöhung von 20.000 € innerhalb der Bilanz + 20.000 €
ist außerhalb der Bilanz abzusetzen (R 40 (2) KStR) ./. 20.000 €
Es liegt in 2008 ein Zugang beim steuerlichen Einlagekonto in Höhe von 20.000 € im Sinne von § 27 KStG vor.

Gewinnausschüttung

Die Gewinnausschüttung in 2007 wurde zutreffend innerhalb der Bilanz erfasst. Die Ausschüttung in Höhe von 12.000 € brutto ist nach § 8b (1) KStG steuerfrei und deshalb außerhalb der Bilanz abzuziehen. ./. 12.000 €
Die als Aufwand gebuchte KapESt und SolZ sind nach § 10 Nr. 2 KStG nicht abzugsfähig und außerhalb der Bilanz hinzuzurechnen (2.400 € + 132 €) + 2.532 €
Pauschal nach § 8b (5) EStG nicht abziehbar (5 % von12.000 €) + 600 €

6 P

1.4.3 Beteiligung Sauber Maschinen KG
Die Beteiligung gehört zum Betriebsvermögen der AF GmbH und stellt kein selbständig bewertbares Wirtschaftsgut dar.
Das Beteiligungskonto muss nach dem spielgelbildlichen Ansatz mit dem Gesamtkapital der AF GmbH bei der KG bilanziert werden.
Zuständig für die nach § 15a EStG nur verrechenbaren Verluste und deren etwaige Verrechnung mit Gewinnanteilen ist nur die KG (§ 15a (2) und § 15a (4) EStG).

3 P

Entwicklung der Beteiligung nach dem Kapitalkonto bei der KG:
Bestand 31.12.2007 ./. 18.000 €

Zuzüglich steuerlicher Gewinnanteil 2008	+ 36.000 €
bereits gekürzt bei der KG um den verrechenbaren Verlust	
nach § 15a (2) EStG.	
Abzüglich Änderungen innerhalb der Bilanz:	
Nichtabziehbare Betriebsausgaben § 4 (5) Nr. 1 EStG	./. 400 €
Geleistete Spenden (Betriebsausgaben bei GmbH)	./. 200 €
Kapitalkonto 31.12. 2008 = Beteiligungskonto	+ 17.400 €
bisheriger Ansatz	+ 6.000 €
Gewinnerhöhung innerhalb der Bilanz	+ 11.400 €
Korrekturen außerhalb der Bilanz	
Nichtabziehbare Betriebsausgaben	+ 400 €
Spenden § 9 (2) KStG	+ 200 €

3 P

1.4.4 Verwarnungsgelder

Die Übernahme der Verwarnungsgelder für den beherrschenden Gesellschafter ist ohne vertraglich geregelte Übernahme durch die GmbH durch das Gesellschaftsverhältnis veranlasst (H 36 (3) „ Veranlassung durch das Gesellschaftsverhältnis KStH). Es liegen ausschließlich verdeckte Gewinnausschüttungen vor, die Einkommensminderung bei der GmbH beruht auf keinem Gewinnverteilungsbeschluss. Die zutreffend in der Buchführung als Aufwand erfasste Bußgelder sind als vGA nach § 8 (3) Satz 2 KStG außerhalb der Bilanz hinzuzurechnen. + 1.900 €

Die Übernahme der Bußgelder gegenüber den Arbeitnehmern stellt bei der Nutzung der Dienstwagen nach § 4 (5) Nr.8 EStG nichtabziehbare Betriebsausgaben dar. Für die durch niederländische Behörden erhobenen Verwarnungsgelder greift das Abzugsverbot nicht, es liegen abzugsfähige Betriebsausgaben vor. (1.700 € davon abzugsfähig 210 € u.U. EU anders)

= Hinzurechnung + 1.490 €

3 P

1.4.5 Forderung Firma Morsch

Durch den Erhalt der Zahlung erlischt die Forderung an den Kunden.
Es entsteht dafür eine Forderung der AF GmbH an ihren Gesellschafter AF In Höhe von 34.800 €.
Eine Korrektur der USt kann nicht erfolgen, weil die Forderung nicht ausgefallen bzw. uneinbringlich ist.
Erst durch die Ausbuchung der Forderung zum 31.12.2008 ergibt sich ein Verzicht auf die Forderung an den Gesellschafter. und stellt, da der Verzicht auf dem Gesellschaftsverhältnis beruht, liegt eine VGA nach § 8 (3) KStG

in Höhe von 34.800 € vor.
Die Abschreibung von 34.800 € innerhalb der Buchführung ist zutreffend.
Außerhalb der Bilanz ist die vGA hinzuzurechnen, weil sie das Einkommen nicht mindern darf (§ 8 (3) Satz 2 KStG) **+ 34.800 €**
Nur im uneinbringlichen Teil enthaltene USt von 1.600 € (herausgerechnet aus 11.600 €)
führt zu einer Berichtigung der USt nach § 17 (2) Nr.1 UStG und zur Verminderung der USt – Schuld; die weitere US Berichtigung ist rückgängig zu machen. Gewinnerhöhung innerhalb + 1.600 €.

3 P

Ausschüttung der ausländischen Kapitalgesellschaft
Die Ausschüttung ist bei der AF GmbH nach den Vorschriften des deutschen Steuerrechts zu behandeln. Hieraus folgt, dass die Ausschüttung zutreffend in der Buchführung erfasst wurde.
Bei einem Land ohne ein DBA ist das Welteinkommen bei der unbeschränkt steuerpflichtigen AF GmbH zu erfassen.
Die Ausschüttung ist aber nach § 8b (1) KStG bei der Einkommensermittlung außer Ansatz zu lassen. ./. 18.000 €
Nach § 8b (5) KStG sind 5 % der Bezüge pauschal nicht Abzugsfähig. + 600 €
Eine Anrechnung der ausländischen einbehaltenen Quellensteuer ist unzulässig, weil die Ausschüttung nicht der inländischen KSt unterliegt (§ 26 (1) KStG).
Wahlweise kann der Abzug der ausländischen Steuer bei der Ermittlung des Einkommens erfolgen (hier günstiger, R 29 (1) Nr.11 KStR) Dies gilt auch nach innerstaatlichem Recht bei Erträgen aus ausländischen Staaten ohne DBA (R 74 (3) KStR).
Ein Abzug ist nur nach § 3c (1) ausgeschlossen, da diese Bestimmung ausdrücklich nach § 8b (5) KStG nicht anzuwenden ist, ist der Aufwand nicht zu beanstanden (§ 26 (6) KStG). Die spezielle gesetzliche Regelung ist vor § 10 Nr.2 KStG anzuwenden.

3 P

1.5 Geschäftsergebnis
Bei der Einkommensermittlung ist die KSt und der SolZ nach § 10 Nr. 2 KStG hinzuzurechnen + 47.475 €
Die Spenden in Höhe von 550 € ist wie die Spende aus der für kirchliche Zwecke nach § 9b (2) KStG außerhalb der Bilanz hinzuzurechnen + 550 €
Die Spenden in Höhe von insgesamt 750 € gemäß § 9 (1) Nr.2 KStG voll abzugsfähig (20 % vom Einkommen unterschritten) ./. 750 €
Jahresüberschuss berichtigt 159.760 €

Mehr Einkommen	+77.987 €	
Einkommen § 8 KStG = zu versteuerndes Einkmmen		**237.747 €**

3 P

Zu versteuernder Einkommen § 7 KStG 237.747 €

Die tarifliche KSt beträgt nach § 23 (1) KStG in 2008 15 % vom zvE = 35.662 €.

Ermittlung der festzusetzenden KSt (R 30 KStR):

Tarifliche KSt	35.662 €
Festzusetzende KSt 2008	35.662 €

Ermittlung der KSt Rückstellung 2008:

Festzusetzende KSt 2008		35.662 €
./. anrechenbare KapESt (Tz. 1.4.2)	2.400 €	
KSt Vorauszahlung 2008 nur KSt 45.000 €	45.000 €	47.400 €
KSt Erstattungsanspruch 31.12.2008		**11.738 €**

3 P

Der KSt Erstattungsanspruch erhöht zwar den Jahresüberschuss, ist aber nach § 10 Nr. 2 KSG bei der Einkommensermittlung wieder abzuziehen. Das zu versteuernde Einkommen 2008 ändert sich nicht.

Gesonderte Feststellung des steuerlichen Einlagekontos

Feststellung zum 31.12.2007 laut Aufgabe	16.000 €
Zugang verdeckte Einlage 2008 (Tz. 1.4.2)	20.000 €
Feststellung zum 31.12.2008	36.000 €

Der Bilanzgewinn auf den 31.12.2007 beträgt laut Aufgabe 100.000 €, so dass die in 2008 erfolgten offene (60.000 €) und verdeckte Gewinnausschüttungen (36.700 €) von insgesamt 96.700 € nicht den ausschüttbaren Gewinn nach § 27 (1) Satz 4 KStG übersteigen, so dass eine Verwendung des steuerlichen Einlagekontos entfällt.

2 P

Summe 100 P

Bewertung/Erbschaftsteuer

Bearbeitungszeit: 3 Stunden
Hilfsmittel: Gesetze und Richtlinien/Hinweise, Verwaltungserlasse, Bürgerliches Gesetzbuch; Taschenrechner
ErbStRG in der Fassung vom 24. Dezember 2008

Sachverhalt 1 – Einheitsbewertung

Aufgabe 1

Stellen Sie bitte alle aufgrund des Sachverhalts durchzuführenden Einheitswertfeststellungen durch, also gegebenenfalls bis einschließlich 1.1.2009.
(Auf Fragen der Verjährung ist nicht einzugehen.)

Das Grundstück Buchenstraße 14 in Bremen wurde zum 1.1.1964 bewertet als Einfamilienhaus des Grundvermögens mit einem Wert von 59.500 DM (Jahresrohmiete einschließlich Umlagen und Schönheitsreparaturenzuschlag 5.000 DM, Vervielfältiger 11,9). Das Gebäude mit einer Grundfläche von 120 m^2 ist in Massivbauweise mit Mauerwerk aus Ziegelsteinen im Jahre 1950 errichtet worden. Es wurde Dr. Klaus Ur zugerechnet.

Es steht auf einem Grundstück, das 1.500 m^2 groß ist, davon sind 1.000 m^2 Vorderland und 500 m^2 vorderes Hinterland (Zone II). Der Vorderlandpreis betrug zum 1.1.1964 60 DM/m^2.

Mit Vertrag vom 10.10.2003 kaufte Dr. Klaus Ur auch das Nachbargrundstück Buchenstraße 16, das am 15.12.2003 vom bisherigen Eigentümer Richard Reich mit allen Rechten und Pflichten übergeben wurde. Dr. Klaus Ur wurde am 10.4.2004 im Grundbuch als Eigentümer eingetragen. Dieses Grundstück ist unbebaut und ebenfalls 1.500 m^2 groß, wovon ebenfalls 1.000 m^2 Vorderland und 500 m^2 vorderes Hinterland (Zone II) sind.

Zwischen den beiden Grundstücken stand eine fünf Meter hohe Mauer, die Dr. Klaus Ur im Herbst 2004 abreißen ließ. Das völlig heruntergekommene Grundstück Buchenstraße 16 wurde anschließend entrümpelt und von einem Gärtner parkähnlich angelegt und mit dem Garten des Grundstückes Buchenstraße 14 zu einem Gesamtgarten umgestaltet. Diese Arbeiten waren im November 2004 beendet.

Im Jahre 2005 wurde die recht große Wohnung im Gebäude des Grundstückes Buchenstraße 14 in 2 voneinander abgetrennte Wohnungen geteilt. Die Jahresrohmiete verändert sich hierdurch nicht.

Im Jahre 2007 schließlich wurden die 500 m^2 vorderes Hinterland vom Grundstück Buchenstraße 14 verkauft (Vertrag am 1.2.2007, Übergabe am 1.5.2007, Eintragung im Grundbuch am 4.10.2007). Die Bezeichnung für diesen Grundstücksteil lautet nunmehr Buchenstraße 14a. Der Käufer Clarence Löwe vermietet das Grundstück sofort an die Zahnarztpraxis seiner Ehefrau Claudia Löwe (als Parkplatz).

Ende 2008 ließ Dr. Klaus Ur das Gebäude aufstocken und umbauen, ohne dass sich die bebaute Fläche veränderte. Nach Fertigstellung nutzte er das Grundstück teilweise selbst als Büro seiner Malerfirma, eine Wohnung diente seinen eigenen Wohnzwecken und die andere Wohnung vermietete er. Nach den Wertverhältnissen vom 1.1.1964 betrug die übliche Miete für die Büroräume 6.000 DM und für die selbstgenutzte Wohnung 3.000 DM, während sich für die vermietete kleinere Wohnung eine Jahresrohmiete von 2.500 DM ergab (alle Angaben einschließlich der üblichen Umlagen und des Schönheitsreparaturenzuschlages).

Sachverhalt 2 – Erbschaft- und Schenkungsteuer

Aufgabe 2

2.1 Ermitteln Sie den Wert des Betriebsvermögens nach den gültigen Bestimmungen des BewG in der Fassung des Artikels 18 des Gesetzes vom 13. Dezember 2006 (JStG 2007) sowie nach der Gesetzeslage (Gesetz zur Reform des Erbschaftsteuer- und Bewertungsrechts (ErbStRG) ab 1. Januar 2009 (Art. 2, § 205 Abs. 1 ErbStRG)!

2.2 Ermitteln und vergleichen Sie danach die jeweils für Bless Ur (BU) festzusetzende Erbschaftsteuer nach der jeweils gültigen Gesetzesfassung!

2.3 Was versteht das ErbStRG unter dem Begriff des „Verwaltungsvermögens"?

Sachverhalt 2:

Klaus Ur betreibt seit Jahren in Bremen ein Einzelhandelsgeschäft. Der Tag der Bilanzerstellung ist zugleich auch der Bewertungsstichtag, hier mithin der 31.12.01. Alleinerbin ist seine vermögenslose Tochter Bless Ur, die im Besteuerungszeit in Bremen lebt und 30 Jahre alt ist.

Zum Ende des Wirtschaftsjahres 01 erstellt Klaus Ur für sein Einzelhandelsgeschäft die folgende Bilanz:

Bilanz zum 31.12.01

Grundstück „Werderstr. 1"	1.650.000 €	Kapital	2.056.500 €
Außenanlagen	4.500 €	Darlehen	570.000 €
Aktien	67.500 €	Verbindlichkeiten	171.000 €
Lieferwagen (Fuhrpark 1)	323.999 €	Rückstellungen	48.000 €
PKW (Fuhrpark 2)	1 €		
Waren	279.000 €		
Forderungen (LuL)	240.000 €		
Bankguthaben	64.500 €		
Sonstige Aktiva	216.000 €		
	2.845.500 €		2.845.500 €

Zu den einzelnen Bilanzposten ergeben sich noch folgende Anmerkungen:

Grundstück „Werderstraße 1":

Bei dem Grundstück „Werderstr. 1" handelt es sich um ein bebautes Grundstück. Dieses Grundstück hat zum Bewertungsstichtag einen im Weg der Sonderbewertung des § 147 BewG ermittelten Wert von 1.500.000 €. Es dient dem Unternehmen als Produktionsstätte. Auch die Verwaltung des Unternehmens ist in dem Gebäude untergebracht.

Nach §§ 189 ff. ErbStRG würde sich ein Wert von 2.100.000 € ergeben. Dieser Wert soll auch die Außenanlagen umfassen und somit den nunmehr relevanten gemeinen Wert darstellen.

Aktien:

Die Aktien sind am 31.12.01 börsennotiert. Der niedrigste Kurswert an diesem Stichtag beträgt 90.000 €. Die Dividende beträgt 1.800 €.

Lieferwagen:

Die Lieferwagen (Fuhrpark 1) wurden in den vergangenen Wirtschaftsjahren angeschafft. Aufgrund von Sonderabschreibungen auf die Anschaffungskosten in den Vorjahren beträgt der gemeine Wert 340.000 €.

Pkw:

Auch der PKW (Fuhrpark 2) besitzt durch Sonderabschreibungen stille Reserven. Der gemeine Wert beträgt hier 20.000 €.

Waren:

Bei diesem Posten entspricht der Steuerbilanzwert dem gemeinen Wert.

Forderungen (LuL):

Bei dem Posten Forderungen aus Lieferungen und Leistungen (LuL) entspricht der Steuerbilanzwert ebenfalls dem gemeinen Wert.

Bankguthaben, sonstige Aktiva:

Bei diesen Posten entspricht der Steuerbilanzwert dem gemeinen Wert.

Darlehen:

Das Darlehen wurde seinerzeit aufgenommen, um den Kauf des Grundstücks „Werderstr. 1" zu finanzieren. Da das Grundstück selbst zu 100% betrieblichen Zwecken dient, ist auch das Darlehen ertragsteuerlich zu 100% bilanziert worden.

Der nach § 4 Abs. 1 S. 1 EStG zu ermittelnde durchschnittliche Gewinn gem. Art. 2, §§ 201, 202 ErbStRG beträgt 630.000 € und soll auch für die Zukunft repräsentativ sein. Zeitnahe Verkäufe, aus denen sich der gemeine Wert ableiten lässt, liegen nicht vor.

Aus der Kostenrechnung ergibt sich zudem ein (kalkulatorischer) Unternehmerlohn i.H.v 180.000 € für Klaus Ur, der wegen des Selbstkontrahierungsverbot des § 181 BGB korrekterweise nicht als Aufwand verbucht wurde und demzufolge nicht im Jahresabschluss (§ 252 HGB) Niederschlag fand (sogenannte Zusatzkosten). Im o.g. Gewinn ist dieser Umstand aber noch enthalten und in der bisherigen Ergebnisrechnung noch nicht entsprechend berücksichtigt.

Lösung

Sachverhalt 1:

Lösung Aufgabe 1

Auf Grund des Sachverhaltes ist zu prüfen, welche Feststellungen durchzuführen sind.

1.1.2004 – Buchenstraße 1

Das erworbene Grundstück Buchenstraße 16 kann zum 1.1.2004 nicht zu einer wirtschaftlichen Einheit mit dem Grundstück Buchenstraße 14 zusammengefasst werden, da es offensichtlich als eigene wirtschaftliche Einheit nach den Ansichten des Verkehrs und der Zweckbestimmung (§ 2 Abs. 1 S. 3 und 4 BewG) anzusehen ist. Eine Bewertung beider Grundstücke zusammen kommt nach § 2 Abs. 1 S. 1 BewG nicht in Betracht.

Allerdings ist eine Zurechnungsfortschreibung für das Grundstück Buchenstraße 16 nach § 22 Abs. 2 BewG durchzuführen, da sich die Eigentumsverhältnisse geändert haben. Maßgebend ist hierbei die wirtschaftliche Übergabe zum 15.12.2003 (vgl. bitte § 39 Abs. 2 Nr. 1 S. 1 AO).

Im Bescheid wird nicht nur der neue Eigentümer formell festgestellt, nachrichtlich werden auch die übrigen Angaben gemacht, die generell bei der Einheitsbewertung festgestellt werden. Diese werden lediglich nachrichtlich in den Bescheid aufgenommen, da insoweit keine Änderungen eingetreten sind.

Hinsichtlich des Wertes ist zu beachten, dass bei allen Fortschreibungen und Nachfeststellungen die Wertverhältnisse vom 1.1.1964 maßgebend sind (§ 27 BewG). Das bedeutet, dass die angegebenen m²-Preise vom 1.1.1964 anzusetzen sind. Da hier eine Unterscheidung von Vorder- und Hinterland üblich ist, ergibt sich die folgende Berechnung, wobei für das vordere Hinterland der halbe Vorderlandpreis angesetzt wird (A. 8 Abs. 2 S. 4 BewRGr):

1.000 m²	× 60 DM/m²	=	60.000 DM
500 m²	× 30 DM/m²	=	15.000 DM
Zusammen			75.000 DM
Umgerechnet	:1,95583		38.346 €

Zusammenfassend ergibt sich zum 1.1.2004:

Wert	38.346 € (§ 30 BewG)
Grundstücksart	Unbebautes Grundstück
Vermögensart	Grundvermögen
Zurechnung	Dr. Klaus Ur

1.1.2005

Auf Grund der nunmehr vorliegenden Gestaltung der beiden Grundstücke kann von einer einheitlichen Nutzung und einer einheitlichen Zweckbestimmung ausgegangen werden. Es handelt sich nur noch um eine wirtschaftliche Einheit im Sinne des § 2 BewG, deren Wert nunmehr im Ganzen festzustellen ist (§ 2 Abs. 1 S.1 BewG).

Der Einheitswert des Grundstückes Buchenstraße 16 ist deshalb aufzuheben (§ 24 Abs. 1 Nr. 1 BewG). Das Grundstück ist in der wirtschaftlichen Einheit „Buchenstraße 14" untergegangen, was gleichbedeutend mit dem Wegfall der wirtschaftlichen Einheit ist.

Für das gesamte Grundstück Buchenstraße 14/16 ist zu prüfen, ob eine Wertfortschreibung gemäß § 22 Abs. 1 BewG durchzuführen ist. Es könnte eine Wertabweichung nach oben in Betracht kommen, denn die – weiterentwickelte – wirtschaftliche Einheit Buchenstraße 14 hat sich vergrößert und somit wertmäßig verändert.

Da das Grundstück als Einfamilienhausgrundstück nun mehr als 1.500 m² Grund und Boden umfasst, ist ein Zuschlag nach § 82 Abs. 2 S. 1 und S. 2 Nr. 1 BewG erforderlich. Dieser ergibt sich aus dem Wert der über 1.500 m² hinausgehenden Fläche, wobei unerheblich ist, wo das Gebäude auf dem Grundstück steht. Der Zuschlag wird immer zunächst von den billigeren Hinterlandflächen berechnet. Er darf 30% des Grundstückswertes nicht überschreiten (§ 82 Abs. 3 S. 1 BewG). Die Hinterlandflächen sind mit dem halben Vorderlandpreis zu bewerten, also mit 30 DM/m², der Hälfte von 60 DM/m².

Damit ergibt sich die folgende Berechnung:

Jahresrohmiete × Vervielfältiger	5.000 DM × 11,9 =		59.500 DM
Zuschlag:			
1.000 m² Hinterland × 30 DM/m²		30.000 DM	
500 m² Vorderland × 60 DM/m²		30.000 DM	
Summe		60.000 DM	
30% von 59.500 DM		17.850 DM	
Höchstzuschlag ist maßgebend			17.850 DM
			77.350 DM
Abgerundet nach § 30 BewG			77.300 DM
Umgerechnet nach § 30 BewG		: 1,95583	39.522 €

Der Mindestwert nach § 77 BewG (maßgebend sind die Regelungen in der Fußnote) ist niedriger und deshalb unbeachtlich:

2.000 m²	× 60 DM/m²	= 120.000 DM
1.000 m²	× 30 DM/m²	= 30.000 DM
Zusammen		150.000 DM
50%		75.000 DM

Der bisherige Wert des Grundstückes Buchenstraße 14 betrug 59.500 DM, so dass die Werterhöhung mehr als 1/10 und mindestens 5.000 DM beträgt. Es ist deshalb eine Wertfortschreibung nach § 22 Abs. 1 BewG durchzuführen.

Andere Änderungen haben sich nicht ergeben, so dass sich nunmehr zusammenfassend folgende Feststellung ergibt (einschließlich der nachrichtlichen Teile)

Wert	39.522 €
Grundstücksart	Einfamilienhaus
Vermögensart	Grundvermögen
Zurechnung	Dr. Klaus Ur

1.1.2006

Auf Grund des Umbaues ergibt sich eine neue Berechnung des Wertes, da der Vervielfältiger für Zweifamilienhäuser ein anderer ist als der für Einfamilienhäuser:

Jahresrohmiete × Vervielfältiger	5.000 DM × 10,5 =		52.500 DM
Zuschlag:			
1.000 m^2 Hinterland × 30 DM/m^2		30.000 DM	
500 m^2 Vorderland × 60 DM/m^2		30.000 DM	
Summe		60.000 DM	
30% von 52.500 DM		15.750 DM	
Höchstzuschlag ist maßgebend (§ 82 Abs. 3 BewG)			15.750 DM
			68.250 DM
Abgerundet nach § 30 BewG			68.200 DM
Mindestwert nach § 77 BewG (siehe 1.1.2005)			75.000 DM
Umgerechnet nach § 30 BewG		: 1,95583	38.346 €

Die Baumaßnahme führt, da sie in 2005 bereits abgeschlossen wurde, zu einer Artfortschreibung nach § 22 Abs. 2 BewG. Es handelt sich nunmehr um ein Zweifamilienhaus im Sinne des § 75 Abs. 1 Nr. 5 i.V.m. § 75 Abs. 6 BewG.

Der bisherige Wert des Grundstückes Buchenstraße 14/16 betrug 77.300 DM, so dass eine Wertminderung von 2.300 DM eingetreten ist. Das ist nicht mehr als 1/10 und auch nicht mehr als 5.000 DM, so dass keine Wertfortschreibung nach § 22 Abs. 1 BewG durchzuführen ist. Auch weitere Änderungen ergeben sich nicht.

Zusammenfassend ergeben sich folgende Feststellungen (einschließlich der nachrichtlichen Teile) i.S.d. § 19 Abs. 1 und 3 BewG i.V.m. §§ 179, 180 Abs. 1 Nr. 1 AO.

Wert	39.522 €
Grundstücksart	Zweifamilienhaus
Vermögensart	Grundvermögen
	Dr. Klaus Ur

1.1.2008 – Buchenstraße 14a

Es ist eine neue, die oben bezeichnete wirtschaftliche Einheit „Buchenstraße 14a", entstanden. Für diese ist nach § 23 Abs. 1 Nr. 1 BewG eine Nachfeststellung durchzuführen. Maßgebend für den Zeitpunkt der Nachfeststellung ist hierbei die Übergabe des wirtschaftlichen Eigentums noch im Jahre 2007.

Das Grundstück ist als unbebautes Grundstück gem. §§ 70, 72 BewG zu bewerten. Der Wert ergibt sich mit 500 m^2 × 30 DM/m^2 = 15.000 DM, umgerechnet 7.669 €. Auf Grund der freiberuflichen Nutzung durch die Ehefrau des Clarence Löwe, Claudia Löwe, handelt es sich nach § 99 Abs. 2 i.V.m. § 26 BewG um ein Betriebsgrundstück der Zahnarztpraxis der Ehefrau, das dem Clarence Löwe zugerechnet wird.

Zusammenfassend ergibt sich zum 1.1.2008:

Wert	7.669 €
Grundstücksart	Unbebautes Grundstück
Vermögensart	Betriebsgrundstück Zahnarztpraxis Claudia Löwe
Zurechnung	Clarence Löwe

1.1.2008 – Buchenstraße 14/16

Da das Ertragswertverfahren anzuwenden ist, ergibt sich auf Grund des Verkaufes der 500 m^2 keine Auswirkung auf den Grundstückswert, denn weder Vervielfältiger noch Jahresrohmiete verändern sich. Aber der Zuschlag nach § 82 Abs. 2 Nr. 1 BewG verringert sich.

Der Mindestwert (§ 77 BewG) verringert sich durch den Flächenverkauf ebenfalls.

2.000 m^2	× 60 DM/m^2	= 120.000 DM
500 m^2	× 30 DM/m^2	= 15.000 DM
Zusammen		135.000 DM
50%		67.500 DM

Es ergibt sich folgende Berechnung:

Jahresrohmiete × Vervielfältiger	5.000 DM × 10,5 =	52.500 DM
Zuschlag:		
500 m^2 Hinterland × 30 DM/m^2	15.000 DM	
500 m^2 Vorderland × 60 DM/m^2	30.000 DM	
Summe	45.000 DM	
30% von 52.500 DM	15.750 DM	
Höchstzuschlag ist maßgebend		15.750 DM
		68.250 DM
Abgerundet nach § 30 BewG		68.200 DM
Umgerechnet nach § 30 BewG	:1,95583	34.870 €

Der Mindestwert nach § 77 BewG ist niedriger.

Der bisherige Wert betrug 77.300 DM, die Abweichung nach unten beträgt also nunmehr mehr als 1/10 und mindestens 500 DM, aber auch mehr als 5.000 DM. Es ist demzufolge eine Wertfortschreibung nach § 22 Abs. 1 BewG durchzuführen.

Zusammenfassend ergibt sich zum 1.1.2008:

Wert	34.870 €
Grundstücksart	Zweifamilienhaus
Vermögensart	Grundvermögen
Zurechnung	Dr. Klaus Ur

1.1.2009 – Buchenstraße 14/16

Zunächst ist eine neue Berechnung der Jahresrohmiete erforderlich, wobei die Büroräume nach § 79 Abs. 2 Nr. 1 BewG mit der üblichen Miete nach den Wertverhältnissen vom 1.1.1964 anzusetzen sind. Ebenso ist für die selbstgenutzte Wohnung die übliche Miete anzusetzen, während die vermieteten Wohnräume mit der gezahlten Miete anzusetzen sind:

Büroräume	6.000 DM
Wohnung (selbstgenutzt)	3.000 DM
Wohnung (vermietet)	2.500 DM
Zusammen	11.500 DM

Es handelt sich nunmehr um ein gemischt-genutztes Grundstück im Sinne des § 75 Abs. 1 Nr. 3 und Abs. 4 BewG, da das Grundstück teils Wohnzwecken, teils eigenen oder fremden gewerblichen Zwecken dient und nicht als Mietwohngrundstück, Geschäftsgrundstück, Ein- oder Zweifamilienhaus zu qualifizieren ist. Im vorliegenden Fall beträgt der gewerbliche Anteil mehr als 50%, was signifikant wichtig für die Bestimmung des Vervielfältigers ist. Der Vervielfältiger nach § 80 BewG i.V.m. Anlage 8 zu den BewRGr beträgt 8,8. Daraus ergibt sich folgende Berechnung:

Jahresrohmiete × Vervielfältiger		11.500 DM × 8,8 =		101.200 DM
Zuschlag:				
Erlaubte Fläche:	5 × 120 m²	600 m²		
Vorhandene Fläche		2.500 m²		
Fläche, für die der Zuschlag zu berechnen ist		1.900 m²		
500 qm Hinterland × 30 DM/m²			15.000 DM	
1.400 qm Vorderland × 60 DM/m²			84.000 DM	
Summe			99.000 DM	
30% von 101.200 DM			30.360 DM	
Höchstzuschlag ist maßgebend				30.360 DM
				131.560 DM
Abgerundet nach § 30 BewG				131.500 DM
Umgerechnet nach § 30 BewG			:1,95583	67.234 €

Der Mindestwert nach § 77 BewG ist mit 67.500 DM deutlich niedriger.

Da mehr als 50% der Jahresrohmiete auf den eigengewerblich genutzten Teil des Grundstückes entfallen, handelt es sich um ein Betriebsgrundstück im Sinne des § 99 Abs. 2 BewG.

Es sind daher durchzuführen

- eine Artfortschreibung der Grundstücksart (zum gemischt-genutzten Grundstück) gem. § 22 Abs. 2 BewG
- eine Artfortschreibung der Vermögensart (zum Betriebsgrundstück) ebenfalls gem. § 22 Abs. 2 BewG
- eine Wertfortschreibung, da die Abweichung mehr als 1/10 und mindestens 5.000 DM nach oben beträgt (§ 22 Abs. 1 BewG)

Zusammenfassend ergibt sich zum 1.1.2009:

Wert	67.234 €
Grundstücksart	Gemischt-genutztes Grundstück
Vermögensart	Betriebsgrundstück Malerfirma
Zurechnung	Dr. Klaus Ur

Sachverhalt 2

Lösung Aufgabe 2.1

Allgemeine erbschaftsteuerliche Tatbestände

Durch den Tod des Klaus Ur liegen die folgenden Besteuerungstatbestände vor:

Bless Ur, die Tochter des Verstorbenen, ist als Alleinerbin anzusehen und erwirbt als Gesamtrechtsnachfolgerin. Sie erwirbt von Todes wegen (§ 1 Abs. 1 Nr. 1 ErbStG). Somit wird ein steuerpflichtiger Vorgang realisiert, der der Erbschaftsteuer unterliegt.

Da sowohl Bless Ur als Erwerberin als auch Klaus Ur als Erblasser zum Zeitpunkt der Entstehung der Steuer Inländer sind (natürliche Personen, Wohnsitz in Bremen), tritt gemäß § 2 Abs. 1 Nr. 1a ErbStG die persönliche Steuerpflicht ein.

Der Erbanfall unterliegt der Besteuerung nach § 3 Abs. 1 Nr. 1 ErbStG in Verbindung mit § 1 Abs. 1 Nr. 1 ErbStG.

Besteuerungszeitpunkt ist gemäß § 9 Abs. 1 Nr. 1 i.V.m. § 11 ErbStG der Todeszeitpunkt. Hier mithin der 31.12.01.

2.1 a) Bewertung nach „altem" Recht (JStG 2007)

Es sind Werte des Betriebes und der Grundstücke zu ermitteln, da die Werte für die Berechnung der Erbschaftsteuer von Bedeutung sind. Maßgebend sind nach § 9 Abs. 1 Nr. 1 i.V.m. § 11 ErbStG die Verhältnisse vom Besteuerungszeitpunkt. Für die Grundbesitzwerte hat eine gesonderte Feststellung zu erfolgen, und zwar für Besteuerungszeitpunkte nach dem 31. Dezember 2006 gem. des Fünften Teils des BewG, hier: § 151 Abs. 1 Nr. 1 i.V.m. § 151 Abs. 2 Nr. 1 und 2 und §§ 152 S. 1 Nr. 1; 153 Abs. 1; 154 BewG „Bedarfsbewertung"). Die Bewertung richtet sich nach § 12 Abs. 3 ErbStG, der die „Brücke zum Bewertungsgesetz" schlägt, nämlich zum Vierten Abschnitt des Zweiten Teils des Bewertungsgesetzes (§§ 138 ff. BewG).

Für die Bewertung des Betriebsvermögens ist § 12 Abs. 5 ErbStG anzuwenden, der auf §§ 95-99, 103, 104, 109 und 137 BewG verweist. Auch hier muss eine gesonderte Feststellung erfolgen, da das JStG 2007 insofern eine Änderung der bis zu diesem Zeitpunkt geltenden Rechtslage herbeiführte (§ 151 Abs. 1 Nr. 2 BewG). Nach R 114 ErbStR hat der Steuerpflichtige eine Vermögensaufstellung zu fertigen.

Der Wert ergibt sich gem. § 98a BewG somit wie folgt:

Besitzposten:		
- *Grundstück* „Werderstr. 1“ (Grundbesitzwert gem. § 12 Abs. 5, Abs. 3 ErbStG i.V.m. § 99 und § 147 BewG)	+ 1.500.000 €	
- *Aktien* (Kurswert gem. § 12 Abs. 5 S. 3 ErbStG i.V.m. § 12 Abs. 1 und 2 ErbStG sowie § 11 Abs. 1 S. 1 BewG)	+ 90.000 €	
- *alle anderen Wirtschaftsgüter* unterliegen dem Grundsatz der Bestands- und Bewertungsidentität und sind mit dem Steuerbilanzwert anzusetzen (§ 12 Abs. 5 ErbStG i.V.m. § 109 Abs. 1 BewG)	+ 340.000 €	
	+ 20.000 €	
	+ 279.000 €	
	+ 240.000 €	
	+ 64.500 €	
	+ 216.000 €	
Summe (= Rohbetriebsvermögen)		2.713.500 €
Schuldposten:		
- Darlehen (§§ 103 Abs. 1; 109 Abs. 1 BewG)	- 570.000 €	
- Verbindlichkeiten (§§ 103 Abs. 1; 109 Abs. 1 BewG).	- 171.000 €	
- Rückstellungen (§§ 103 Abs. 3; 109 Abs. 1 BewG).	- 48.000 €	
Summe		- 789.000 €
Wert des Betriebsvermögens (§ 12 Abs. 5 ErbStG, § 109 Abs. 1 BewG)		**1.924.500 €**
= Reinbetriebsvermögen		

2.1 b) Bewertung nach „neuem“ Recht (ErbStRG)

Nachdem sich die Regierungskoalition am 06. November 2008 über die bis zu diesem Zeitpunkt vakanten Streitfragen zur Erbschaftsteuerreform geeinigt hatte, beschloss der Deutsche Bundestag in 2. und 3. Lesung am 27. November 2008 den Gesetzesentwurf zur Reform des Erbschaftsteuer- und des Bewertungsrechts (ErbStRG).[1] Der Bundesrat hat am 05. Dezember 2008 in einer vorgezogenen Sitzung dem Gesetzesentwurf zugestimmt. Nach der Ausfertigung durch den Bundespräsidenten kann das ErbStRG zum 01. Januar 2009 nunmehr in Kraft treten.

Verfahrensrechtlich bedeutet diese Tatsache zunächst, dass die gleich lautenden Erlassen der obersten Finanzbehörden der Länder vom 10. März 2008[2], nach denen seinerzeit sämtliche Erbschaft- und Schenkungsteuerfälle auf die durch Beschluss des BVerfG vom 7. November 2006 angeordnete Verpflichtung zur gesetzlichen Neuregelung programmgesteuert gem. § 165 Abs. 1

1 vgl. BT- Drucksache 16/11075 vom 25. November 2008

2 BStBl I 2008, S. 465; (vgl. auch Ministerium der Finanzen Saarland; Aktenzeichen B/1-1-22/2008-S 0338/S 3812a)

Satz 2 Nr. 2 AO in vollem Umfang für vorläufig erklärt wurden, obsolet und die Vorläufigkeitsvermerke aufzuheben sind. Ab dem 01. Januar 2009 werden Erbschaft- und Schenkungsteuerbescheide nunmehr nicht mehr grundsätzlich vorläufig erlassen werden.

Das neue Recht tritt gem. Art. 1, Abschnitt 5, § 37 Buchstabe a) ErbStRG bereits auf Erwerbe Anwendung, für die Steuer nach dem 31. Dezember 2008 entsteht. Für die Änderungen des Bewertungsgesetzes wurde dieses Vorhaben im „Dritten Teil-Schlussbestimmungen" des ErbStRG bei den dortigen Anwendungsvorschriften (§ 205 Abs. 1 ErbStRG) ebenfalls manifestiert und gilt mithin für Bewertungsstichtage nach dem 31. Dezember 2008. Die gleichzeitig avisierten Änderungen des BauGB (vgl. bitte Art. 4 i.V.m. Art. 6 Abs. 2 ErbStRG) sollen am 01. Juli 2009 folgen.

Aufgrund der Koalitionsvereinbarung vom 06. November 2008 ist es nun doch zu einer umfassenden Reform des Bewertungsgesetzes und des Erbschaftsteuergesetzes gekommen.

Ausgangspunkt dieser Reform war der am 31. Januar 2007 veröffentliche Beschluss des BVerfG v. 07. November 2006[3].

Art. 2 des ErbStRG („Änderung des BewG") legt fest, in welcher Art und Weise die Besteuerungsgrundlagen ermittelt werden. Für die Bewertung von Betriebsvermögen und Anteilen an Personengesellschaften und Kapitalgesellschaften sind nach diesem Artikel die §§ 109 und 11 Abs. 2 ErbStRG und §§ 199 bis 203 ErbStRG als Rechtsgrundlagen einschlägig.

Gemeiner Wert

Nach Art. 2, § 109 Abs. 1 S. 1 ErbStRG ist das Betriebsvermögen von Gewerbebetrieben i.S.d. § 95 ErbStRG nunmehr mit dem gemeinen Wert anzusetzen, was einem grundlegenden Wandel für die Bewertung von Unternehmen aus erbschaft- und schenkungsteuerlicher Sicht bedeutet[4].

Dabei wird der gemeine Wert durch den Preis bestimmt, der im gewöhnlichen Geschäftsverkehr nach der Beschaffenheit des Wirtschaftsgutes bei einer Veräußerung zu erzielen wäre (§ 9 Abs. 2 S. 1 BewG). In dem System der Wertermittlung bedeutet dieses, dass der steuerliche Wert des Betriebsvermögens nicht mehr wie bisher gem. § 98a BewG aus der Summe der einzelnen Wirtschaftsgüter und sonstigen aktiven Ansätze zu Steuerbilanzwerten (§ 109 Abs. 1 BewG) abzüglich der Schulden und sonstigen Abzüge (§ 109 Abs. 1 i.V.m. § 103 Abs. 1 BewG) berechnet wird, sondern nunmehr der Wert des Betriebsvermögens im Wege einer Gesamtbewertung erfolgt. Es wird also dem Grundsatz im Allgemeinen Teil des Bewertungsgesetzes entsprochen, wonach der Wert einer wirtschaftlichen Einheit im Ganzen festzustellen ist (§ 2 Abs. 2 S. 2 BewG). Gleichzeitig sind damit aber auch betriebswirtschaftliche Grundsätze der Unternehmensbewertung für das erbschaftsteuerliche Bewertungsrecht relevant.

Der gemeine Wert gilt als zentraler Bewertungsmaßstab für alle Unternehmen respektive Unternehmensbeteiligungen (Art. 2, § 11 Abs. 2 ErbStRG). Es ist somit eine von der Rechtsform unabhängige Bewertung.[5]

Dabei ist die Wertfindung des gemeinen Werts hierarchisch abgestuft.

In erster Linie soll der gemeine Wert aus Börsenkursen abgeleitet werden. Das war auch im bisherigen Recht schon so schriftlich fixiert (§ 11 Abs. 1 BewG). Der Börsenkurs stellt für einen speziellen Markt (die Börse) die Kongruenz zwischen Anbietern und Nachfragern her.[6]

3 vgl. abermals: BVerfG, Beschl. v. 7. November 2006-1 BvL 10/02; zum Ausgangssachverhalt vgl. Hamdan, M., Hamdan, B., in ZFE 4/2007, S. 133
4 vgl. Kußmaul, Pfirmann, Hell, Meyering, BB 10.2008 vom 3. März 2008, S. 472
5 vgl. Zipfel, L., Eckpunkte zum Referentenentwurf zur Erbschaftsteuerreform, in BB 49.2007, S. 2653
6 vgl. Kußmaul, H., Pfirmann, A. u.a.; Die Bewertung von Unternehmensvermögen nach dem ErbStRG und Unternehmensbewertung, in BB 10/2008 v. 3. März 2008, S. 471 ff.

Ist ein Börsenkurs nicht zu ermitteln, weil das Unternehmen beispielsweise nicht an der amtlichen Börse notiert ist, ist der gemeine Wert als Marktpreis aus Verkäufen abzuleiten, die zeitnah erfolgt sind. Als zeitnahe Verkäufe i.S.d. Norm sind solche zu verstehen, die zu einem Zeitpunkt erfolgt sind, der weniger als ein Jahr – ausgehend vom Besteuerungszeitpunkt i.S.d. §§ 9 und 11 ErbStG – zurückliegt (vgl. Art. 2; § 11 Abs. 2 S. 1 ErbStRG). Berücksichtigt werden nur Verkäufe unter fremden Dritten, d.h. die durch persönliche Beziehungen zwischen Käufer und Verkäufer beeinflussten Verkäufe sind nicht maßgeblich.

Erst wenn die eben genannten Möglichkeiten zur Ermittlung des gemeinen Werts nicht gegeben sind, sind Schätzverfahren für die Wertfindung heranzuziehen. Als legitime Möglichkeiten werden solche angesehen, die aus Erwerbersicht im gewöhnlichen Geschäftsverkehr auch für nicht steuerliche Zwecke üblich sind, den Kaufpreis zu bestimmen.

Zu beachten ist, dass die Summe der gemeinen Werte der einzelnen Wirtschaftsgüter, die zum Betriebsvermögen gehören, und sonstigen aktiven Ansätze abzüglich der zum Betriebsvermögen gehörenden Schulden und sonstigen Abzüge (Substanzwert gemäß Art. 2, § 11 Abs. 2 Satz 3 ErbStRG) nicht überschritten werden darf.

Damit halten betriebswirtschaftliche Bewertungsmethoden Einzug in das Bewertungsrecht. Als eine übliche Methode kommt das so genannte „Discounted-Cash-Flow-Verfahren (DCF)“ in Betracht, bei dem anhand einer Kapitalisierung der zukünftigen Cash-Flows der Unternehmenswert berechnet wird. Allerdings sind auch hier zumindest grundsätzlich zwei Ansätze unterscheiden, nämlich die Bruttokapitalisierung (entity-method) und die Nettokapitalisierung (equity-method).[7]

Weitere legitime Möglichkeiten i.S.d. § 11 Abs. 2 BewG-E dürften Bewertungsverfahren für spezielle Berufsgruppenstellen, insbesondere so genannte Multiplikatorenmethoden für freiberufliche Praxen, darstellen. Bei der Multiplikatorenmethode wird das Jahresergebnis (EBIT)[8], der Umsatz oder die Produktionsmenge mit einem Multiplikator vervielfältigt.[9]

Probleme wirft dabei nicht nur die Beherrschung und Umsetzung aller möglichen Verfahren auf, sondern auch die Konsequenzen, die sich ergeben, wenn die Finanzverwaltung eine Methode nicht akzeptiert. Nunmehr dürfte sich das Bewertungsgesetz seinem Schattendasein entziehen und Schauplatz für Spezialisten der Unternehmensbewertung sein.[10]

Auf jeden Fall kann an dieser Stelle bereits konstatiert werden, dass der Steuerpflichtige -ob seiner möglichen Optionen der Methoden- eine dezidierte Analyse seines Unternehmens und vorab ein Vergleich der Methoden durchführen sollte.

Vereinfachtes Ertragswertverfahren

Das vereinfachte Ertragswertverfahren ist nunmehr in Art. 2, §§ 199 bis 203 ErbStRG geregelt. Vormals war im Rahmen des Gesetzgebungsverfahrens zur Reform des Erbschaft- und Schenkungsteuergesetzes vom Bundesministerium ein Entwurfspapier für eine Anteils- und Betriebs-

7 vgl. Nestler, A.; Kupke, T., Die Bewertung von Unternehmen mit dem Discounted-Cash-Flow-Verfahren, in Betriebswirtschaftliche Mandantenbetreuung 6/2003

8 EBIT = Earnings before interest and taxes

9 vgl. Flöter, S.; Matern, C.; Erbschaftsteuerreform: Fehlbewertung von Betriebsvermögen, NWB Nr. 19 vom 5. Mai 2008 S. 1727 ff

10 vgl. Kußmaul, H., Pfirmann, A. u.a.; Die Bewertung von Unternehmensvermögen nach dem ErbStRG und Unternehmensbewertung, in BB 10/2008 v. 3. März 2008, S. 478

vermögensbewertungsverordnung[11] (AntBVBewV) vom 8. Februar 2008 zur Diskussion gestellt worden. In dieser Verordnung sollten alle Einzelheiten zu der Bewertung geregelt werden (§ 11 Abs. 2 S. 4 BewG-E).

Voraussetzung für dieses Schätzverfahren ist, dass sich der gemeine Wert des Unternehmens nicht aus Börsenkursen ableiten lässt und auch keine zeitnahen Verkäufe zum Besteuerungszeitpunkt vorliegen (s.o.). Das vereinfachte Ertragswertverfahren ist jedoch nicht zwingend anzuwenden, sondern die entsprechende Norm ist als „kann"-Vorschrift ausgestattet.

Demnach kann der gemeine Wert des Betriebsvermögens oder eines Anteils daran gem. § 199 Abs. 1 BewG-E durch Anwendung des vereinfachten Ertragswertverfahrens i.S.d. Art. 2, § 200 ErbStRG ermittelt werden.

Dadurch soll dem Steuerpflichtigen für den Fall, dass der gemeine Wert seines Betriebsvermögens oder eines Anteils daran nach § 109 Abs. 1 oder Abs. 2 BewG-E i.V.m. § 11 Abs. 2 S. 2 BewG-E, die Möglichkeit eröffnet werden, ohne hohe Kosten und Ermittlungsaufwand einen Unternehmenswert oder Anteilswert nach objektiven Kriterien auf der Grundlage der Ertragsaussichten zu ermitteln.

Die Basis des Ertragswertverfahrens bildet, wie sich das im Wortkompositum bereits widerspiegelt, der Ertragswert. Er wird durch Multiplikation des zukünftig nachhaltig zu erzielenden Jahresertrag (Art. 2, § 201 und § 202 ErbStRG) mit dem Kapitalisierungsfaktor i.S.d. Art. 2, § 203 ErbStRG errechnet. Der zukünftige Jahresertrag („Ertragsaussichten") soll repräsentativ und nachhaltig sein, d.h. besondere Umstände, die diesen temporär beeinflusst haben oder beeinflussen werden, sind aus der Bemessungsgrundlage auszuscheiden.

Die Grundlage für die Bewertung bildet der in der Vergangenheit erzielte durchschnittliche Jahresertrag. Ausgehend von diesem soll auf den zukünftig zu erzielende Jahresertrag geschlossen werden.[12]

In Art. 2, § 202 ErbStRG ist geregelt, welche Vergangenheitswerte maßgebend sein sollen. Der Durchschnittsertrag ist herzuleiten aus den Betriebsergebnissen, die sich aus einem zeitlichen Intervall von drei abgelaufenen Wirtschaftsjahren vor dem Bewertungsstichtag ergeben („Referenzzeitraum"[13]).

Ist ein Wirtschaftsjahr am Bewertungsstichtag noch nicht abgelaufen, tritt sein Betriebsergebnis dennoch an die Stelle des drittletzten Wirtschaftsjahres, wenn es für die Herleitung des künftig zu erzielenden Jahresertrags von Bedeutung ist.

Die Division der Summe der Betriebsergebnisse durch drei ergibt sodann den Durchschnittsertrag und gleichzeitig den maßgeblichen Jahresertrag.

In den Fällen, in denen das Unternehmen gegründet worden ist oder sich nachhaltig verändert hat, ist statt des Drei-Jahres-Zeitraumes von einem entsprechend kürzeren Zeitfenster für die Ermittlung des Jahresertrags auszugehen.

Darüber hinaus können Unternehmen auch durch Umwandlung, Einbringung von Betrieben oder Teilbetrieben oder Umstrukturierungen entstehen. Hier sind bei der Ermittlung des Durchschnittsertrages die Betriebsergebnisse des Gewerbetriebs oder der entsprechenden Gesellschaft der Berechnung zugrunde zu legen. Ändert sich insoweit die Rechtsform, sind die ehemaligen

11 http://www.bundesfinanzministerium.de/DE/Wirtschaft__und__Verwaltung/Steuern/Veroeffentlichungen__zu__Steuerarten/Erbschaft__Schenkungssteuerrecht/078.html (Zugriff am 12. November 2008); jetzt: rsw.beck.de/rsw/upload/Beck_Aktuell/Diskussionsentwurf2.pdf (Zugriff am 8. Januar 2009)

12 diese Tatsache wird als „pro" Ertragswertverfahren eingestuft; vgl. dazu Hölzerkopf, F. und Bauer, D., Überblick über die Erbschaftsteuerreform, in BB 1/2009 S. 21

13 Zipfel, L., Eckpunkte zum Referentenentwurf zur Erbschaftsteuerreform, in BB 49/2007, S. 2653

Betriebsergebnisse entsprechend zu korrigieren.

Besteht die Möglichkeit, dass Wirtschaftsgüter und mit diesen in wirtschaftlichem Zusammenhang stehenden Schulden aus dem zu bewertenden Unternehmen im Sinne des Art. 2, § 199 Abs. 1 oder 2 ErbStRG herausgelöst werden, ohne die eigentliche Unternehmenstätigkeit zu beinträchtigen (nicht betriebsnotwendiges Vermögen), so werden diese Wirtschaftsgüter und Schulden gem. Art. 2, § 200 Abs. 2 ErbStRG eigenständig bewertet. Für diese Wirtschaftsgüter wird neben dem Ertragswert ein eigenständiger gemeiner Wert oder Anteil am gemeinen Wert angesetzt.

Aus der Vorschrift Art. 2, § 202 Abs. 1 ErbStRG lässt sich das Ermittlungsschema für das jeweilige Betriebsergebnis der drei Jahre ableiten.

Gem. Art. 2, § 200 Abs. 1 ErbStRG ist der Durchschnittsertrag mit dem Kapitalisierungsfaktor zu multiplizieren.

In Art. 2, § 203 Abs. 3 ErbStRG ist definiert, was unter dem Kapitalisierungsfaktor zu verstehen ist.

Der Kapitalisierungsfaktor ist demnach der Kehrwert des Kapitalisierungszinses, der sich wiederum gem. Art. 2, § 203 Abs. 1 ErbStRG aus einem Basiszins und einem Zuschlag von 4,5% zusammensetzt.

Der Basiszins ist aus der langsfristig erzielbaren Rendite öffentlicher Anleihen abzuleiten. Dabei ist auf den Zinssatz abzustellen, den die Deutsche Bundesbank anhand der Zinsstrukturen jeweils auf den ersten Börsentag des Jahres errechnet (Art. 2, § 203 Abs. 2 ErbStRG).

Das Bundesministerium für Finanzen veröffentlicht diesen maßgebenden Zinssatz im Bundessteuerblatt. Er gilt für alle Wertermittlungen auf Bewertungsstichtage in diesem Jahr und ist somit auf diese anzuwenden (Art. 2, § 203 Abs. 2 S. 3 und 4 ErbStRG).[14]

Beispiel:

Das Unternehmen von Klaus Ur erwirtschaftet einen Durchschnittsertrag i.H.v. 100.000 € i.S.d. Art. 2, §§ 201, 202 ErbStRG. Der (unterstellte) Basiszins[15] beträgt anhand der statistischen Datenbank der Deutschen Bundesbank („Zinsstrukturdaten") 3,61 %[16].Es soll kein eigenständig zu bewertendes Vermögen i.S.d. Art. 2, § 200 Abs. 2 bis 4 ErbStRG vorliegen und somit keine Notwendigkeit der Berechnung eines eigenständig zu ermittelnden gemeinen Werts.

Lösung:

Basiszins: 3,61 %

Zuschlag per Gesetz (pauschal): 4,5%

Kapitalisierungszins $\Rightarrow$ 0,0361 + 0,045 = 0,0811

Kapitalisierungsfaktor: $\frac{1}{0{,}0811} = 12{,}33$

Ertragswert = Kapitalisierungsfaktor × Durchschnittsertrag

$\Rightarrow$ 12,33 × 100.000 € = 1.233.000 €.

Der Unternehmenswert beträgt also unter der entsprechenden Prämisse im Beispiel ebenfalls 1.233.000 €.

14 vgl. BMF, Schreiben v. 7.1.2009, IV C 2 – S 3102/07/0001 „Bewertung nicht notierter Anteile an Kapitalgesellschaften und des Betriebsvermögens"; Basiszins für das vereinfachte Ertragswertverfahren nach § 203 Abs. 2 BewG: **3,61%**.

15 http://www.bundesbank.de/statistik/statistik_zinsen.php#ewuzins (Zugriff am 08. Januar 2008)

16 vgl. BMF, Schreiben v. 7.1.2009, IV C 2 – S 3102/07/0001 „Bewertung nicht notierter Anteile an Kapitalgesellschaften und des Betriebsvermögens"; Basiszins für das vereinfachte Ertragswertverfahren nach § 203 Abs. 2 BewG: **3,61%**.

Wie man leicht erkennt, werden ertragsstarke Unternehmen (unabhängig von der Rechtsform also Personenhandelsgesellschaften als auch Kapitalgesellschaften) entsprechend hoch bewertet. Diese Folgen werden unterschiedlich interpretiert. Wirtschaftsverbände kommen zu einem durchschnittlichen Erhöhungsfaktor von 3,0, in Einzelfällen gar von 10,0[17].

Der steuerliche Wert des Betriebsvermögens ist nunmehr gem. Art. 2, § 151 Abs. 1 Nr. 2 und § 157 Abs. 5 ErbStRG (nach geplantem Recht: § 151 Abs. 1 Nr. 2 BewG-E) unter Berücksichtigung der tatsächlichen Verhältnisse und der Wertverhältnisse zum Bewertungsstichtag (Art. 2, § 157 Abs. 5 S. 1 ErbStRG) als Wert von Betriebsvermögen wie folgt festzustellen.

Substanzwertmethode

Gem. Art. 2, § 157 Abs. 5 S. 2 ErbStRG ist der Betriebsvermögenswert unter Anwendung des Art. 2, § 109 Abs. 1 i.V.m. Art. 2, § 11 Abs. 2 ErbStRG zu ermitteln. Wie oben bereits geschildert bildet der Substanzwert die Wertuntergrenze der in Frage zur Disposition stehenden Bewertungsmethoden.

Der Wert ergibt sich somit wie folgt:

Besitzposten:		
- *Grundstück* „Werderstr. 1" (gemeiner Wert gem. Art. 1, Nr. 9, §§ 12 Abs. 5, Abs. 3, 12 Abs. 3 ErbStRG und Art. 2, §§ 182 ff i.V.m. § 157 Abs. 3, 151 Abs. 1 Nr. 1 ErbStRG	+ 2.100.000 €	
- *Aktien* (Kurswert gem. § 12 Abs. 5, S. 3 ErbStG i.V.m. § 12 Abs. 1 und 2 ErbStG sowie § 11 Abs. 1 S. 1 BewG)	+ 90.000 €	
- *alle anderen Wirtschaftsgüter* unterliegen dem Grundsatz des Ansatzes mit dem gemeinen Wert (Art. 1, Nr. 9, § 12 Abs. 5 ErbStG i.V.m. § 109 Abs. 1 BewG)	+ 340.000 €	
	+ 20.000 €	
	+ 279.000 €	
	+ 240.000 €	
	+ 64.500 €	
	+ 216.000 €	
Summe		3.349.500 €
Schuldposten		
- Darlehen (§§ 103 Abs. 1; 109 Abs. 1 BewG)	- 570.000€	
- Verbindlichkeiten (§§ 103 Abs. 1; 109 Abs. 1 BewG).	- 171.000 €	
- Rückstellungen (§§ 103 Abs. 3; 109 Abs. 1 BewG).	- 48.000 €	
Summe		- 789.000 €
Substanzwert		2.560.500 €

17 vgl. Wachter, ZErb 2007, S. 442 und 447 „Reform des Erbschaft- und Schenkungsteuerrechts: Erste Konturen der geplanten Neuregelung"

Alternativ: (Art. 2, Nr. 7 ErbStRG bestimmt nämlich, dass § 98a BewG aufgehoben wird)

Kapital	2.056.500 €
+ Grundbesitzwert gem. Art. 1, § 12 Abs. 3 ErbStRG und Art. 2, §§ 182 ff i.V.m. § 157 Abs. 3, 151 Abs. 1 Nr. 1 ErbStRG	2.100.000 €
- Wert aus der Steuerbilanz (inkl. Außenanlagen)	- 1.654.500 €
+ Fuhrpark 1 (gemeiner Wert)	340.000 €
- Wert aus der Steuerbilanz	- 323.999 €
+ Fuhrpark 2 (gemeiner Wert)	20.000 €
- Wert aus der Steuerbilanz	- 1 €
+ Kurswert Aktien	90.000 €
- Wert aus der Bilanz	- 67.500 €
Substanzwert	**2.560.500 €**

Ertragswertmethode

Nach der Ertragswertmethode war die Ermittlung gem. § 3 AntBVBewV wie folgt vorgesehen und dürfte wohl auch nach dem ErbStRG so durchgeführt werden.[18]

Art. 2, Nr. 7 ErbStRG bestimmt, dass § 98a BewG aufgehoben wird

Gewinn gem. § 4 Abs. 1 S. 1 EStG	630.000 €
- kalkulatorischer Unternehmerlohn[19]	- 180.000 €
- Erträge im Zusammenhang mit Vermögen i.S.d. § 2 Abs. 2 bis 4 AntBVBewV-E	- 1.800 €
Betriebsergebnis	448.200 €
Kürzung um 30% zur Abgeltung des Ertragsteueraufwands (Art. 2, § 202 Abs. 3 ErbStRG)	- 134.460 €
Ertrag pro anno und damit Durchschnittsertrag des Unternehmens (lt. Annahme)	313.740 €

Ertragswert = 1/0,0811[20]= 12,33 × 313.740 € (Durchschnittsertrag)	3.868.414 €
gemeiner Wert des nicht betriebsnotwendigen Vermögens	90.000 €
Wert des Unternehmens	**3.958.414 €**

2.2 Ermittlung und Vergleich der Erbschaftsteuerbelastungen

Wie aus den eben durchgeführten Beispielen ersichtlich wird, ist die Ermittlungsmethode des Betriebsvermögens als auch der Bewertungsmaßstab von signifikanter Bedeutung und hat in erheblichen Maß

18 vgl. „Berechnungsschema" von Eisele, D. Erbschaftsteuerliches Bewertungsrecht in NWB Nr. 10, 3. März 2008, S.796 ff.

Auswirkung auf den anzusetzen Wert im Rahmen der Erbschaft- bzw. Schenkungsteuer.

Berechnung der Erbschaftsteuer bis zum 31. Dezember 2008:

Wert des Betriebsvermögens:	**1.924.500 €**
- Freibetrag gem. § 13a Abs. 1 ErbStG	- 225.000 €
=	1.699.500 €
- Bewertungsabschlag gem. § 13a Abs. 2 ErbStG	- 594.825 €
= Wert des Betriebsvermögens nach § 13a ErbStG	**1.104.675 €**

Unter der Prämisse, dass der Erwerb durch seine einzige Tochter (Alleinerbin; über 30 Jahre, somit kein besonderer Versorgungsfreibetrag i.S.d § 17 Abs. 2 ErbStG) in der Steuerklasse I erfolgen soll (§ 15 Abs. 1 S. 1 Nr. 2 ErbStG) beträgt die Erbschaftsteuer[21]:

Wert des Betriebsvermögens nach § 13a ErbStG	**1.104.675 €**
Persönlicher Freibetrag (§ 16 Abs. 1 S.1 Nr. 2 ErbStG)	- 205.000 €
Steuerpflichtiger Erwerb und Rundung auf volle 100 €	899.675 €
(§10 Abs. 1 S. 4 ErbStG)	899.600 €
(auf die Berücksichtigung des Pauschbetrages für Erbfallkosten i.S.d. § 10 Abs. 5 Nr. 3 S. 2 ErbStG für einen etwaigen Erwerb von Todes wegen wurde verzichtet)	
Erbschaftsteuer 19% =	**170.924 €**

Berechnung der Erbschaftsteuer nach dem ErbStRG

Ermittelter Wert des Betriebsvermögens nach der Ertragswertmethode	**3.958.414 €**
Verschonungsabschlag 85 %	- 3.364.652 €
Erwerb durch Tochter (Alleinerbin); Steuerklasse I	
Zu versteuern demnach 15%	593.762€

19 Die kalkulatorischen Kosten dienen der Erfassung des korrekten betrieblichen Wertverzehrs in der Abrechnungsperiode. Deshalb orientiert sich der Wert der kalkulatorischen Kosten vor allem an den Opportunitätskosten des betreffenden Wirtschaftsgutes. Folgende kalkulatorische Kostenarten sind möglich: Kalkulatorische Abschreibungen (Anderskosten dann, wenn als Basis für die Abschreibungen nicht die AK, sondern die Wiederbeschaffungskosten als opportune Vergleichswerte herangezogen werden), Kalkulatorische Zinsen (Wertansatz des höchsten Zinssatzes als Opportunitätskosten zur Gewährleistung eines -einheitlichen- kalkulatorischen Zinssatzes), Kalkulatorischer Unternehmerlohn (Gehalt von einem in vergleichbaren Unternehmen beschäftigten Geschäftsführern als Opportunitätskosten), kalkulatorische Miete (ortsübliche Vergleichsmiete als Opportunitätskosten) und kalkulatorische Wagniskosten (eventuell alternativ zu zahlende Versicherungsprämie), vgl. u.a. Kistner, K.-P., Produktions- und Kostentheorie, Bielefeld, 1981, S. 167..

20 vgl. BMF, Schreiben v. 7.1.2009, IV C 2 – S 3102/07/0001 (Zugriff am 08.Januar 2008) „Bewertung nicht notierter Anteile an Kapitalgesellschaften und des Betriebsvermögens"; Basiszins für das vereinfachte Ertragswertverfahren nach § 203 Abs. 2 BewG: 3,61%.

21 vgl. R 24a Abs. 1 ErbStR

Persönlicher Freibetrag (Art. 1, A. 3 Nr. 15, § 16 Abs. 1 Nr. 2 ErbStRG	- 400.000 €
Steuerpflichtiger Erwerb	193.762 €
Gerundet (§ 10 Abs. 1 S. 4 ErbStRG)	193.700 €
Erbschaftsteuer 11%	**21.307 €**

Wie man bereits an diesem einfachen Beispiel erkennt, sollen die erheblichen Wertsteigerungen aufgrund des neuen Bewertungsmaßstabs bei der Ermittlung der Besteuerungsgrundlage des Betriebsvermögens bei der Festsetzung der Erbschaftsteuer – insbesondere durch den Art. 1, Nr. 11, 12 und 18 und dort die §§ 13a, 13b und § 19a ErbStRG kompensiert werden.

2.3 Verwaltungsvermögen und begünstigtes Vermögen (Art. 1, Nr. 12, § 13b Abs. 1 Nr. 2 ErbStRG)

Europaweite Begünstigung für Unternehmen

Die Definition des begünstigten Vermögens entspricht im Wesentlichen der Festlegung im bisherigen § 13 Abs. 4 Nr. 1 bis 3 ErbStG, der definiert, in welchen Fällen der Freibetrag bzw. Bewertungsabschlag in Betracht kommt.

Hinsichtlich des inländischen Betriebsvermögens und der Anteile an Personengesellschaften ist die Begünstigungsvorschrift aber erweitert worden. Nunmehr ist Betriebsvermögen auch dann begünstigt, wenn das Vermögen einer Betriebsstätte in einem Mitgliedstaat der Europäischen Union oder des Europäischen Wirtschaftsraums dient.

Verwaltungsvermögen – Einschränkung der Begünstigung (Art. 1, Nr. 12, § 13b Abs. 2 S. 1 ErbStRG; Nr. 11, § 13a Abs. 8 Nr. 3 ErbStG)

Die Vergünstigung entfällt jedoch für Betriebe in folgenden zwei Fällen:

- Das Betriebsvermögen besteht zu mehr als 50% aus Verwaltungsvermögen (§ 13b Abs. 2 S. 1 ErbStRG) oder
- Das Betriebsvermögen besteht zu mehr als 10% (§ 13 a Abs. 8 Nr. 3 ErbStRG) aus Verwaltungsvermögen.[22]

In diesem Zusammenhang ist jedoch die Definition des Begriffs Verwaltungsvermögen zu problematisieren. Im Entwurfpapier der Regierung vom 11. Dezember 2007 sollen darunter „insbesondere auch Dritten zur Nutzung überlassene Grundstücke gehören (soweit sie nicht betrieblichen Zwecken dienen) gehören,..., Gesellschaftsbeteiligungen, deren Wert zu mehr als 50% aus Verwaltungsvermögen besteht, sowie Wertpapiere und vergleichbare Forderungen."[23] Verwaltungsvermögen soll danach weiter solches Vermögen sein, das weitgehend risikoloser Renditeerzielung dienen soll und in der Regel weder die Schaffung von Arbeitsplätzen noch zusätzliche volkswirtschaftliche Leistungen bewirkt. Der Anteil des Verwaltungsvermögens soll sich bei Gewerbebetrieben und Anteilen an Kapitalgesellschaften gem. Art. 1, A. 2, Nr. 12, § 13b Abs. 2 S. 4 ErbStRG nach dem Verhältnis der Summe der gemeinen Werte der Einzelwirtschaftsgüter des Verwaltungsvermögens zum gemeinen Wert des Betriebs bestimmen. Es ist offensichtlich, dass es in diesem Punkt in der Praxis zu Auslegungs- und Abgrenzungspro-

22 vgl. ehemals § 13b Abs. 2 S. 1 ErbStG-E
23 vgl. § 13b Abs. 2 S. 2 ErbStG-E

blemen zwangläufig kommen wird, zumal die Auswirkung (keine Anwendung der Verschonungsregel = erbschaftsteuerliche Höchstbelastung) extrem ist. Deshalb ist, da die Beurteilung dieses Kriteriums wohl ebenfalls auf den Besteuerungszeitpunkt zu erfolgen hat, für Unternehmen eine alsbaldige Prüfung, wie hoch das Verwaltungsvermögen ist, angezeigt. Hier ergeben sich wohlmöglich Handlungsspielräume zur Reduzierung des Verwaltungsvermögens und somit der erbschaftsteuerlichen Belastung. Neben der Frage der (mangelnden) Normenklarheit[24] kann auch der Wertermittlung-Modus des Verwaltungsvermögens an sich zu quantitativen Wertverzerrungen führen, insbesondere bei Unternehmen mit hohem Fremdfinanzierungsanteil.[25] Ein hoher Anteil an Verwaltungsvermögen findet sich insbesondere auch bei grundstücksverwaltenden Unternehmen (z. B. gewerblich geprägte GmbH & Co KG), wenn sie Grundstücke oder Grundstücksteile, grundstücksgleiche Rechte und Bauten verpachten (§ 13b Abs. 2 Nr. 1 ErbStG). Nach der wohl enumerativen Aufzählung des § 13b Abs. 2 ErbStRG gehören weiterhin zum Verwaltungsvermögen:

Folgende Dritten zur Nutzung überlassene Grundstücke mit Ausnahme einer Betriebsaufspaltung und Sonderbetriebsvermögen, Betriebsverpachtung, Nutzungsüberlassung von Grundstücken innerhalb eines Konzerns i.S.d. des § 4h EStG, wenn die Nutzung zu produktiven Zwecken des Unternehmens unzweifelhaft ist, wenn der Erbe bereits Pächter war, einer Schenkung, wenn der Beschenkte zunächst den Betrieb noch nicht selber führen kann und er diesen deshalb zunächst für eine Übergangszeit von maximal zehn Jahren an einen Dritten verpachtet hat, von Wohnimmobilien, wenn deren Überlassung im Rahmen eines wirtschaftlichen Geschäftsbetriebs erfolgt, Verpachtete land- und forstwirtschaftlich genutzte Grundstücke[26]. (Art. 1, Nr. 12, § 13b Abs. 2 Nr. 1a) bis d) ErbStRG).

Anteile an Kapitalgesellschaften, wenn die unmittelbare Beteiligung am Nennkapital 25 % oder weniger beträgt und sie nicht dem Hauptzweck eines Kredit- oder Finanzdienstleistungsinstitutes zuzurechnen sind (Art. 1, Nr. 12, § 13b Abs. 2 Nr. 2 ErbStRG).

Beteiligungen an Mitunternehmerschaften i.S.d. § 15 Abs. 1 Nr. 2 und Abs. 3 oder § 18 Abs. 4 EStG, wenn deren Verwaltungsvermögen mehr als 50 % beträgt (Art. 1, Nr. 12, § 13b Abs. 2 Nr. 3 ErbStRG).

Wertpapiere sowie vergleichbare Forderungen, soweit sie nicht dem Hauptzweck eines Kredit-, Versicherungs- oder Finanzdienstleistungsinstitutes i.S.d. jeweiligen Definition des Kreditwesengesetzes oder Versicherungsaufsichtsgesetzes zuzurechnen sind (Art. 1, Nr. 12, § 13b Abs. 2 Nr. 4 ErbStRG).

Kunstgegenstände, -sammlungen, wissenschaftliche Sammlungen, Archive, Münzen, Edelmetalle und -steine, wenn Handel oder Verarbeitung nicht der Hauptzweck des Gewerbebetriebs ist (Art. 1, Nr. 12, § 13b Abs. 2 Nr. 5 ErbStRG).

Es ist dabei aber eine zeitliche Komponente zu berücksichtigen: Gem. Art. 1, A. 2, Nr. 12, § 13b Abs. 2 S. 3 ErbStRG gehört solches Verwaltungsvermögen nicht zum begünstigten Vermögen i.S.d. Absatzes 1, das dem Betrieb im Besteuerungszeitpunkt weniger als zwei Jahre zuzurechnen war. Das betrifft aber nur ein Verwaltungsvermögen unter 10 bzw. 50 % (Art. 1, A. 2, Nr. 12, § 13b Abs. 2 S. 2 und 3 ErbStRG).[27]

24 vgl. Söffing, M., Auch vom Steuergesetzgeber kann man Ehrlichkeit erwarten, in BB 11/2008 vom 10. März 2008, S. M1

25 vgl. Schulz, Althof, Markl, Der Regierungsentwurf zur ErbSt-Reform: Ausgewählte Zweifelsfragen bei Verwaltungsvermögen, Lohnsumme… in BB 11/2008 vom 10. März 2008, S. 528 bis 535

26 vgl. www.haufe.de/Steuern (Zugriff am 8. Januar 2008)

27 vgl. Hölzerkopf, F., Bauer, D., Überblick über die Erbschaftsteuerreform und erste Gestaltungshinweise in BB 01/2009 vom 09. Januar 2009, S. 23 ff.

Aufgabe 1

	Soll
1.1.2004	
keine wirtschaftl. Einheit (WE)	1
Zurechnungsfortschreibung, Übergabe maßgebend	2
Formell und nachrichtlich	1
EW = gemeiner Wert	1
Wertverhältnisse 1.1.1964	1
Wert	3
Zusammenfassung	0,5
1.1.2005	
eine WE	2
EW Buchenstr. 16 aufheben	1
Buchenstr. 14 wird größer	1
Ertragswertverfahren	1
Zuschlag / möglichst Hinterland	2
30% höchstens	1
JRM × Vv	1
Zuschlag	1
Wert	1
Mindestwert	2
Wertfortschreibung	1,5
Zusammenfassung	0,5
1.1.2006	
Neue Berechnung	1
Wert	2,5
Artfortschreibung	1
Keine Wertfortschreibung	1
Zusammenfassung	0,5
1.1.2008	
Buchenstr. 14, Nachfestellung, wirtschaftl. Übergabe	2,5
Unbebautes Grdst.; Wert	2
BV § 26 BewG	2
Freiber. Fiktion: BV § 96 BewG	1
Zusammenfassung	0,5
1.1.2008	
Buchenstr. 14/16, keine Auswirkung	2
Mindestwert geringer	1
Wertermittlung neu	1

Keine Abweichung, keine Fort.	1
1.1.2009	
Buchenstraße 14/16, übliche Miete	2
Tatsächliche Miete	1
Miete Summe	0,5
Gem. genutztes Grdst über 50%	1
JRM × Vv	1
Zuschlag	2
Wert	1
Mindestwert niedriger	1
BV	1
Artfortschreibung (Grundstücksart) und Artfortschreibung (Vermögensart)	2
Wertfortschreibung	1,5
Zusammenfassung	0,5
Gesamt Aufgabe 1	
Übertrag:	58

Aufgabe 2

Übertrag:	58
2.1 Steuerpflicht (persönlich und sachlich); Besteuerungszeitpunkt; Wertermittlung; st. Vorgang	
Unbeschränkte persönliche Steuerpflicht; gesamter Vermögensanfall	2
Zeitpunkt der Entstehung der Steuer; Tag des Todes des Erblassers (§§ 9, 11 ErbStG),31. Dezember 01	1
Erwerb von Todes wegen (§ 1 Abs. 1 Nr. 1 ErbStG i.V.m. § 3 Abs. 1 Nr. 1, 1. Alt. ErbStG)	1
Bless Ur: Alleinerbin; Gesamtrechtsnachfolge (§1922 BGB)	1
§ 12 Abs. 1 und 3 ErbStG Bewertung der einzelnen wirtschaftlichen Einheiten	1
Bless Ur: Tochter gemäß § 15 Abs. 1 Steuerklasse I Nr. 1 ErbStG: Stkl. I	1
§ 10 Abs. 1 Satz 1 ErbStG steuerpflichtiger Erwerb ↔ Bereicherung des Erwerbers; R 24a ErbStR „Ermittlungsschema“	1
Besteuerungsgrundlagen: Grundstück „Werderstr. 1“	
§ 158 Abs. 1 BewG: Anwendung des Bewertungsgesetzes idF des Art. 18 des Gesetzes vom 13. Dezember 2006 (BGBl. I Seite 2878/JStG 2007)	1
§ 151 Abs. 1 Nr. 1 BewG; gesonderte Feststellung; Grundbesitzwert („Bedarfswert“)	1
Betriebsvermögen: Bewertung nach § 12 Abs. 5 ErbStG i.V.m §§ 95-99, 103, 104, 109 und 137 BewG	1

§ 151 Abs. 1 Nr. 2 BewG; gesonderte Feststellung	1
Vermögensaufstellung (R 114 Abs. 1 S. 3 ErbStR); Wertermittlung nach § 98a BewG	2
Grundsatz der Bestands- und Bewertungsidentität (§ 109 Abs. 1 BewG)	1
Bebautes Grundstück: § 145 Abs. 1 und § 147 Abs. 1 BewG (Sonderbewertung)	1
Durchbrechung der Bestands- und Bewertungsidentität; Wert: 1.500.000 €	1
Aktien: § 12 Abs. 1 u. 3 ErbStG, § 11 Abs. 1 BewG: Niedrigster Kurswert im Zeitpunkt der Entstehung der Steuer	1
Durchbrechung der Bewertungsidentität; Wert: 90.000 €	1
Alle anderen Wirtschaftsgüter: Ansatz mit den Steuerbilanzwerten (§ 109 Abs. 1 BewG; sogenannte verlängerte Maßgeblichkeit)	1
Wert des Rohbetriebsvermögens	1
Ansatz der Schuldposten: §§ 103, 109 BewG mit dem Steuerbilanzwert	1
Wert des Reinbetriebsvermögens/steuerlicher Wert des Betriebsvermögens	1
Art. 1, Abschnitt 5, § 37 Buchstabe a) ErbStRG: Das „neue" Recht ist anzuwenden	1
Art. 2, §§ 109 und 11 Abs. 2 ErbStRG und §§ 199 bis 203 ErbStRG	1
Art. 2, § 109 Abs. 1 S. 1 ErbStRG: Grundsatz: Gemeine Wert i.S.v. § 9 Abs. 2 BewG	2
Kein Börsenkurs, keine Ableitung aus zeitnahen Verkäufen möglich	1
Vereinfachtes Ertragswertverfahren (Art. 2, §§ 199 bis 203 ErbStRG)	1
Ertragswert: Nachhaltig zu erzielender Jahresertrag (Art. 2, § 201 und § 202 ErbStRG) × Kapitalisierungsfaktor i.S.d. Art. 2, § 203 ErbStRG	2
Referenzzeitraum: Die letzten 3 Jahre vor dem Besteuerungszeitpunkt (Art. 2, § 202 ErbStRG)	1
Übertrag:	90

Übertrag:	90
Berechnung nach der Ertragswertmethode:	
Gewinn (§ 4 Abs. 1 EStG): 630.000 €	1
-kalkulatorischer Unternehmerlohn: -180.000 €	1
-Erträge mit Vermögen i.S.d. § 2 Abs. 2 bis 4 AntBVBewV-E: -1.800 €	1
Kürzung 30% (pauschal) gem. Art. 2, § 202 Abs. 3 ErbStRG): -134.460 €	1
Basiszins: 3,61%	1
Ertrag p.a.: 313.740 €	1
Ertragwert = 1/0,0811 × 313.740 = 3.868.414 €	3
Gemeiner Wert des nicht betriebsnotwendigen Vermögens: 90.000 €	1
Wert des Unternehmens= 3.958.414 €	2

Berechnung Substanzwert als Mindestgröße	1
Art. 2, Nr. 7 ErbStRG: § 98a BewG aufgehoben	1
Grundbesitzwert Art. 1, §§ 182 ff i.V.m. § 157 Abs. 3, 151 Abs. 1 Nr. 1 BewG; Außenanlagen mit abgegolten (Subtraktion der Steuerbilanzwerte)	3
Wert: +2.100.000 €; -1.654.500 €	2
Kapital; Wert:+2.056.000 €	1
Fuhrpark 1 + 2 Ansatz: Gemeine Werte (Subtraktion der Steuerbilanzwerte)	2
+340.000 €; +20.000 €; -323.999 €; -1€	4
Kurswert Aktien (Subtraktion der Steuerbilanzwerte)	2
+90.000 €; -67.500 €	2
Substanzwert: 2.560.000 €	1
Vergleich „altes“ vs. „neues“ Recht	
„alt“: Freibetrag § 13a Abs. 1 ErbStG:-225.000 €	2
Ansatz mit 65% (nach Abzug des Bewertungsabschlags von 35%); § 13a Abs. 2 ErbStG	2
Wert des BV: 1.104.675 €	1
-persönlicher Freibetrag	1
Steuerpfl. Erwerb	1
Berechnung der ErbSt	1
„neu“:	
Wert des BV 85% Verschonungsabschlag	2
Zu versteuern: 15%	1
Persönlicher Freibetrag: 400.000 € (!)	1
Steuerpfl. Erwerb	1
Berechnung der ErbSt	1
Verwaltungsvermögen	1
Definition und Art. 1, Nr. 12, § 13b Abs. 2 S. 1 ErbStRG bzw. Nr. 11, § 13 Abs. 8 Nr. 3 ErbStRG;	2
Varianten: 50% oder 10%	2
Je erläutertes Beispiel 0,5, maximal:	3
Form, Ausdruck etc.	3
Summe	**145**

Körperschaftsteuer

Bearbeitungszeit: 3 Stunden
Hilfsmittel: Gesetzestexte, Richtlinien und Erlasse, Taschenrechner

Sachverhalt Technik-Schrott-Verwertungs GmbH

An der Technik-Schrott-Verwertungs GmbH sind Max Eisen und Carla Stahl seit der Gründung des Unternehmens im Jahre 1988 mit 70% bzw. mit 30% beteiligt. Das Stammkapital in Höhe von 200.000 € ist zur Hälfte einbezahlt.

Ort der Geschäftsleitung und Sitz des auf den Handel mit technischem Schrott spezialisierten Unternehmens ist Lüneburg. Das Wirtschaftsjahr entspricht dem Kalenderjahr.

Die Technik-Schrott-Verwertungs GmbH hat in ihrer Handelsbilanz zum 31.12.2008 einen Bilanzgewinn von 280.000 € ausgewiesen. Hierin enthalten ist laut gesonderter Angabe im Anhang (§ 268 Abs. 1 HGB) der Gewinnvortrag des Vorjahres in Höhe von 55.000 €. Wie sich weiterhin aus der Bilanz ergibt, wurde aus dem Ergebnis des Jahres 2008 – entsprechend des Gesellschaftsvertrages – ein Betrag von 75.000 € gewinnmindernd in die Gewinnrücklagen eingestellt (§ 29 GmbHG).

Es wurde zum 31.12.2008 die folgende Bilanz (Handelsbilanz = Steuerbilanz) aufgestellt:

Bilanz zum 31.12.2008

Nicht eingezahltes Kapital	100.000 €	Stammkapital	200.000 €
Grundstück	9.119.000 €	Kapitalrücklage	0 €
Fuhrpark	1.245.700 €	Gewinnrücklage	107.400 €
Beteiligungen	1.000.000 €	Bilanzgewinn	280.000 €
Firmenwert	150.000 €	Verbindlichkeiten	5.187.702 €
Forderungen	3.296.000 €	Rückstellungen	199.000 €
Bank	75.402 €	Hypotheken	9.060.000 €
Vorräte	40.000 €		
ARAP	8.000 €		
	15.034.102 €		15.034.102 €

In der Bilanz zum 31.12.2007 war ein Stammkapital von 200.000 € ausgewiesen, davon waren 100.000 € nicht eingezahlt. Eine Gewinnrücklage war in Höhe von 32.400 € ausgewiesen, ein Gewinnvortrag von 0 € und ein Jahresüberschuss von 136.600 €. Für 2007 wurde in 2008 eine Ausschüttung von 81.600 € beschlossen und ausgezahlt.

Das steuerliche Einlagekonto betrug zum 31.12.2007 4.000 €.

Im Übrigen ergeben sich noch folgende Tatbestände:

1. Es wurden 2.380 € Bewirtungskosten einschließlich der hierin enthaltenen Vorsteuer von 380 € als Aufwand verbucht, obwohl ein ordnungsgemäßer Beleg im Sinne des § 15 UStG vorliegt.
2. Zum 31.12.2008 wurde eine Rückstellung von 10.000 € Tantieme für 2008 zugunsten des Geschäftsführers Max Eisen ausgewiesen. Es handelt sich um den Restbetrag einer Tantieme von insgesamt 100.000 €. Die übrigen 90.000 € waren am 28.12.2008 ausgezahlt worden. Die Tantieme wurde im Arbeitsvertrag nicht geregelt. Das laufende Gehalt ist mit 3.000 € monatlich relativ niedrig. Die restlichen 10.000 € Tantieme wurden im März 2009 ausgezahlt.
3. Max Eisen hat weiterhin im Februar 2008 einen PKW mit einem gemeinen Wert von unbestritten 20.000 € unentgeltlich von der GmbH übernommen.
4. Zur Vermeidung unnötigen Finanzierungsaufwands bei der Erneuerung des Fuhrparks stellt Max Eisen der GmbH einen Betrag von 300.000 € mittelfristig zur Verfügung (in den Passiva als Verbindlichkeit enthalten). Er erklärte angesichts der schon beabsichtigten Tantiemezahlung an ihn bei der Auszahlung der Darlehenssumme verbindlich, auf die Berechnung von Zinsen zu verzichten. Der Buchhalter der GmbH war sich über die buchmäßige Abwicklung der Kreditgewährung nicht im klaren. Vorsichtshalber stellte er daher die nach marktüblicher Verzinsung anfallenden Zinsen von 5.800 € im Jahresabschluss 2008 zurück (Buchung: Zinsaufwand an Rückstellungen).
5. Die GmbH ist mit 10% an der Heizpumpen-Vertriebs AG (AG) beteiligt. Diese beschloss am 12.03.2007 für 2006 eine Ausschüttung von insgesamt 560.000 €, die am 29.03.2007 an die Gesellschafter überwiesen wurde. Am 27.03.2008 wurde von der AG eine Ausschüttung von insgesamt 280.000 € für 2007 beschlossen, die am 04.05.2008 überwiesen wurde. Diese Ausschüttung wurde voll aus dem steuerlichen Einlagekonto finanziert. Die AG hat Kapitalertragsteuer und Solidaritätszuschlag jeweils in der zutreffenden Höhe einbehalten. In Höhe des auf dem Bankkonto eingegangenen Betrages wurde ein Ertrag gebucht.
6. Seit dem 01.07.2008 hat die GmbH von Max Eisen Büroräume gemietet, die sich in einem Gebäude befinden, das Max Eisen alleine gehört. Die mit Vertrag vom 20.06.2008 vereinbarte und gezahlte Miete beträgt monatlich 500 €. Max Eisen hätte die Räume an verschiedene andere Interessenten für monatlich 1.200 € vermieten können.
7. Auf dem Konto „sonstige Erträge" ist eine Zahlung von Frau Stahl in Höhe von 1.200 € enthalten. Die Zahlung wurde von Carla Stahl unaufgefordert vorgenommen und betrifft laut Überweisungsträger eine 4%-ige Verzinsung der auf sie entfallenden ausstehenden Einlage (30% von 100.000 € = 30.000 €).
8. Die GmbH hat als Aufwand verbuchte Aufsichtsratsvergütungen in Höhe von 20.000 € netto bezahlt. In diesem Betrag enthalten sind auch die gesonderten Erstattungen an die Aufsichtsratsmitglieder für die ihnen tatsächlich entstandenen Reisekosten in Höhe von 2.000 €. Die Vorsteuer in Höhe von 19% wurde geltend gemacht, weil ordentliche Belege vorliegen.

9. Auf dem Konto „sonstige betriebliche Aufwendungen" sind Kosten für einen Beirat belastet worden. Der Beirat war von den Gesellschaftern beauftragt worden, zum anstehenden 10-jährigen Firmenjubiläum ein Fest zu organisieren. Den Beiratsmitgliedern wurden Sitzungsgelder in Höhe von insgesamt 12.000 € bezahlt.
10. Auf dem Konto „Steuern" sind folgende Beträge belastet worden

    a) Vorauszahlungen auf die Körperschaftsteuer 50.000 €

    b) Vorauszahlungen auf den Solidaritätszuschlag 2.750 €

    Eine KStR bzw. SolZR wurde bisher nicht gebucht.
11. Die GmbH hat wegen verspäteter Abgabe der Kapitalertragsteuer-Anmeldung für die Gewinnausschüttung für 2007 einen Verspätungszuschlag in Höhe von 250 € als sonstigen Aufwand verbucht.
12. Weiterhin hat die GmbH auf dem Konto „Dividendenerträge" am 27.04.2008 eine Bankgutschrift in Höhe von 39.450 € verbucht. Der Ertrag betrifft die anteilige am 20.04.2008 beschlossene Gewinnausschüttung (insgesamt 125.000 €) aus einer Beteiligung an der CD-Rom AG, an der die GmbH mit 40% beteiligt ist.
13. Am 01.10.2008 wurden Aktien der CD-Rom AG für 600.000 € veräußert, wobei 1.000 € Bankgebühren anfielen. Der Buchwert der Aktien betrug 550.000 €. Ursprünglich waren die Aktien für 590.000 € angeschafft worden, aber 1997 auf einen Teilwert von 550.000 € abgeschrieben worden. Erst in 2008 ergaben sich wieder Kurssteigerungen.
14. Die GmbH hat im Jahr 2008 dem Gesellschafter Eisen drei Computeranlagen zum Rechnungspreis von insgesamt 15.000 € zuzüglich 19% USt (= 2.850 €) geliefert. Dies entspricht dem Einkaufspreis. Der Verkaufspreis für die gleiche Ware bei Lieferung an Dritte beträgt 30.000 € zuzüglich 19% USt (= 5.700 €). In den Büchern der GmbH ist lediglich der berechnete Kaufpreis erfasst. Eisen hat den Kaufpreis in Höhe von 17.850 € sofort aus privaten Mitteln entrichtet. Gleich anschließend verkauft Eisen zwei Geräte an Bekannte zum Sonderpreis von je 9.000 € bar ohne Rechnung weiter. Den dritten Computer hat Eisen seinen Kindern überlassen.
15. Der Sohn von Carla Stahl ist von der Polizei aufgegriffen worden, als er an einer zentralen Stelle in der Innenstadt Computer Chips verkaufte. Es stellte sich heraus, dass er im Laufe eines halben Jahres in 2008 Chips für insgesamt 20.000 € aus dem Geschäft der GmbH entwendet hatte. Die GmbH machte eine Schadenersatzforderung geltend, die zum 31.12.2008 noch mit 5.000 € als Forderung in der Bilanz hätte ausgewiesen werden müssen. Ein Ausweis ist nicht erfolgt, da die Gesellschafter sich darin einig waren, dass der Restbetrag zum Schluss des Jahres erlassen worden ist.
16. Unter den Erträgen ist ein Betrag von 500.000 € ausgewiesen aus der Gewinnabführung der Karl Lauer GmbH für 2008. Die Technik-Schrott-Verwertungs GmbH ist mit 90% an der Karl Lauer GmbH beteiligt und es besteht seit 1999 ein zivilrechtlich wirksamer Gewinnabführungsvertrag. Außer der Buchung der 500.000 € ist keine weitere Buchung erfolgt.

    Die Karl Lauer GmbH weist für das Jahr 2008 einen Jahresüberschuss von 0 € aus. Unter den Aufwendungen wurden unter anderem 20.000 € für nichtabziehbare Geschenke gebucht sowie 3.200 € nichtabziehbare Vorsteuer in dem Zusammenhang. Auch wurden 71.800 € an eine politische Partei gespendet. Eine ordentliche Spendenbescheinigung liegt vor, auch wurde die Spende im Rechenschaftsbericht der Partei veröffentlicht. Unter den Erträgen sind 30.000 € Beteiligungsertrag an der Multi AG enthalten. Die einbehaltene KESt von 6.000 € sowie der SolZ dazu in Höhe von 330 € wurden als Aufwand gebucht. Aus der Steuerbescheinigung der

Multi AG sind keine weiteren zahlenmäßigen Werte ersichtlich. Es wurden jedoch von der Karl Lauer GmbH 23.670 € Zinsaufwand gebucht für einen Kredit, der mit der Anschaffung der Aktien an der Multi AG zusammenhängt. Die Karl Lauer GmbH hat zulässigerweise zu Lasten des Gewinns eine Rücklage von 100.000 € gebildet.

17. Die Technik-Schrott-Verwertungs-GmbH verkauft im März 2008 die Anteile an der Kupfer Handels GmbH für 500.000 €. Die Anteile waren mit 60.000 € bilanziert. Dieser Buchwert hatte sich bei Gründung der Kupfer Handels GmbH im Jahre 2004 durch eine Ausgliederung zum Buchwert ergeben. Kosten fielen bei der Veräußerung nicht an. Die Technik-Schrott-Verwertungs-GmbH war Alleingesellschafterin.

Aufgabe:

1. Ermitteln Sie das zu versteuernde Einkommen 2008 der Technik-Schrott-Verwertungs GmbH!
2. Ermitteln Sie die notwendigen Rückstellungen für Körperschaftsteuer und Solidaritätszuschlag 2008!
3. Stellen Sie dar, welche Feststellungen mit welchen Inhalten zum 31.12.2008 zu veranlassen sind.
4. Ermitteln Sie den endgültigen Jahresüberschuss in der Steuerbilanz.

Hinweis:

Auf die Bildung einer Rückstellung für Gewerbesteuer ist nicht einzugehen.

Lösungsvorschlag

	Allgemeines	Soll
	Die GmbH ist unbeschränkt steuerpflichtig, da sie Sitz und Geschäftsleitung im Inland hat (§ 1 Abs. 1 Nr. 1 KStG). Sie ist zur Führung von Büchern verpflichtet (§§ 6, 238 HGB und § 13 GmbHG) und hat nur Einkünfte aus Gewerbebetrieb (§ 8 Abs. 2 KStG). Ihr Einkommen ergibt sich unter Berücksichtigung der §§ 7 und 8 KStG und der Vorschriften des EStG. Ausgangspunkt für die Ermittlung des zu versteuernden Einkommens ist der Jahresüberschuss, der sich hier mit 225.000 € ergibt (Bilanzgewinn 280.000 € abzüglich Gewinnvortrag 55.000 €). Der zu Lasten des Gewinns gebuchte Betrag, der in die Gewinnrücklagen eingestellt wurde, ist bei der Einkommensermittlung nach § 8 Abs. 3 KStG wieder hinzuzurechnen, weil es sich hier um Gewinnverwendung und nicht um Aufwand handelt. Im einzelnen ergeben sich bei der Ermittlung des zu versteuernden Einkommens im übrigen die folgenden Überlegungen:	2 2 2
1.	Die in den Bewirtungskosten enthaltene Vorsteuer ist auf Grund Rechtsprechung des EuGH voll abziehbar. Es liegt auch ein ordentlicher Beleg vor. Wegen der vollen Abziehbarkeit der Vorsteuer ist eine Umbuchung vorzunehmen, der Jahresüberschuss erhöht sich um 380 €. Von dem verbleibenden Nettowert sind 30% nach § 4 Abs. 5 EStG nicht abziehbar. Das bedeutet, dass 600 € außerhalb der Buchführung dem Jahresüberschuss wieder hinzuzurechnen sind.	3
2.	Die Tantieme zugunsten des Max Eisen stellt eine verdeckte Gewinnausschüttung dar, weil er mit 70% Beteiligung als beherrschender Gesellschafter anzusehen ist und somit alle Beträge, die er erhält, von vornherein klar und eindeutig vereinbart sein müssen. Da es an einer solchen Vereinbarung hier fehlt, ist eine verdeckte Gewinnausschüttung anzunehmen. Das Einkommen 2008 ist um 100.000 € zu erhöhen, da wegen der Zahlung und der Bildung der Rückstellung eine Aufwandsbuchung in dieser Höhe erfolgt sein muss und das Einkommen entgegen § 8 Abs. 3 KStG gemindert wurde. Ob die Tantieme angemessen ist oder nicht, ist hier nicht mehr zu betrachten, der formelle Mangel hat Vorrang. Hinsichtlich der weiteren Auswirkungen von Ausschüttungen ist jeweils auf die Zahlung und nicht auf die Aufwandsbuchung abzustellen. Daher spielen bei der Veranlagung 2008 nur die 90.000 € eine Rolle, die in 2008 geflossen sind. Die restlichen 10.000 € sind erst bei der Veranlagung 2009 von Interesse. Zu prüfen ist hier, ob für die 90.000 € das steuerliche Einlagekonto zu verwenden ist.	5

3.	In der „Entnahme" des PKW durch Max Eisen ist ebenfalls eine verdeckte Gewinnausschüttung zu sehen, da ein Fremder diesen Vorteil nicht erhalten hätte. Das Einkommen wurde durch eine fehlende Einnahme verringert („verhinderte Vermögensmehrung"). Es ist außerhalb der Buchführung um den gemeinen Wert des Fahrzeuges, also um 20.000 € zu erhöhen. Gleichzeitig ist die darin nach § 3 Abs. 1b UStG enthaltene USt von 3.193 € (= 20.000 € × 19/119) als Aufwand zu buchen und einkommensmindernd zu behandeln, denn eine Hinzurechnung nach § 10 Nr. 2 KStG soll für die USt unterbleiben (R 37 KStR). Die verdeckte Gewinnausschüttung von 20.000 € ist im Jahr 2008 „geflossen", daher ist auch hier zu prüfen, ob das steuerliche Einlagekonto zu verwenden ist.	4
4.	Da die Darlehensgewährung von vornherein unverzinslich vereinbart wurde, ist es nicht gerechtfertigt, eine Zinsrückstellung auszuweisen. Die Rückstellungt ist gewinnerhöhend aufzulösen, der Jahresüberschuss steigt somit um 5.800 €. Eine verdeckte Einlage liegt nicht vor, da der hier vom Gesellschafter zweifellos eingeräumte Vorteil nicht bilanzierungsfähig ist, denn es fällt weder ein Passivposten weg noch entsteht ein Aktivposten durch den Vorgang. Daher bleibt auch die Auflösung der Zinsrückstellung (die nie bestand) nicht steuerfrei. Siehe hierzu auch R 40 KStR.	4
5.	In der Buchführung des Jahres 2008 ist die für 2007 geleistete Ausschüttung der AG zu erfassen, die voll aus dem steuerlichen Einlagekonto finanziert wurde. Es ist deshalb kein Ertrag zu buchen. Vielmehr sind die Anschaffungskosten der Anteile zu verringern. Der Jahresüberschuss sinkt um den ausgeschütteten Betrag. Bei Ausschüttungen aus dem steuerlichen Einlagekonto ist keine KESt und kein SolZ einzubehalten. Es geht also um 280.000 € × 10% = 28.000 €.	3
6.	Der Vorteil, der in der geringen Miete liegt, führt nicht zu einer verdeckten Einlage, da die Miete im Voraus so vereinbart wurde, so dass keine Verbindlichkeit entfällt und auch kein Aktivposten gebildet oder erhöht wird. Wegen fehlender Bilanzierungsfähigkeit ergibt sich daher keine verdeckte Einlage (R 40 KStR). Steuerlich ergeben sich keine Folgen.	2
7.	Ausstehende Einlagen sind grundsätzlich erst nach Einforderung durch die Geschäftsführung zu erbringen. Ab dem Zeitpunkt der Fälligkeit sind diese eingeforderten ausstehenden Einlagen zu verzinsen. Werden diese ausstehenden Einlagen nach Einforderung nicht verzinst, so ist eine verdeckte Gewinnausschüttung gegeben. Eine Nichtverzinsung vor Einforderung ist daher steuerlich ohne Bedeutung. Wird aber eine Verzinsung durch den Gesellschafter freiwillig vorgenommen, so handelt es sich bei dem Ertrag bei der Körperschaft um eine Zuwendung des Gesellschafters. Diese Zuwendung des Gesellschafters ist als verdeckte Einlage im Rahmen der Einkommensermittlung vom Bilanzergebnis abzusetzen und führt nach § 27 KStG zu einem gleich hohen Zugang im steuerlichen Einlagekonto.	5

8.	Aufsichtsratsvergütungen sind dann im Interesse der Gesellschafter geleistet worden, wenn der Aufsichtsrat mit der Überwachung der Geschäftsführung betraut ist. In diesen Fällen ist nach § 10 Nr. 4 KStG der als Betriebsausgabe gebuchte Aufwand nur zur Hälfte steuerlich berücksichtigungsfähig. Werden tatsächlich angefallene Reisekosten vergütet, so sind diese Aufwendungen in voller Höhe als Betriebsausgaben abzugsfähig. Da die Körperschaft den Vorsteuerabzug in Anspruch nehmen kann, ist die Umsatzsteuer nicht Bestandteil der Hinzurechnungsregelung. Aufwand (ohne Reisekosten): 18.000 × 50% = 9.000 €	4
9.	Die Kosten für den Beirat sind nur dann nicht in vollem Umfang als Betriebsausgaben berücksichtigungsfähig, wenn es sich bei den Leistungen um Vergütungen für die Überwachung der Geschäftsführung handelt. Im vorliegenden Fall ist jedoch eine Gruppe von Personen ausschließlich für betriebliche Belange der Körperschaft tätig geworden. Die Vergütungen sind in vollem Umfang als Betriebsausgaben abzugsfähig.	3
10.	Nach § 10 Nr. 2 KStG sind die Steuern vom Einkommen als nichtabziehbare Aufwendungen zu behandeln und hinzuzurechnen, soweit sie sich als Aufwand ausgewirkt haben: Körperschaftsteuer-Vorauszahlungen für 2008: 50.000 € Solidaritätszuschlag-Vorauszahlungen für 2008: 2.750 €	3
11	Steuerliche Nebenleistungen teilen das Schicksal der Hauptleistung. Ist die Hauptleistung als Betriebsausgabe abzugsfähig, so ist auch die Nebenleistung als Betriebsausgabe zu berücksichtigen. Der Verspätungszuschlag als Nebenleistung zur Kapitalertragsteuer teilt das Schicksal der Hauptleistung. Bei der zu entrichtenden Kapitalertragsteuer handelt es sich nicht um eine Steuer der Körperschaft, sondern um eine Steuer der empfangenden Gesellschafter. Es besteht folglich kein Zusammenhang mit einer nichtabzugsfähigen Aufwendung bei der Körperschaft. Daher kann der Verspätungszuschlag als Betriebsausgabe berücksichtigt werden.	3
12	Die Erträge aus der Beteiligung wurden nur mit den Nettoeinnahmen in der Buchhaltung erfasst. Den Einkünften aus Kapitalvermögen sind jedoch die Gewinnanteile zuzurechnen. Diese Gewinnanteile umfassen auch die für Rechnung des Gläubigers der Vergütung einbehaltene und abgeführte Kapitalertragsteuer und den darauf entfallenden Solidaritätszuschlag. Zurechnung für Kapitalertragsteuer 10.000 € Zurechnung für Solidaritätszuschlag 550 € Anmerkung: buchungstechnisch werden diese Beträge als Ertrag und Aufwand erfasst; dadurch ergibt sich keine Gewinnauswirkung. Durch die Zurechnung nach § 10 Nr. 2 KStG erfolgt eine Einkommenserhöhung. Der Betrag der Ausschüttung bleibt nach § 8b Abs. 1 KStG in voller Höhe von 50.000 € steuerfrei. Nach § 8b Abs. 5 KStG sind jedoch 5% davon (= 2.500 €) als pauschale nichtabziehbare Ausgabe bei der Einkommensermittlung wieder hinzuzurechnen.	5

13.	Nach der Definition in § 8b Abs. 2 KStG ergibt sich ein Veräußerungsgewinn von 49.000 € (Erlös 600.000 € abzüglich 1.000 € Kosten und abzüglich 550.000 € Buchwert), der grundsätzlich steuerfrei ist. Da aber 1997 40.000 € steuerwirksam abgeschrieben wurden, bleibt der erzielte Gewinn insoweit steuerpflichtig und nur der Restbetrag von 9.000 € bleibt steuerfrei. Insoweit ist jedoch bei der Einkommensermittlung nach § 8b Abs. 3 KStG eine nichtabziehbare Ausgabe in Höhe von 5% davon (= 450 €) zu berücksichtigen.	3
14.	Bei der verbilligten Überlassung der Computeranlagen an den Gesellschafter Eisen handelt es sich um eine Vorteilsgewährung aufgrund des Gesellschaftsverhältnisses und damit um eine verdeckte Zuwendung. Die verdeckte Gewinnausschüttung ist mit dem gemeinen Wert bzw. der Differenz hierzu anzusetzen und umfasst daher grundsätzlich auch die Umsatzsteuer. Die verdeckte Gewinnausschüttung beträgt demnach 17.850 € (35.700 € Verkaufspreis abzüglich 17.850 € Zahlung). Der Verkauf von zwei Geräten zu einem geringeren Preis als dem normalen Verkaufspreis an Dritte rechtfertigt keine Absenkung der Höhe der verdeckten Gewinnausschüttung. Umsatzsteuerliche Folgen ergeben sich nicht, da USt in Höhe der Mindestbemessungsgrundlage entrichtet wurde. Es ist zu prüfen, ob das steuerliche Einlagekonto zu verwenden ist.	5
15.	Die Untreuehandlung des Sohnes kann nicht zu einer verdeckten Gewinnausschüttung führen. Hier ist vielmehr der Schadensersatzanspruch zu aktivieren mit der Folge der Gewinnerhöhung (bereits im Verlauf des Jahres 2008 erfolgt). Die Ausbuchung der Restforderung (Erlass der Restforderung) hat jedoch die Grundlage ausschließlich im Gesellschaftsverhältnis der Mutter. Ein ordentlicher und gewissenhafter Geschäftsleiter hätte einem fremden Dritten die Forderung aufgrund der vorgenommenen Untreuhandlung nicht erlassen. Insoweit liegt eine verdeckte Gewinnausschüttung vor. Auch hier ist zu prüfen, ob das steuerliche Einlagekonto zu verwenden ist.	4
16	Die Karl Lauer GmbH ist eine Organtochter der Technik-Schrott-Verwertungs GmbH im Sinne des § 17 KStG, weil sie finanziell eingegliedert ist und ein Gewinnabführungsvertrag besteht. Weitere Voraussetzungen sind in 2008 für ein Organschaftsverhältnis nicht zu erfüllen. Auf Grund des Organschaftsverhältnisses ist das Einkommen der Karl Lauer GmbH von der Technik-Schrott-Verwertungs GmbH zu versteuern und nicht von der Karl Lauer GmbH. Das Einkommen der Karl Lauer GmbH ergibt sich wie folgt, wobei zu beachten ist, dass nach § 15 Nr. 2 KStG bei der Einkommensermittlung einige Vorschriften nicht anzuwenden sind, z.B. § 8b KStG. Diese Vorschriften werden erst auf der Ebene des Organträgers angewendet, und zwar entsprechend der Rechtsform des Organträgers. Jahresüberschuss 0 € Abgeführter Gewinn 500.000 € Rücklagenbildung 100.000 € Nichtabziehbare Geschenke 23.200 € Parteispenden 71.800 € Anrechenbarer KESt 6.000 € Anrechenbarer SolZ 330 € Einkommen 701.330 €	10

	Dieses Einkommen verringert sich nicht um Spenden, da Parteispenden bei der KSt nicht abziehbar sind. Das Einkommen ist in voller Höhe bei der Technik-Schrott-Verwertungs GmbH zu versteuern, nicht nur der abgeführte Gewinn. Bei der Technik-Schrott-Verwertungs-GmbH ist im Rahmen der Einkommensermittlung der abgeführte Gewinn durch das abgelieferte Einkommen zu ersetzen. Weiter ist die Ausschüttung von 30.000 € nach § 8b Abs. 1 KStG steuerfrei zu lassen und es sind nach § 8b Abs. 5 KStG pauschale 5% = 1.500 € nichtabziehbarer Ausgaben zu berücksichtigen. Es ist in der Steuerbilanz auf Grund der Rücklagenbildung und der damit einhergehenden handelsrechtlichen Minderabführung von 100.000 € nach § 14 Abs. 4 KStG ein aktiver Ausgleichsposten zu bilden, und zwar entsprechend der Beteiligungsquote von 90% in Höhe von 90.000 € (= 90% der gebildeten Rücklage von 100.000 €). Die Bildung erfolgt erfolgsneutral (Buchung: Ausgleichsposten 90.000 € an Ertrag 90.000 €); dieser Ertrag bleibt aber steuerfrei, da der Ausgleichsposten erfolgsneutral zu bilden ist.	10
17	Der beim Verkauf von Anteilen an anderen Kapitalgesellschaften erzielte Gewinn ist grundsätzlich nach § 8b Abs. 2 KStG steuerfrei zu lassen. Hier ist auch keine steuerwirksame Teilwertabschreibung erfolgt, die dem entgegenstehen könnte. Allerdings handelt es sich um so genannte einbringungsgeborene Anteile, da sie im Wege der Ausgliederung zum Buchwert entstanden sind. Eine Ausgliederung nach dem UmwG stellt steuerlich eine Einbringung im Sinne des UmwStG dar. Der beim Verkauf von einbringungsgeborenen Anteilen innerhalb von 7 Jahren entstandene Gewinn ist nach § 8b Abs. 4 KStG steuerpflichtig zu behandeln. Nach § 34 Abs. 7a KStG gilt dies auch im vorliegenden Fall, weil die Ausgliederung noch nach dem „alten UmwStG" erfolgte. Im Rahmen der Einkunftsermittlung ist nichts zu veranlassen.	4
	Nach alledem ergibt sich das zu versteuernde Einkommen wie folgt: Jahresüberschuss 225.000 € Rücklagenbildung 75.000 € Vorsteuerabzug zu den Bewirtungskosten 380 € nichtabziehbare Bewirtungskosten 600 € Tantieme (vGA) 100.000 € PKW (vGA) 20.000 € USt dazu - 3.193 € Zinsaufwand kein Aufwand 5.800 € Ausschüttung = kein Ertrag, Verringerung Ako - 28.000 € Einlage (Verzinsung) - 1.200 € Aufsichtsratvergütung 9.000 € KSt – Vz 50.000 € Solz – Vz 2.750 € KESt-Aufwand 10.000 € SolZ-Aufwand 550 €	

	Ausschüttung - 50.000 € Nichtabziehbare Ausgaben dazu 2.500 € Veräußerungsgewinn - 9.000 € Nichtabziehbare Ausgaben dazu 450 € Computer (vGA) 17.850 € Schadenersatz (vGA) 5.000 € Abgelieferter Gewinn - 500.000 € Abgeliefertes Einkommen 701.330 € Ausschüttung - 30.000 € Nichtabziehbare Ausgaben dazu 1.500 € Einkommen 606.317 €	8
	Zu prüfen ist, ob das steuerliche Einlagekonto durch die verdeckten Gewinnausschüttungen von 90.000 € (Tantieme), 20.000 € (PKW), 17.850 € (Computer-Kauf) und 5.000 € (Schadenersatz), zusammen also 132.850 €, und die offene Ausschüttung von 81.600 € verwendet werden muss. Nach § 27 KStG ist wie folgt zu rechnen: Eigenkapital laut Bilanz zum 31.12.2007 269.000 € Nennkapital - 100.000 € Steuerliches Einlagekonto am 31.12.2007 - 4.000 € Ausschüttbarer Gewinn am 31.12.2007 165.000 € Verdeckte Gewinnausschüttungen + offene Ausschüttung 214.450 € aus dem steuerlichen Einlagekonto zu entnehmen 49.450 € höchstens 4.000 €	5
	Das steuerliche Einlagekonto ist zum 31.12.2008 mit 1.200 € festzustellen, weil zunächst der vollständige Inhalt verbraucht wird durch die Ausschüttungen und dann die Einlage (Zinsen) wieder zugeführt wird	3
		92
	Folgende Steuerberechnungen:	8

KSt

Tarifbelastung 606.317 € × 15%	90.947 €
festzusetzende KSt	90.947 €
KESt (eigene Beträge)	- 10.000 €
KESt (Beträge der Organgesellschaft)	-6.000 €
verbleibende KSt	74.947 €

SolZ

festzusetzende KSt	90.947 €
davon 5,5% =	5.002 €
anrechenbar	- 550 €
anrechenbar	- 330 €
verbleibender SolZ	4.122 €

Der endgültige Jahresüberschuss ergibt sich wie folgt:

Jahresüberschuss bisher		225.000 €
KSt gebucht	50.000 €	
KSt verbleibend	74.947 €	- 24.947 €
SolZ gebucht	2.750 €	
SolZ verbleibend	4.122 €	- 1.372 €
Bildung Ausgleichsposten (nur in der Steuerbilanz)		90.000 €
Vorsteuerabzug		380 €
Auflösung Zinsrückstellung		5.800 €
Weniger Ertrag noch zu buchende USt (vGA PKW)		- 3.193 €
Weniger Ertrag wegen Ausschüttung aus Einlagekonto		- 28.000 €
Jahresüberschuss endgültig		263.668 €

Made in United States
Orlando, FL
04 November 2026

90206106R00138